隋彭生
律师民法业务思维
《民法总则》隋谈
③

LÜSHI MINFA YEWU SIWEI

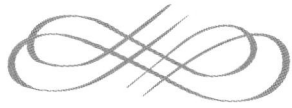

中国政法大学出版社
2018·北京

声　明　1. 版权所有，侵权必究。

　　　　2. 如有缺页、倒装问题，由出版社负责退换。

图书在版编目（CIP）数据

隋彭生：律师民法业务思维. 三,《民法总则》隋谈/隋彭生著. —北京：中国政法大学出版社,2018.7

ISBN 978-7-5620-8443-3

Ⅰ.①隋… Ⅱ.①隋… Ⅲ.①民法－律师业务－基本知识－中国 ②民法－总则－基本知识－中国　Ⅳ.①D923

中国版本图书馆CIP数据核字(2018)第172211号

出 版 者	中国政法大学出版社
地　　址	北京市海淀区西土城路25号
邮寄地址	北京 100088 信箱 8034 分箱　邮编 100088
网　　址	http://www.cuplpress.com（网络实名：中国政法大学出版社）
电　　话	010-58908437(编辑室) 58908334(邮购部)
承　　印	北京中科印刷有限公司
开　　本	880mm×1230mm　1/32
印　　张	14.375
字　　数	335 千字
版　　次	2018 年 9 月第 1 版
印　　次	2018 年 9 月第 1 次印刷
定　　价	59.00 元

前 言

本书参照《民法总则》的体系撰写，区分 8 个部分、33 个专题，每个专题的设计，都照顾了知识点的联系性和综合性。

本书有 174 个压缩饼干式案例，一是用来解释知识点，二是为办案提供思路和切入角度。每个案例前加标题，有一定程度的理论展开。还有 188 个问答，主要是解释、提示疑难问题。

本书注意从应用的角度去写，不过，理论是应用的基础和指导，还是缺不了理论的铺垫。

本书是一定程度理论化的实务书，适合律师和其他法律实务工作者阅读。

为节约篇幅，对《民法总则》的尾注采简略形式，如（民总 93 条）。

中国政法大学教授　隋彭生
2018 年 3 月 23 日

目 录

前　言 ··· 1

◎ **第一部分　民法概述**

专题一　民事法律关系 ·· 1
　　一、民事法律关系的概念、特征和基本分类 ································ 1
　　二、民事法律关系的要素 ·· 9
　　三、民事法律事实 ·· 12

专题二　略谈民法的基本原则 ··· 16
　　一、民法基本原则的界定 ·· 16
　　二、诚实信用原则 ·· 17
　　三、民法其他基本原则 ··· 23

专题三　民法的适用与寻找请求权基础 ·· 25
　　一、民法的适用 ··· 25
　　二、寻找请求权基础例析 ·· 35

◎ **第二部分　自然人**

专题四　自然人的能力及住所 ··· 43
　　一、自然人的民事权利能力 ··· 43

二、自然人的民事行为能力 ··· 47
三、自然人的住所 ··· 52

专题五　监护制度 ··· 53
一、监护的概念 ··· 54
二、监护人的设立 ··· 54
三、监护人的职责及履行职责的原则 ······························· 60
四、监护人资格的撤销和监护关系的终止 ··························· 61

专题六　宣告失踪与宣告死亡 ······································· 63
一、宣告失踪 ··· 63
二、宣告死亡 ··· 66

◎ 第三部分　法人与非法人组织

专题七　法人概述 ··· 71
一、法人的概念、特征 ··· 71
二、法人的能力 ··· 73
三、法人机关 ··· 75
四、法人住所与分支机构 ··· 79

专题八　法人的设立、变更、终止及登记 ··························· 81
一、法人的设立 ··· 81
二、法人的变更 ··· 84
三、法人的终止 ··· 86
四、法人的登记 ··· 89

专题九　营利法人 ··· 91
一、营利法人的定义、成立和机构 ·································· 92
二、营利法人出资人滥用权利的禁止及法人人格否认 ················ 94

三、营利法人关联交易的规制 …………………………… 96
　　四、营利法人决议的撤销 ………………………………… 96

专题十　非营利法人和特别法人 ………………………… 99
　　一、非营利法人 …………………………………………… 99
　　二、特别法人 ……………………………………………… 105

专题十一　非法人组织 …………………………………… 108
　　一、非法人组织的定义和类型 …………………………… 108
　　二、对非法人组织的基本规定 …………………………… 112

◎ **第四部分　民事权利**

专题十二　民事权利概述 ………………………………… 116
　　一、民事权利的含义 ……………………………………… 116
　　二、权利的保护、行使与取得 …………………………… 118
　　三、按权利内容区分的各类权利 ………………………… 122

专题十三　人身权 ………………………………………… 135
　　一、人身权概述 …………………………………………… 135
　　二、人格权 ………………………………………………… 136
　　三、身份权 ………………………………………………… 144

专题十四　财产权 ………………………………………… 146
　　一、物权 …………………………………………………… 146
　　二、债权 …………………………………………………… 152
　　三、其他权利和法益 ……………………………………… 160

专题十五　物权法定原则、物权变动公示原则 ………… 163
　　一、物权法定原则 ………………………………………… 163
　　二、物权变动公示原则 …………………………………… 170

专题十六　无因管理之债与不当得利之债 ········· 180
　一、无因管理之债 ········· 180
　二、不当得利之债 ········· 187

◎ 第五部分　民事法律行为

专题十七　民事法律行为的类型和效力模型 ········· 193
　一、民事法律行为的概念和特征 ········· 193
　二、民事法律行为的类型 ········· 195
　三、民事法律行为的效力模型 ········· 203

专题十八　意思表示的要素、类型及意思表示的撤回、撤销 ········· 207
　一、意思表示的要素 ········· 208
　二、意思表示的类型 ········· 211
　三、意思表示的撤回和撤销 ········· 219

专题十九　意思表示的解释 ········· 221
　一、意思表示解释概述 ········· 221
　二、有相对人的意思表示的解释 ········· 223
　三、无相对人的意思表示的解释 ········· 231
　四、意思表示解释应当遵循诚实信用原则 ········· 233

专题二十　民事法律行为的效力 ········· 235
　一、民事法律行为生效的实质要件 ········· 236
　二、无效民事法律行为 ········· 238
　三、以虚假意思表示实施的民事法律行为的效力 ········· 248
　四、民事法律行为的部分无效 ········· 249
　五、无效的效果 ········· 251

专题二十一　限制行为能力人实施的法律行为 …………… 253
 一、《民法总则》的规定 ……………………………………… 253
 二、限制行为能力人可以（独立）实施与不能实施的民事
  法律行为 ……………………………………………………… 255
 三、限制行为能力人实施的欠缺能力的民事法律行为 …… 256

专题二十二　可撤销的民事法律行为 ………………………… 261
 一、可撤销民事法律行为的界定 …………………………… 262
 二、可撤销民事法律行为的类型 …………………………… 263
 三、对可撤销民事法律行为的救济 ………………………… 278

专题二十三　附条件与附期限的民事法律行为 ……………… 286
 一、附条件的民事法律行为 ………………………………… 286
 二、附期限的民事法律行为 ………………………………… 297

◎ 第六部分　代　理

专题二十四　代理的含义、要件、效果和类型 ……………… 302
 一、代理的含义、特征、要件和效果 ……………………… 302
 二、代理的类型 ……………………………………………… 307

专题二十五　违法代理 ………………………………………… 316
 一、违反代理职责 …………………………………………… 316
 二、代理事项违法 …………………………………………… 320
 三、违反代理职责、代理事项违法以外的违法代理行为 … 321

专题二十六　代理权与（狭义）无权代理、表见代理 ……… 322
 一、代理权 …………………………………………………… 322
 二、（狭义）无权代理 ……………………………………… 325
 三、表见代理 ………………………………………………… 334

专题二十七　代理的终止 ·· 338
　一、委托代理的终止 ·· 339
　二、法定代理的终止 ·· 344

◎ 第七部分　民事责任

专题二十八　民事义务与民事责任 ···························· 346
　一、民事义务 ··· 346
　二、民事责任 ··· 348

专题二十九　不可抗力与正当事由 ···························· 358
　一、不可抗力 ··· 359
　二、正当事由 ··· 363

◎ 第八部分　时效、期限及用语解释

专题三十　诉讼时效概述 ·· 370
　一、诉讼时效的含义、特征和意义 ························ 370
　二、诉讼时效与除斥期间 ···································· 376
　三、诉讼时效的届满及其法律效果 ······················ 380
　四、普通诉讼时效期间及最长权利保护期间 ········ 382
　五、诉讼时效的起算 ·· 386

专题三十一　诉讼时效的中止、中断及对债务的
　　　　　　重新确认 ··· 389
　一、诉讼时效的中止 ·· 389
　二、诉讼时效的中断 ·· 391
　三、义务人对超过诉讼时效义务的重新确认 ········ 400

专题三十二　民法中的期限 …… 403
　一、期限的含义和分类 …… 403
　二、期限的效力 …… 405
　三、期间计算 …… 405

专题三十三　民法用语解释 …… 412
　一、包括本数示例 …… 412
　二、不包括本数示例 …… 414

附　录　《中华人民共和国民法总则》 …… 417

第一部分 民法概述

专题一 民事法律关系

引言

《民法总则》第2条规定:"民法调整平等主体的自然人、法人和非法人组织之间的人身关系和财产关系。"被民法调整的社会关系(人身关系和财产关系),就是民事法律关系。

任何民事权利、义务,都在民事法律关系之中。

案例分析的最高境界,是法律关系的解析。法律关系清楚了,解决问题的思路和方法也就出来了。

发现并界定法律关系,应是律师的思维定式。

一、民事法律关系的概念、特征和基本分类

(一)民事法律关系的概念

民事法律关系,是指民法规范所调整的具有民事权利义务内容的平等主体之间的社会关系。"关系",是观念上的产物。民法上所说的"关系",是人与人之间的关系。比如环境法律关系,不是指人与自然的关系,而是指人与人在环境保护、利用等方面产生的法律关系。被法律确认、保护、规制的人与人之间的关系,称为法律关系。

(二) 民事法律关系的特征

（1）民事法律关系是一种社会关系，即人与人之间的关系，是被民事法律所调整的社会关系。

（2）民事法律关系是法律关系的一种。民事主体之间的法律关系，是平等主体之间的人身关系和财产关系。当事人之间，不存在命令与从属的关系。与之相区别的经济法律关系，存在命令与从属的关系。

（3）民事法律关系，可以直接根据法律的规定产生（也要结合一定的法律事实，法律规定本身不能在当事人之间产生具体的法律关系）；也可以直接根据当事人的意志（单方意思表示、双方意思表示、多方意思表示）而产生。前者称为法定法律关系，后者称为意定法律关系。

社会关系——法律关系——民事法律关系

(三) 民事法律关系的基本分类

1. 绝对法律关系和相对法律关系

依权利的对抗性质，法律关系分为绝对法律关系和相对法律关系，这是法律关系的基本分类。

（1）绝对法律关系。

绝对法律关系中的绝对权，同时又是对世权，是对抗一切人的权利，义务人负担不行为的义务，实质就是承担不侵犯的义务。在绝对法律关系中，不存在给付，不以给付为客体。绝对法律关系，是体现社会基本秩序的法律关系。

人格权法律关系、所有权（自物权）法律关系等，是绝对法律关系。有些法律关系比较特殊，比如，甲将自己的一台复印机交给乙作为质物，乙的质权之于甲是相对权，同时又对抗其他任何人（绝对权），甲、乙之间是相对法律关系，乙又与其他任何人成立绝对法律关系。

绝对法律关系是法定法律关系，不存在意定绝对法律关系。甲将自己的一台复印机交给乙作为质物，甲对乙的权利是意定的，是由双方法律行为确定的，但乙的质权作为绝对权，却是法定的。

(2) 相对法律关系。

相对法律关系中的相对权，同时又是对人权。相对权是请求权，义务人承担给付义务。相对法律关系的客体（标的）都是给付，给付包括作为和不作为。相对法律关系中的给付包括精神给付、财产给付两类。财产相对法律关系的给付，是给付财产。比如，甲卖给乙一套房屋，一般认为，该买卖合同法律关系的客体（标的）是该套房屋，从法律关系论的角度看，客体（标的）是甲移转房屋所有权（给付财产）的行为。

问：经常有人提到占有法律关系，占有法律关系是绝对法律关系吗？

答：占有法律关系是笼统的提法，它包括两大类，第一类是占有绝对法律关系；第二类是占有相对法律关系（占有媒介关系）。

(1) 比如，你对你的房屋（不动产）、手机（动产）的占有，对世地与每一个人形成了绝对法律关系。你是权利主体，任何人都是义务主体，承担着不侵犯的义务。

无权占有也形成绝对法律关系，任何人都不得侵犯。占有本身不是权利，无权占有人也不享有本权。无权占有为什么受法律保护呢？无权占有人本人并不值得保护，对无权占有的保护，是出于对社会秩序、社会平和的保护。如果对无权占有不予以法律保护，则互相侵夺占有之风将大盛，暴力私力救济将层出不穷，社会将混乱不堪。

《民法总则》第126条规定："民事主体享有法律规定的其

他民事权利和利益。"该条将"权利"和"利益"区分。被法律保护的利益，亦属法益。无权占有人虽不享有权利，但有被法律保护的利益，即无权占有人也享有法益。

（2）直接占有人与间接占有人之间的法律关系，是占有媒介关系，是相对法律关系。占有媒介法律关系包括意定占有媒介关系和法定占有媒介关系，直接占有人是间接占有人的占有媒介人。你作为出租人把租赁物交付给承租人后，承租人是直接占有人，你是间接占有人，租赁合同则是占有媒介关系的基础法律关系。

2. 人身权法律关系和财产权法律关系

依权利的客体，法律关系分为人身权法律关系和财产权法律关系。

（1）人身权法律关系。

人身权法律关系分为人格权法律关系和身份权法律关系。人格权的客体是反指自身的，人格权法律关系是绝对法律关系。身份权的客体是身份，身份权都处在相对法律关系之中，如夫妻关系是相对法律关系。身份权是相对权，同时也受绝对权保护。因此，身份权也与他人形成绝对法律关系。比如，张男与李女是夫妻，张男的配偶权（身份权）对李女是相对权，对其他人是绝对权，任何人都负担不侵犯的义务。

（2）财产权法律关系。

财产权法律关系，是以财产为客体（标的）形成的法律关系，可以是绝对法律关系，也可以是相对法律关系。比如，物权法律关系是绝对法律关系，债权法律关系是相对法律关系。

应当注意的是，身份权法律关系，经常是财产权法律关系的基础法律关系。比如夫妻关系是夫妻共有财产的基础法律关系，夫妻离婚，基础法律关系消灭，当事人可以请求分割共有财产。

问：张男起诉李女离婚并要求分割财产，李女能提起反诉吗？

答：张男提起的是复合之诉，第一个诉是解除身份关系，第二个诉是解除财产的共有关系。对第二个诉，李女可以提起反诉。

3. 法定法律关系与意定法律关系

依产生的原因（事由），法律关系分为法定法律关系和意定法律关系。

（1）法定法律关系。

一般认为，依法律规定产生的法律关系为法定法律关系。这种观点是不准确的，因为仅有法律规定是不能产生法律关系的，出现了法律规定的生活事实，才能产生法律关系。法定法律关系，是由法律规定的非法律行为的生活事实形成的法律关系。比如，无因管理之债、不当得利之债、侵权之债，是法定之债（法定法律关系的一类），与当事人的意思表示无关。

（2）意定法律关系。

意定法律关系之"意"，是指意思表示。意定法律关系是由适格的意思表示（法律行为，也是一种生活事实）形成的法律关系。意定法律关系包括财产法律关系（典型者如合同关系），也包括身份法律关系（典型者如婚姻关系）。

◎ 涉他合同的法律关系

某展览主办方在 A 旅店订了一个房间，让聘请的解说员张某居住 20 天，A 旅店因过失，将张某行李、资料等打包送到了其他房间，给张某造成了损害。张某向旅店主张权利，请求 A 旅店承担相应的民事责任。A 旅店说，是展览主办方交的费用、订的房间，旅店与张某没有合同关系，不应承担责任。

解：（1）展览主办方在 A 旅店订了一个房间，双方成立的住店合同是涉他合同（意定法律关系），张某是该涉他合同中的"他"，是 A 旅店的债权人，可以依该住店合同向 A 旅店主张权利。即张某与旅店之间也有一个意定法律关系，旅店通过对张某为给付，来完成对展览主办方的给付。

（2）A 旅店因过失，将张某行李、资料等打包送到了其他房间，造成了张某的损害，双方之间成立了侵权责任法定法律关系。

（3）本案成立合同责任（违约责任）与侵权责任的竞合。

问：无效合同能成立意定法律关系吗？

答：有无效合同（无效双方法律行为）而绝对没有无效法律关系，法律关系是法律对生活关系调整的结果，因而都是合法的。

无效合同，不能解释为无效法律关系，其真正的含义是指它不能作为产生合同法律关系的法律事实，亦即无效合同是从法律事实的层面观察、认定的。仅达成合意而未建立起合同法律关系，只能是"合意的成立"，徒有合同的形式。为迁就一般观点，笔者把这种合同称为"形式上成立的合同"。最根本的一点是，无效合同并不成立意定法律关系。无效合同也不一定成立法定法律关系。

4. 单一法律关系与结合法律关系

依给付数量的不同，法律关系分为单一法律关系和结合法律关系。相对法律关系的客体（标的）是给付，因此这种分类是对相对法律关系的分类。

（1）单一法律关系。

单一法律关系是指只有一个给付的法律关系。单一法律关系是法律关系的最小单位。即有一个给付就说明存在一个相对法律关系。由于只有一个给付，单一法律关系的一方只享有权利，另一方只负担义务。比如赠与合同，是单一法律关系，该赠与合同具备法律关系的三要件，主体是赠与人和受赠人，赠与人是债务人，负担给付财产的债务，受赠人是债权人，有权请求给付财产；客体是给付财产的行为；内容是当事人的权利义务。

问：甲、乙互殴致双伤，形成几个单一法律关系？能否适用过错相抵规则？

答：（1）不能适用过错相抵的规则。甲打伤乙，成立以甲为责任人（给付人）的单一法律关系；乙打伤甲，成立以乙为责任人（给付人）的单一法律关系。这里有两个损害、两个责任人、两个单一法律关系。确定双方的责任后，可以折抵。法官可以裁判抵销。比如，甲应赔偿乙1万元，乙应赔偿甲3万元，最终判决乙赔偿甲2万元，这并不是过错相抵。

（2）过错相抵，须对"同一损害"存在"共同原因"，即赔偿义务人的过错行为，与受害人的过错行为，是同一损害的共同原因。如果是两个损害，则各自成立法律关系，不适用过错相抵规则。例如，甲卖给乙水果，甲的包装不符合要求，乙受领迟延，对水果的价值减损双方都有过错，此时适用过错相抵规则，确定对被违约人乙的赔偿额，前后只成立一个单一法律关系，没有像"甲乙互殴双伤"那样成立两个单一法律关系。

（2）结合法律关系。

结合法律关系也称为复合法律关系，是两个以上单一法律关系的结合。有两个以上给付的，就说明存在两个以上的相对法律关系。例如，租赁合同有两个作为对价关系的给付，即租赁法律关系由两个单一法律关系结合而成，双方互为权利人，互为义务人，其中出租人的给付是以物交给他人使用（属于用益之债），承租人的给付则属于货币之债。再如，买卖合同是一种结合（复合）法律关系，它包含两个单一法律关系，一个是出卖人为给付的单一法律关系，一个是买受人为给付的单一法律关系。

对同一双务合同，两个单一法律关系具有履行上的牵连性，这是成立履行抗辩权、民事留置权的基础。例如，出卖人不发货（违反了出卖人为义务人的单一法律关系），买受人就有权拒绝支付货款（保留买受人为义务人的单一法律关系的给付）。再如，定作人不付加工款，承揽人就可以留置加工物，这被称为"基于同一法律关系"，实际上是基于有两个单一法律关系的同一双务合同。

5. 原法律关系与救济法律关系

原法律关系是产生救济法律关系的基础关系。原法律关系与救济法律关系是由不同法律事实形成的法律关系。两种法律关系的给付是不同的。救济法律关系是在原法律关系不能履行或遭到破坏时，形成的法律关系。

◎ 解除合同，不影响要求赔偿可得利益

甲公司（出卖人）与乙公司（买受人）签订买卖合同，签订合同后，甲有重大违约行为，乙在催告无效后通知甲解除了合同，并起诉甲请求赔偿可得利益损失。一种观点认为，一次性给付合同的解除使合同自始失去效力，而可得利益只有在合同完全履行的情况下才可能产生，因此解除合同后，就丧失了请求赔偿可得利益的权利，只能请求赔偿直接损害。本案当事人也就没有可得利益的赔偿的问题。

解：《合同法》第 97 条规定："合同解除后，尚未履行的，

终止履行；已经履行的，根据履行情况和合同性质，当事人可以要求恢复原状、采取其他补救措施，并有权要求赔偿损失。"《合同法》第 113 条第 1 款规定："当事人一方不履行合同义务或者履行合同义务不符合约定，给对方造成损失的，损失赔偿额应当相当于因违约所造成的损失，包括合同履行后可以获得的利益，但不得超过违反合同一方订立合同时预见到或者应当预见到的因违反合同可能造成的损失。"条文中，对违约造成的可得利益违约请求权处在救济法律关系之中，并不以维持原法律关系为要件，即解除合同不影响要求赔偿可得利益。本案中，乙有权请求赔偿可得利益。

（四）法律关系的竞合与聚合

我们经常讲请求权的竞合、责任的竞合。其实，请求权、责任都处在相对法律关系之中，请求权的竞合、责任的竞合只是对相对法律关系竞合不同角度的表述。请求权的聚合、责任的聚合，也是如此。

为防止重复请求，竞合时，权利人择一主张权利。聚合，权利人有几个请求权，就可以主张几个请求权，也可以分次起诉。

法律关系的聚合，是一种很重要的现象。比如，张三的白骆驼被李四偷用一天（用益侵权），李四招徕客人，与白骆驼合影的收 5 元钱，共收了 200 元钱。傍晚，白骆驼左前腿陷入地鼠洞，造成骨折，价值减损 1500 元。李四把白骆驼送回。张三与李四之间，不当得利与损害赔偿两个法律关系发生聚合。

二、民事法律关系的要素

民事法律关系的三要素是：主体、客体和内容。

(一) 民事法律关系的主体

民事法律关系的主体，是指在民事法律关系中享有民事权利、承担民事义务的当事人。根据《民法总则》第 2 条的规定，民事法律关系有三类主体，它们是自然人、法人和非法人组织。

1. 自然人和公民、"两户"

自然人是依自然规律出生，具有自然生命形式的人。自然人与法人是相对应的概念，自然人概念的意义，在于与法人相区别。作为民事主体，自然人可以是中国的自然人，也可以是中国以外国家或地区的自然人。

公民是具有一国国籍的自然人。我国《宪法》第 33 条第 1 款规定："凡具有中华人民共和国国籍的人都是中华人民共和国公民。"公民这个概念强调自然人在国籍上的归属，我国民法自然适用于我国公民。我国民法也适用于在中华人民共和国领域内的外国人、无国籍人，法律另有规定的除外。

"两户"是指个体工商户和农村承包经营户，《民法总则》将"两户"单设一节，规定在第二章"自然人"中，[1] 理由是，"两户"是具有经营资格的自然人。

2. 法人和非法人组织

法人是组织体，是拟制的人，法人承担独立责任。非法人组织也是组织体，但因没有法人资格，其对外责任不是独立责任。

非法人组织包括个人独资企业、合伙企业、不具有法人资

---

[1]《民法总则》第 54 条规定："自然人从事工商业经营，经依法登记，为个体工商户。个体工商户可以起字号。"第 55 条规定："农村集体经济组织的成员，依法取得农村土地承包经营权，从事家庭承包经营的，为农村承包经营户。"第 56 条规定："个体工商户的债务，个人经营的，以个人财产承担；家庭经营的，以家庭财产承担；无法区分的，以家庭财产承担。农村承包经营户的债务，以从事农村土地承包经营的农户财产承担；事实上由农户部分成员经营的，以该部分成员的财产承担。"

格的专业服务机构等。法人的分支机构（如分公司）不是非法人组织。

（二）民事法律关系的客体

1. 现象客体

民事法律关系的客体，是民事法律关系中的权利、义务共同指向的对象。一般认为，民事法律关系的客体分为物、行为和智力成果三类。如物权的客体是特定的物，债权的客体是债务人的特定行为（给付），知识产权的客体是智力成果等。这种对客体的认识，是从现象出发的，故称为现象客体。

2. 实质客体

从实质上看，从抽象意义上看，绝对法律关系的客体都是"不行为"；[1] 相对法律关系的客体都是给付行为，包括积极行为（作为）和消极行为（不作为）。例如，甲买了一个手机，任何人在绝对法律关系中，对该手机都负担不侵犯的义务（不行为的义务）。又如，一份买卖钢材的合同作为相对法律关系，其标的（客体）是给付（交付约定的钢材并移转其所有权的积极行为）。再如，甲乙约定，乙不从事与甲发生经营竞争的特定的行为，双方相对法律关系的标的（客体）是消极行为。

（三）民事法律关系的内容

民事法律关系的内容，是指当事人享有的民事权利和承担的民事义务。如债权合同（债权合同法律关系）中的债权是一种民事权利，债务是一种民事义务。任何权利、义务都在法律关系之中，没有脱离法律关系的权利、义务。

权利和义务都是对应存在的。比如，张甲赠与李乙一套房屋，在赠与法律关系中，赠与人张甲是债务人，受赠人李乙是

---

[1] 一般称为不作为，但这不够准确。

债权人。再如，王丙有一台电脑，就这台电脑成立所有权法律关系，王某是所有权人，其他任何人都是义务人，都负担不侵犯的义务。

三、民事法律事实

(一) 民事法律事实的含义

民事法律事实，是指能够引起民事法律关系发生、变更、终止及阻止民事法律关系发生的客观事实。

比如，甲、乙签订买卖100吨煤炭合同的双方法律行为，在甲、乙之间发生合同法律关系；甲、乙协商一致，将该100吨煤炭改为90吨的双方法律行为，变更了既有的法律关系。再如，张甲有一个儿子李乙，张甲病故，其个人所有的一所房屋转归李乙所有，张甲死亡的法律事实，终止了其对该房享有所有权的绝对法律关系，发生了李乙对该房享有所有权的绝对法律关系。

在谈及民事法律事实的效果时，一般只谈"发生、变更、终止"，其实，阻止法律关系发生的客观事实，也是法律事实。阻止的事实，是指阻止相对法律关系发生的事实，这种事实也是法律事实。比如，甲的房屋因不可抗力（客观事实）倒塌，砸坏了邻居乙的房屋，该不可抗力阻止甲、乙之间成立侵权责任法律关系。

问：请求确认法律行为无效，是阻止法律关系发生的法律事实吗？

答：民事法律行为的无效，是自始无效、绝对无效，因此请求确认无效以及法院判决无效，都不是阻止法律关系发生的法律事实。

◎ 不同法律事实，发生不同法律关系

1月1日，张甲与李乙达成口头协议，约定把一头白骆驼出租给李乙；1月3日，张甲将白骆驼交付给李乙。

解：1月1日，双方成立租赁法律关系；1月3日，双方成立占有媒介法律关系。租赁关系是占有媒介关系的基础法律关系。

两个法律关系有以下区别：①占有媒介关系的给付（标的）与其基础法律关系的给付（标的）不同。②成立法律关系的事实不同，租赁关系由于双方达成合意而成立，占有媒介关系由于张甲对李乙的交付而成立。③两个法律关系成立的时间不同，终止的时间也可能不一致。

（二）民事法律事实的基本类型

法律事实作为客观存在，要么是一种事件，要么是人的民事行为。这里所说的民事行为并不等同于民事法律行为，而包括表示行为（法律行为）和事实行为。行政行为和民事判决，也是常见的法律事实。

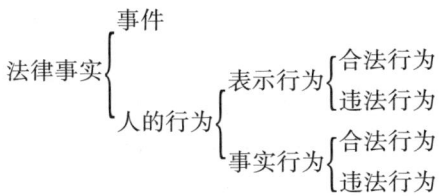

1. 事件

事件是指能够引起民事法律关系的发生、变更、终止，但与人的意志无关的客观情况。人的出生与死亡，时间之经过，

自然灾害的发生等为事件。如：

（1）人的出生产生身份法律关系、人格法律关系等。

（2）人的死亡，使婚姻法律关系消灭。再如，张三死亡，遗产为一辆汽车，张三的两个儿子对该车产生共同共有法律关系。

（3）除斥期间经过、合理时间经过等使权利消灭。权利消灭说明法律关系消灭。

（4）不可抗力使合同变更、终止等。不可抗力致使合同的履行嗣后法律不能或事实不能。

2. 人的行为

（1）人的行为，是指人的有意识的活动，分为表示行为和事实行为。

法律行为是表示行为，依当事人的意思表示发生效力。因法律行为形成的法律关系，是意定法律关系。

事实行为，不是表示行为，因为事实行为效力的发生，并不依照当事人的意思表示，而是直接依据法律的规定。即事实行为是无须向他人表示内心意思的内容即可发生效果的行为。例如，张某撰写了一部小说，李某完成了一项发明创造，王某发现了埋藏物，赵某实施了无因管理行为，冯某实施了侵权行为，刘某盖了一间房屋等都属于事实行为，都产生相应的法律关系。因事实行为形成的法律关系，属于法定法律关系。

事实行为不适用法律对意思表示的规定。比如，无行为能力人没有从事法律行为的能力，但无行为能力人对无主物的先占的事实行为则有效，其发明创造也可以申请专利，实施无因管理行为也可以产生合法债权等。法律行为要求当事人有民事行为能力；事实行为不要求当事人有民事行为能力。

问：张三作为严重的精神病患者，能盖房子。应当如何解释？

答：张三盖房子的能力，不是民法上的行为能力，只是生活中的技能，属于实施事实行为的能力。因为，行为能力是意思能力、形成意定法律关系的决策能力，盖房子本身不需要向他人为意思表示。张三对其所盖的房子享有所有权，发生了所有权法律关系，该法律关系是绝对法律关系、法定法律关系。

（2）人的行为还可以分为合法行为和非法行为，它们都能够引起法律关系的产生、变更和终止。如侵权行为是非法行为，但是它在侵权人和受害人之间产生侵权之债。

3. 行政行为和民事判决

（1）行政行为可以形成（发生、变更、消灭）民事法律关系。比如，结婚登记建立了夫妻身份法律关系，离婚登记解除了夫妻身份法律关系。再如，甲出卖给乙一套房屋，签订买卖合同并不引起房屋所有权的转移，办理转移登记（行政行为）才导致房屋所有权的转移。

（2）民事判决可以形成（发生、变更、消灭）民事法律关系。

问：公法行为可以是民事法律事实吗？

答：公法行为也可以是民事法律事实。比如，法院的判决，可致物权发生变动；政府的征收，可致物权发生变动。

◎ 代位权判决形成的法律关系

债权人甲对债务人乙有1000万元债权，乙对次债务人丙有1500万元债权，由于债务人乙怠于对次债务人丙行使债权，致使其丧失清偿能力。债权人甲以次债务人丙为被告，提起代位权诉讼，法院判决丙向甲偿还1000万元及相应的利息。

解：判决是公法行为，同时是民事法律事实。《最高人民法院关于适用〈中华人民共和国合同法〉若干问题的解释（一）》（以下简称《合同法解释（一）》）第20条规定："债权人向次债务人提起的代位权诉讼经人民法院审理后认定代位权成立的，由次债务人向债权人履行清偿义务，债权人与债务人、债务人与次债务人之间相应的债权债务关系即予消灭。"本案代位权成立的判决，导致债权人甲与债务人乙1000万元及利息的债权债务消灭并导致甲与次债务人丙1000万元及利息的债权债务发生。

我国的债权人代位权，被司法解释改造成债权的裁判移转，已经不是传统民法上的代位权了。

专题二　略谈民法的基本原则

引言

律师注重实务，掌握民法的基本原则，有什么意义呢？第一，原则是规则运用的指导。第二，原则是个纲，对民法理论要对照原则进行审视，来判断理论正确与否，能否成立。第三，每一个案件，都涉及对意思表示的解释问题。原则是对意思表示解释的指导和验收标准。第四，在写诉讼文书的时候，对原则简要概括，也能增加说服力。

一、民法基本原则的界定

"原则"是基本准则、基本规则。民法的基本原则，是具有普遍效力的法律规则，是最一般的民事行为规范。民法基本原则具有规范性、普遍性、指导性和强行性。它体现了民法的基本指导思想和价值目标。民法基本原则的特征，可以用"四性"

来表达：

（1）规范性：民法的基本原则，是最基本的民事行为规则。

（2）普遍性：民法的基本原则，其效力贯穿民法的始终。

（3）指导性：民法的基本原则，对具体规范的制定，对人的行为具有指导意义。

（4）强行性：民法的基本原则，是强行性规范，不是任意性规范，当事人不得排除适用。

有些原则不是民法的基本原则，比如，禁止权利滥用原则，规定在《民法总则》第五章（民事权利），它不是基本原则，而是由诚实信用原则派生出来的下位原则。

二、诚实信用原则

《民法总则》第7条规定："民事主体从事民事活动，应当遵循诚信原则，秉持诚实，恪守承诺。"诚实信用原则，既是道德规范，又是法律规范。诚实信用原则的基本要求是：从善良的愿望出发，达到公平的结果。诚实信用原则以正义为"龙头"，以公平、自愿、合理等理念为支柱（具有抽象性），其内容或要求可随时间、空间的变化而变化（具有不确定性），被称为民法的"帝王条款"。

《民事诉讼法》第13条第1款规定："民事诉讼应当遵循诚实信用原则。"民事程序法的诚实信用原则，源于民事实体法。该原则不仅适用于当事人和诉讼代理人，也适用于法院和法官。比如，依该原则，法院和法官不得滥用权利。

（一）诚实信用原则填补法律漏洞、弥补法律不足的功能

诚实信用原则具有填补法律漏洞、弥补法律不足的功能。在法律没有具体规定的时候，可以直接援引诚实信用原则进行判案。

隋彭生：律师民法业务思维（三）《民法总则》随谈

◎ 依诚实信用原则，本案抵销不成立

北京的甲公司对广州的乙公司有200万元的货款债权，甲公司与住在广州市的张丙签订了催收委托合同。委托合同言明：因有急用，特委托张丙全权催收，合同还约定按收回货款3%的比例给张丙支付报酬。张丙持甲公司的授权委托书到乙公司催款成功，张丙曾对甲公司有10万元劳务债权，其利用授权委托书中"全权代理条款"要求乙公司将该10万元和6万元报酬打入自己的银行卡，将184万元打入甲公司的账号。之后，张丙给甲公司发了手机短信，通知其抵销16万元。

甲公司表示反对，理由是：张丙是受托人，是以代理人身份催收欠款的，代理的效果应当归于被代理人。《合同法》第404条规定："受托人处理委托事务取得的财产，应当转交给委托人。"受托人取得的财产尚且应当转交给委托人，代理人是以被代理人名义取得财产，代理人更无权予以抵销。

张丙认为，《合同法》第99条第1款规定："当事人互负到期债务，该债务的标的物种类、品质相同的，任何一方可以将自己的债务与对方的债务抵销，但依照法律规定或者按照合同性质不得抵销的除外。"委托合同的债务，不属于法律规定禁止抵销及按照合同性质不得抵销的债务，其抵销通知有效。

解：对委托合同债务能否抵销，法律未设具体规定。按委托合同性质能否抵销，也存在不同看法。张丙在接受委托时明知委托人对欠款有急用，在完成催款时又利用"全权代理条款"指示欠款人乙公司将16万元打入自己的银行卡，如果确认其抵销有效，则违背了诚实信用原则。如果诉讼到法院，法官应依诚实信用原则判决抵销无效。

问：单位职工替单位代收货款（现金）或受单位指派持款（现金）替单位办事时，能否以该款抵销单位对自己的债务？

答：单位职工替单位办事持有现金，对现金应为辅助占有或者视为辅助占有，按照辅助占有的原理，职工并无抵销的权利。我国现行法律未对辅助占有作出规定，职工如有抵销的单方法律行为，法官可直接依据诚实信用原则确认无效。

（二）诚实信用原则是权利不得滥用原则的上位原则

《民法总则》第132条规定："民事主体不得滥用民事权利损害国家利益、社会公共利益或者他人合法权益。"禁止权利滥用原则是对诚实信用原则的贯彻，是诚实信用原则派生的下位原则。

（三）诚实信用原则是当事人履行义务应当遵循的原则

义务人应当全面、及时履行义务，依诚实信用原则还可产生附随义务。《合同法》第60条规定："当事人应当按照约定全面履行自己的义务。当事人应当遵循诚实信用原则，根据合同的性质、目的和交易习惯履行通知、协助、保密等义务。"

问：《合同法》对附随义务有一般规定，也有具体规定。如《合同法》第228第2款规定："第三人主张权利的，承租人应当及时通知出租人。"第230条规定："出租人出卖租赁房屋的，应当在出卖之前的合理期限内通知承租人，承租人享有以同等条件优先购买的权利。"请问："及时通知"与"合理期限内通知"有何不同？

答："及时通知"是最短的合理期限，有"越早越好"之意及"具备通知条件即应当通知"之意，以防止出租人蒙受不测之损害。这个"及时通知"，也是划分责任的一个界限。"合理期限内通知"是给承租人行使优先购买权比较充分的决策期间（有一个合理的犹豫期）。"合理期限"，并无"越早越好"之意，它的长短，要综合双方的利益。上述两种通知期限，都要依据诚实信用原则来确定。

（四）诚实信用原则是意思表示解释的指导性依据

《民法总则》第142条规定："有相对人的意思表示的解释，应当按照所使用的词句，结合相关条款、行为的性质和目的、习惯以及诚信原则，确定意思表示的含义。无相对人的意思表示的解释，不能完全拘泥于所使用的词句，而应当结合相关条款、行为的性质和目的、习惯以及诚信原则，确定行为人的真实意思。"诚实信用原则也是意思表示解释的原则：其一，它是解释的指导性依据；其二，解释的结果，不得与之相违背。

◎ 律师应当如何设计解释方案

甲借给乙95万元，到期乙没有归还本息，甲等着用钱买房子且与乙的关系不错，就给乙发了一个通知说："你还给我90万元就行，利息也不要了。"左等右等，乙置之不理，就是不还钱，甲就提起诉讼，请求乙偿还95万元的本金和利息。乙抗辩说："甲将我的债务已经减免到90万元，即我欠他的本金90万元，不欠利息。"对甲的通知，其代理律师应当如何设计解释方案？

解：依照诚实信用原则，不能允许违约人因违约而获得利益，即不应支持乙的抗辩，但应对甲的通知（意思表示）作出具体解释。主要有两种解释方案：第一种，解释为要约，受要约人须承诺，才能变更借款合同，乙方置之不理，要约经过合理期间自动失效。这种解释比较勉强，因为从文字来看，甲的通知就是一方作出的决定。第二种，将通知解释为附生效条件的免除部分债务的单方行为。该生效条件是乙在合理的时间内履行 90 万元债务。这个条件是随意条件，也是"默示条件"，"默示条件"需要通过意思表示的解释揭示出来。接到通知后，乙仍然没有履行债务，则通知不生效，原借款合同仍有效，乙应按原借款合同履行本息债务。第二种方案较佳。

◎ **应解释为附条件，还是附期限**

甲借给乙 100 万元，乙偿还了 40 万元后，剩余款项长期拖欠不还。甲向乙催债，乙对甲说自己的小工厂明年经营状况会转好，双方书面约定："等明年乙的小工厂生产经营好了还钱。"第二年年底，甲向乙催款，乙说他的小工厂受行业大环境影响，已经倒闭。条件不成就，因此其债务已经免除。

解：双方当事人的约定，构成了和解协议。乙的解释是文义解释，但按文义解释就违反了诚实信用原则，应解释为附期限的和解协议，即到第二年年底之前，乙应当偿还借款。

（五）诚实信用原则是合同补缺的指导

补缺是对合同空白点的补充，因此合同的补缺又称为合同的补充性解释。也有人称为合同漏洞的填补。合同补缺的规则反映了民法尽量保护交易关系的思想。

对合同补缺，应当在民法基本原则的指导下进行，补缺的结果不得违反民法基本原则。将推定的意思视为当事人的意思，包含的一种思想是：从诚实信用原则出发，双方当事人都意图追求一种公平的结果，双方准备接受的，也是一种公平的结果。不论是补充性解释还是阐释性解释，都要把合同解释为符合诚信的合同、结果公平的合同。也就是说诚信对合同的要求是什么样，对合同的解释也应当是什么样。

隋彭生：律师民法业务思维（三）《民法总则》随读

◎ 按诚实信用原则的要求，根据已有的条款补缺

甲乙双方订立了买卖20吨泡沫塑料的合同，合同规定甲方（卖方）在半年内分四次交货，但对交货的季度、月份和具体日期都没有规定。

甲方欲在一个月内分四次交货，并声称，如乙方拒绝接受，将追究其违约责任。甲指出，《合同法》第62条第4项规定："履行期限不明确的，债务人可以随时履行，债权人也可以随时要求履行，但应当给对方必要的准备时间。"据此，自己可以随时履行，即可以在一个月内分四次交货。

乙方提出，自己用料是一个连续、渐进的过程，泡沫塑料占库大，而自己仓库的容量有限，这些情况甲方也都了解。根据诚实信用原则，交货的时间应当确定为平均一个半月交一次货。

解：（1）甲乙双方的合同对交货期限约定不明确，甲方主张在一个月内分四次交货，乙方主张交货的时间应当平均。甲方主张自己有权随时发货，乙方否认甲方的这种权利。甲方引用了《合同法》第62条，这就涉及第61条与第62条的适用顺序关系的问题。在适用第61条不能解决问题时，才能适用第62条。另外，本案适用第62条第4项的结果，有违诚实信用原则，这是检验规则适用是否正确的一个标准。

（2）《合同法》第61条规定："合同生效后，当事人就质量、价款或者报酬、履行地点等内容没有约定或者约定不明确的，可以协议补充；不能达成补充协议的，按照合同有关条款或者交易习惯确定。"根据已有的条款（半年内分四次发货），在诚实信用原则指导下进行解释，应当解释为：平均一个半月交一次货。

三、民法其他基本原则

（一）民事权益受法律保护原则

民事权益包括民事权利和其他权益。《民法总则》第3条规定："民事主体的人身权利、财产权利以及其他合法权益受法律保护，任何组织或者个人不得侵犯。"民法是权利保护法。民事权利分为人身权利和财产权利两大类。权利是一种成文化、类型化、固定化的法益，权利以外的合法权益亦受法律保护。

"任何组织或者个人不得侵犯"他人的合法权益，是维护一个社会秩序、安全、安宁、平和及有序发展的前提。

（二）平等原则

平等，是指当事人的法律地位平等、身份平等。《民法总则》第4条规定："民事主体在民事活动中的法律地位一律平等。"平等，是自愿、公平的前提。平等原则，集中反映了民法调整对象的本质特征。平等原则，是人际关系的基本准则，也体现了市场经济的特征和内在要求。

平等是对特权的否定。贯彻平等原则，要反对在民事活动中"官本位"和"所有制歧视"的意识。

（三）自愿原则

自愿原则，也称为意思自治原则，是民事主体可以自由地根据自己的意志进行民事活动的基本准则。《民法总则》第5条规定："民事主体从事民事活动，应当遵循自愿原则，按照自己的意思设立、变更、终止民事法律关系。"自愿原则的内核，是自主决定。自主决定，一是民事主体可以自主决定民事法律关系的形成（设立、变更和终止）和阻止法律关系的形成（设立、变更和终止）；二是民事主体对自主选择的结果承担责任。

自愿原则适用于私法领域。应注意的是，在私法领域中的人身关系方面，自愿原则的适用受到较大限制。

不能将自愿原则等同于合同自由原则，自愿原则在合同法领域的反映，是合同自由原则。

(四) 公平原则

《民法总则》第6条规定："民事主体从事民事活动，应当遵循公平原则，合理确定各方的权利和义务。"公平原则是维护民事主体利益均衡的原则，是利益分配和不利益分配的原则。

在市场经济条件下，公平原则主要是交易公平原则。公平与等价有偿不同。公平不一定等价。交易双方当事人付出的对价不充分、不相当，但当事人完全是自愿的，意思表示没有瑕疵，就不能说是不公平的。因为是否公平，还包括主观价值。一般而言，"自愿即公平"。例如，对当事人自愿签订的无偿合同，不能认为是不公平的。

(五) 守法及公序良俗原则

《民法总则》第8条规定："民事主体从事民事活动，不得违反法律，不得违背公序良俗。"民事主体从事民事活动，应当遵守法律，不破坏公共秩序和善良风俗。

公序良俗是社会生活的一般规范，制约着习惯的适用，还制约着民事法律行为的效力。《民法总则》第10条规定："处理民事纠纷，应当依照法律；法律没有规定的，可以适用习惯，但是不得违背公序良俗。"第143条规定："具备下列条件的民事法律行为有效：(一) 行为人具有相应的民事行为能力；(二) 意思表示真实；(三) 不违反法律、行政法规的强制性规定，不违背公序良俗。"第153条第2款规定："违背公序良俗的民事法律行为无效。"

应当注意的是，善良风俗可因地域的不同而有所区别，会因时代的发展而发生变化。1993年，北京电视台元宵晚会上尹相杰与于文华演唱《纤夫的爱》，其中有一句"让你亲个够"，若放在19世纪70年代，创作和允许在剧场演唱这类歌曲就是违反善良风俗的。

（六）绿色原则

《民法总则》第9条规定："民事主体从事民事活动，应当有利于节约资源、保护生态环境。"该条规定的原则，被称为绿色原则。绿色原则贯彻了宪法保护环境的要求，是改善人与环境关系的倡导性原则，体现了天地人和、建设生态文明、实现可持续发展的理念。

专题三　民法的适用与寻找请求权基础

引言

在具体案件中，如何适用法律，对律师来说，是寻找请求权基础的过程。本文用几个例子略作说明。

寻找最相类似的规定以参照适用，是律师的一项基本功。

应当注意区分责任的竞合和聚合，以保障当事人权利的全面实现。

一、民法的适用

（一）民法的适用范围

1. 民法在空间上的适用范围

民法在空间上的适用范围，是指民法适用于哪些领域。我国采属地主义，《民法总则》第12条规定："中华人民共和国领域内的民事活动，适用中华人民共和国法律。法律另有规定的，依照其规定。"例如：美国人A与俄国人B，在中国境内设立一个公司——只能适用中国法律。

我国民事法律适用于我国的一切领域。所谓"一切领域"，包括我国的领土、领空、领海，还包括按照国际法和国际惯例应当视为我国领域的地方。如在我国的驻外大使馆、在我国领域外飞行、航行的我国飞机、轮船上发生的民事关系，都适用我国民法。

"另有规定"，主要体现在《涉外民事关系法律适用法》《票据法》《民用航空法》等法律之中。

2. 民法在时间上的适用范围

（1）民法的生效和失效。

民法的生效时间，均以该立法文件规定的生效时间为标准。可以规定在发布时生效，也可以规定在发布后的一段时间后生效。《民法总则》第206条规定："本法自2017年10月1日起施行。"

民法的失效时间主要有两种情况：其一，新的立法文件宣布或确定旧的立法失效的时间（废止旧法）；其二，新法生效的时点，是旧法与新法抵触的部分自动失去效力的时间。

（2）民事法律规范的溯及力问题。

民事法律规范不具有溯及既往的效力，法律另有规定的除外。

（二）一般法与特别法的关系

《民法总则》第11条规定："其他法律对民事关系有特别规定的，依照其规定。"《民法总则》处于一般法的地位，其他法律有特别规定的，优先适用其他法律的规定。

《立法法》第92条规定："同一机关制定的法律、行政法规、地方性法规、自治条例和单行条例、规章，特别规定与一般规定不一致的，适用特别规定；新的规定与旧的规定不一致的，适用新的规定。"

应将"特别法优于一般法"与"新法优于旧法"相区分。比如，对因重大误解订立的合同，《合同法》规定在一年内请求撤销（参见《合同法》第54、55条），《民法总则》规定因重大误解成立的民事法律行为（含合同），在3个月内请求撤销（参见民总152条）。在《民法总则》生效后、《合同法》废除前，按"新法优于旧法"的规则，适用3个月的规定。《合同法》第55条请求撤销的"一年"因与新法相抵触，失去了效力。即是说，"特别法优于一般法"，特别法与一般法都有效；"新法优于旧法"，与新法抵触的旧法失去了效力。

问：《合同法》第52条将"一方以欺诈、胁迫的手段订立合同，损害国家利益"作为合同无效的情形之一，第54条又将因欺诈、胁迫签订的合同规定为可撤销的合同。《民法总则》第148、149条将因欺诈实施的民事法律行为统一规定为可撤销，第150条将因胁迫实施的法律行为统一规定为可撤销，没有区分可撤销与无效两种情况。有观点认为，对合同纠纷，应按照"特别法优于一般法"的规则，适用《合同法》；还有观点认为，应按照"新法优于旧法"的规则，适用《民法总则》。应采何种观点？

答：既不是"特别法优于一般法"的问题，也不是"新法优于旧法"的问题，两部法律并不矛盾，只是立法技术不同。一方以欺诈、胁迫的手段订立合同，损害国家利益或违反其他效力性强制规定，属于原因竞合。原因竞合，效力并不竞合。既有撤销事由又有无效事由时，合同应为无效。

如果不是合同，是其他民事法律行为，道理相同。比如，因甲的欺诈，乙设立了遗嘱，该遗嘱的内容违反了效力性强行性规定，是无效的，而不是可撤销的。

（三）民法任意性规定的排除适用

1. 概述

民法的规定，分为强行性规定和任意性规定。强行性规定，不得依当事人的意思排除适用。强行性规定是公法"侵入"私法（民法）的现象。任意性规定，是依当事人的意思可以排除适用的规定。民法规范多为任意性规范，体现了私法自治的原则。

2. 习惯有任意性规范的效力

习惯包括生活习惯、交易习惯等，是人们在生活、交易中形成的规则，是社会生活规范。因时、因地、因行业、因群体等不同，习惯有所不同。习惯作为行为规则，可以具有法律任意性规范的效力。《民法总则》第10条规定："处理民事纠纷，应当依照法律；法律没有规定的，可以适用习惯，但是不得违背公序良俗。"公序良俗（公共秩序、善良风俗）是社会共同生活的一般规范，制约着习惯的适用。

问：生活习惯具有规范性意义吗？

答：有。比如，《物权法》第85条规定："法律、法规对处理相邻关系有规定的，依照其规定；法律、法规没有规定的，可以按照当地习惯。"

问：交易习惯对合同有什么意义？

答：根据《合同法》第61条的精神，[1] 如果当事人在订立合同时没有明示将交易习惯排除的话，则交易习惯自动进入合同之中，成为合同的内容。这时，交易习惯与《合同法》中明文规定的任意性规范的效力是相同的。

3. 任意性规定认定例析

对民法具体规定是强行性规定还是任意性规定有疑义时，应结合立法目的予以认定。

---

[1]《合同法》第61条规定："合同生效后，当事人就质量、价款或者报酬、履行地点等内容没有约定或者约定不明确的，可以协议补充；不能达成补充协议的，按照合同有关条款或者交易习惯确定。"

问：《合同法》第186条第1款规定："赠与人在赠与财产的权利转移之前可以撤销赠与。"第1款是否为任意性规定？在订立赠与合同时，能否约定赠与人放弃撤销权，即排除第1款的适用？

答：赠与是无偿行为，是助人为乐的行为，法律有鼓励良好道德、善良风俗的任务。设立这种任意撤销权，就是一种鼓励措施。任意撤销权是一种单方的反悔权，有了这种反悔权，就减少了赠与人的顾虑。当事人自愿放弃反悔权，意志坚定地要赠与，是对私权的处分，无害于社会，因此，《合同法》第186条第1款的规定，肯定是任意性规定，是可以以意思表示排除适用的规定。

问：(1)《合同法》第210条规定："自然人之间的借款合同，自贷款人提供借款时生效。"即是说，两个自然人之间的借款合同是实践合同，达成合意时合同成立，提供借款时合同生效。这是否为任意性规定？能否排除适用？

(2) 张甲和李乙两个自然人在签订的借款合同的尾部写道："本合同在签字盖章后生效。"请问，这是将实践合同约定为诺成合同吧？

答：(1) 自然人之间的借款，多为无息借款，多为民间互助行为，法律为对出借的自然人提供特殊保护，规定这种借款合同为实践合同，即出借人可以通过不提供借款的方式行使反悔权。《合同法》第210条是任意性规定，可以排除适用。出借人可与借款人合意，将借款合同约定为诺成合同。其承诺不反悔，是行使私权，自不应予以干涉。

(2) 将实践合同约定为诺成合同，必须有特别约定。借款合同书尾部写这样的话（"本合同在签字盖章后生效"），通常是"套话"，不能反映当事人将实践合同约定为诺成合同的真实意思表示。也就是说，这种情况一般不能认定借款合同为诺成合同。提醒大家的是：将实践合同约定为诺成合同，须在合同主文中作出单独规定。

问：《民法总则》第 135 条规定："民事法律行为可以采用书面形式、口头形式或者其他形式；法律、行政法规规定或者当事人约定采用特定形式的，应当采用特定形式。"法律规定的要式行为都是强行性规定么？

答："要式"的设计，是为了保护交易安全，在无害于交易安全时，可以突破。也就是说，"要式"虽为要件，但并非都是强行性规定，某些情况下，当事人可以排除适用。例如，一份应当采用书面形式的合同，甲方履行了，乙方受领了，对突破"要式"，双方的真实意思一致，合同有效成立。再如，法律规定保证合同应当采用书面形式。张甲拿着 5 万元现金要借给李乙，问王丙："你担保吗？"王丙说："你给他吧，他不还，我还。"后来李乙不还钱，张甲找王丙要，王丙以不存在书面保证合同为由进行抗辩。此案应认定保证法律关系成立，即应认定双方合意排除了保证的书面形式。如果张甲拿着 5 万元现金要借给李乙，问王丙："你担保吗？"王丙说："好，回头我们签个保证合同。"张甲听了，将钱交给李乙。则张甲与李乙之间的合意为保证的预约，双方如未签订书面的保证合同，则王丙不承担保证责任。

（四）民法的参照适用

为节约法律资源、弥补法律之不足，为解决更多纠纷提供依据，民法允许参照适用。遗憾的是《民法总则》对参照适用没有作出规定。《合同法》第 124 条规定："本法分则或者其他法律没有明文规定的合同，适用本法总则的规定，并可以参照本法分则或者其他法律最相类似的规定。"

寻找请求权基础，需要找到对应的条文，很多时候，要寻找最相类似的规定。

◎ 对更新后的债务，保证责任应否免除

（1）甲公司（有金融业务许可）与乙公司签订"协议书"，约定甲出资1000万元买一套设备出租给乙，还约定，甲公司将款项打入乙公司的账号，让乙购买后使用。丙公司在"协议书"上签字，承诺担保乙公司债务的履行。之后，甲、乙公司又达成协议，将租赁合同改为1000万元的借款合同，丙不知情。到期后，乙公司未能归还借款，甲公司请求丙公司承担担保责任，代为履行。丙公司拒绝，其援引了《担保法》第24条的规定："债权人与债务人协议变更主合同的，应当取得保证人书面同意，未经保证人书面同意的，保证人不再承担保证责任。保证合同另有约定的，按照约定。"

解：本案不是债的变更，是债的更新。变更，是在给付的同一性不变的前提下，对给付内容、期限等进行的调整。不能按"人不能两次踏进同一条河流"的思维认定法律关系的变化，否则就没有变更制度存在的余地了。更新，则是成立了全新的法律关系。主体的变化、给付性质的变化，属于更新。本案由于给付的性质发生了变化，构成更新。甲、乙之间的合同是融资租赁合同，丙公司担保的是租赁合同的债务，从未承诺担保借款合同的债务。丙抗辩时，也可援引《担保法》第24条的规定，不过，这是"举轻以明重"式的参照适用，不是（直接）适用。

（2）甲卖给乙一套二手房，价款为100万元，迟延履行的违约金为日万分之三，由丙为买受人乙的债务担保。房屋过户登记（转移登记）给乙后，甲、乙又约定将房屋价款改为借款（民间借贷），迟延利息为日万分之三，丙不知情。到期乙未履

行，甲要求丙承担保证责任，丙援引《担保法》第30条进行抗辩。

甲引用了《最高人民法院关于适用〈中华人民共和国担保法〉若干问题的解释》第30条第1款："保证期间，债权人与债务人对主合同数量、价款、币种、利率等内容作了变动，未经保证人同意的，如果减轻债务人的债务的，保证人仍应当对变更后的合同承担保证责任；如果加重债务人的债务的，保证人对加重的部分不承担保证责任。"甲认为，自己与乙的变更，没有加重丙的负担，因此丙不能免责。

解：甲与乙将货款改为借贷，不是变更，而是债的更新。对上述第30条第1款，不是（直接）适用，而是参照适用。即不应当免除丙的保证责任。这种参照适用，是在诚实信用原则指导下的参照适用。

第一个例子免除丙的保证责任不违反诚实信用原则，第二个例子若免除丙的保证责任则违反诚实信用原则。

◎ 买卖合同导致风险转移的交付，既包括动产的交付，也包括不动产的交付

张甲卖给李乙一套二手房，张甲考虑清理几十年积累的资料需要花很长时间，就与李乙约定："先给李乙办理房屋过户登记（所有权转移登记），办完手续后25天内交付房屋。"在办完过户登记的第二天，邻居王丙用火不慎，烧了自己的房屋，还殃及池鱼，李乙所有、张甲占有的这套房屋的一部分被烧毁。《最高人民法院关于审理商品房买卖合同纠纷案件适用法律若干问题的解释》第11条规定："对房屋的转移占有，视为房屋的交付使用，但当事人另有约定的除外。房屋毁损、灭失的风险，在交付使用前由出卖人承担，交付使用后由买受人承担；买受

人接到出卖人的书面交房通知，无正当理由拒绝接收的，房屋毁损、灭失的风险自书面交房通知确定的交付使用之日起由买受人承担，但法律另有规定或者当事人另有约定的除外。"有人认为，本案二手房买卖，参照此条对商品房的规定，应由出卖人张甲承担风险。

解： 邻居王丙侵害了李乙的房屋所有权，李乙有权请求王丙赔偿。李乙也可以根据买卖合同风险承担的规则，要求出卖人张甲承担价值减损的风险。不过，不是参照上述司法解释第11条的规定，而是直接适用《合同法》第142条的规定："标的物毁损、灭失的风险，在标的物交付之前由出卖人承担，交付之后由买受人承担，但法律另有规定或者当事人另有约定的除外。"条文中的交付，既包括动产的交付，也包括不动产的交付。司法解释第11条是对《合同法》第142条的贯彻。此案是法律解释问题，不是参照适用问题。

另外，《合同法》第142条的规定，被称为风险承担的交付主义。交付是指交付占有，故交付主义实际是占有主义，是由占有人承担风险。占有人承担风险的理由主要有两个：第一个，占有人才有规避风险的机会；第二个，出卖人要承担质量担保义务。《合同法》第153条规定："出卖人应当按照约定的质量要求交付标的物。出卖人提供有关标的物质量说明的，交付的标的物应当符合该说明的质量要求。"就本案来说，张甲尽管没有过错，其仍然要承担标的物毁损的风险，其主给付义务有两个：一个是移转房屋所有权；一个是交付合乎要求的标的物。

◎ 先息后本的还款规则能否参照适用

甲公司欠乙公司货款100万元，双方在买卖合同中约定迟延履行的违约金是每日千分之一，违约金累计至10万元时，甲公司转账给乙公司 50 万元，随后甲公司向乙公司发出一份通知，表示该 50 万元冲抵本金。乙公司表示反对，主张应先冲抵迟延履行的利息，其余部分冲抵本金。应当支持谁的主张？依据是什么？

解：应当支持乙公司的主张。《最高人民法院关于适用〈中华人民共和国合同法〉若干问题的解释（二）》（以下简称《合同法解释（二）》）第 21 条规定："债务人除主债务之外还应当支付利息和费用，当其给付不足以清偿全部债务时，并且当事人没有约定的，人民法院应当按照下列顺序抵充：（一）实现债权的有关费用；（二）利息；（三）主债务。"金钱之债迟延履行的违约金，其性质相当于或最接近迟延履行的利息。对本条不是适用，是参照适用。

◎ 举轻以明重

张甲在李乙（个体工商户）的宠物店花 7000 元买了一只小秋田犬。后经人指点发现该狗是土狗，土狗的售价一般就几十元。张甲找到李乙交涉，李乙说他也不能区分秋田犬和土狗。张甲手中持有宠物店出具的一张购物单，上面注明是秋田犬。张甲与小犬已经有了深厚感情，不想退回，他以李乙为被告起诉到法院，请求依据《合同法》第 54 条的规定变更合同（减少价款）。李乙摸准了张甲的心理，说要么退货，要么不退，不同意变更（减少价款）。法官托起下巴拧起了眉毛：《民法总则》规定欺诈为可撤销；《合同法》规定欺诈为可变更、可撤销，而且变更具有优先的效力。疑问是，《合同法》对欺诈可变更的规定还能用吗？

解：根据已知条件，李乙构成了欺诈。《民法总则》对重大误解、欺诈、胁迫、自始显失公平（含乘人之危）的规定（第 147~151 条）已经取代了《合同法》第 54 条，即是说，在《民法总则》生效后,《合同法》第54条不能再适用。

虽然《民法总则》对上述意思表示有瑕疵的行为只规定了可撤销,但按诚实信用原则,法官也是可以判决变更的,但是让法官脱离法条去判,那太难了。从诉讼的角度或者说从技术的角度,需要另辟蹊径。

《合同法》第111条规定:"质量不符合约定的,应当按照当事人的约定承担违约责任。对违约责任没有约定或者约定不明确,依照本法第六十一条的规定仍不能确定的,受损害方根据标的的性质以及损失的大小,可以合理选择要求对方承担修理、更换、重作、退货、减少价款或者报酬等违约责任。"《最高人民法院关于审理买卖合同纠纷案件适用法律问题的解释》(以下简称《买卖合同解释》)第23条规定:"标的物质量不符合约定,买受人依照合同法第一百一十一条的规定要求减少价款的,人民法院应予支持。当事人主张以符合约定的标的物和实际交付的标的物按交付时的市场价值计算差价的,人民法院应予支持。价款已经支付,买受人主张返还减价后多出部分价款的,人民法院应予支持。"根据以上规定,张甲可以请求减少价款,不过,不是适用,而是参照适用。《合同法》第111条规定的是出卖人的质量瑕疵(品质瑕疵)的担保责任,比如出卖人出卖水泥,但质量达不到合同的要求,本案给付的不是约定的标的物,比《合同法》第111条规定的责任更严重(举轻以明重)。

二、寻找请求权基础例析

(一)诉讼策略的选择

◎ 合同法上的出资义务与公司法的出资义务

①甲、乙、丙为设立有限责任公司订立发起人协议,约定

公司注册资金为600万元,甲、乙各以货币出资200万元,丙以市场营销和某某技术折价200万元。协议还约定,甲、乙代丙向公司出资。②甲、乙、丙订立的章程规定,注册资金为600万元,出资形式为货币。③现公司已经设立,600万元已经到了公司账上,甲、乙各代丙向公司注入100万元。④因丙未积极进行市场营销工作,也未将发起人协议约定的技术转给公司,造成公司亏损。甲、乙提起诉讼,请求追究丙对公司出资不到位的责任,受诉法院查阅公司登记资料,以丙已经履行出资义务为由,驳回了甲、乙的诉讼请求。

解: 公司章程上并未以约定的技术折价,而市场营销是一种劳务,劳务是不允许作为对公司出资形式的。本案丙对公司的出资义务,是公司法上的出资义务,是以货币形式出资200万元,丙已经完成了公司法上出资义务,只不过是甲、乙代为出资而已。本案的关键,是丙没有完成合同法上的出资义务,即丙没有依据合同(发起人协议)的约定为公司提供市场营销劳务,也没有将约定的技术转让给公司。甲、乙应当提合同违约之诉,而不应追究丙对公司出资不到位的责任。

甲、乙、丙设立公司,需要丙的市场营销劳务和特定的技术,这才产生甲、乙代丙各出100万元的情况。如果是允许出资的财产,在公司设立的时候,不如干脆作为公司法上的出资财产,比如技术,完全可以折价出资。

◎ 本案为表见代理吗

张男与李女结婚后实行夫妻财产分别所有制,他们有一个好朋友王丙知道这种情况。王丙向张男借了巨款,到期王丙持现金到张男家中归还,张男不在家,王丙就将现金交给李女,嘱其转交给张男。时隔不久,张男与李女离婚,张男起诉王丙,请求归还借款。一审法官认为，李女接受王丙归还的借款，构成表见代理，驳回了张男的诉讼请求。作为张男的代理律师，依据什么主张请求权？

解：（1）《合同法》第396条规定："委托合同是委托人和受托人约定，由受托人处理委托人事务的合同。"委托事务，可以是受托人完成法律行为，也可以是受托人完成事实行为。本案王丙将现金交给李女，嘱其转交给张男，李女是传达人，就像传达一封信一样，是受托完成事实行为。代理包括表见代理，是完成法律行为，故李女不构成表见代理。

（2）从占有的角度说，张男与李女是互相独立的主体，没有职务上的从属关系，也不宜认定有家庭或夫妻的从属关系，不能认为李女是张男的辅助占有人。

（3）综上，张男对王丙的请求权，仍是借款合同。借款合同仍未得到履行。受托人李女未转交款项的风险，应当由委托人王丙承担。

（二）责任的竞合

◎ **侵权责任与不当得利责任的竞合**

张甲在学生食堂打了一份菜放在桌子上，去台子上盛米粥回来后，见这份菜被李乙三口两口给吃了。

解：李乙是侵权责任与不当得利责任的竞合（侵权型不当得利），就张甲的角度观察，其是请求损害赔偿请求权和返还不当得利请求权的竞合。二人之间，也是相对法律关系的竞合（绝对法律关系不能竞合）。张甲可以择一行使权利，如果两个权利都行使就发生了重复请求。

这是个小案子，怎么选择问题都不大。大案子就要仔细研究利弊。比如,选择侵权责任,要举证相对人有过错,选择不当得利责任,则要证明相对人取得了不当利益。再如,不当得利责任不包括精神赔偿,在选择不当得利之债时,要与精神损害赔偿协调好。

◎ 违约责任与侵权责任的竞合,权利人可择一请求

(1) 甲租给乙一套房屋,租期届满,乙拒绝归还。甲请求返还原物。

解:甲请求返还原物,实际是请求返还原物的占有。此例在实务中,不会出现什么问题,但有思辨的价值。乙拒绝归还是违约行为,同时又是侵害甲的所有权的侵权行为。乙的返还责任,既是违约责任,又是侵权责任,一物不能有两个返还,甲不能重复请求,要么主张乙的返还的合同责任(违约责任),要么主张侵权责任。

《民法总则》第186条规定了违约责任与侵权责任的竞合:"因当事人一方的违约行为,损害对方人身权益、财产权益的,受损害方有权选择请求其承担违约责任或者侵权责任。"特别要强调的是,违约责任与侵权责任的竞合,是对"同一损害"的责任竞合。如果不是同一损害,权利人均可主张。

(2) 婚庆公司承办了张甲与李女的婚礼,在婚礼现场却突然响起大段哀乐,原来是婚庆公司的工作人员操作失误。张甲与李女依据什么请求精神损害赔偿?

解:婚庆公司的加害给付构成违约责任与侵权责任的竞合。一般认为,除了旅游合同,违约责任是不能承担精神损害赔偿重任的。其实,为满足精神利益的合同或者以满足精神利益为重要内容的合同,以违约责任为由请求精神损害赔偿都是可以的。婚庆公司的加害给付责任与返还承办婚礼费用的责任,是

聚合。

（三）责任的聚合

◎ 加害给付，是竞合还是聚合

甲在一饭店吃 8 元一份的"盖浇饭"，因下午要讲课，甲吃的很急，吃了快 1/3，才发现浇的豆腐是臭的。老板娘还给甲 8 元钱，饭菜倒掉。第二天，甲在洗手间"狂轰滥炸"，到医院花去医疗费 5000 元。老板娘拒赔，她的律师说，违约责任与侵权责任竞合时，只能择一适用。何解？

解：这里不讨论涉及《食品卫生法》的问题。

（1）本案是加害给付。加害给付侵害了两个客体，一是侵害了合同债权（合同利益），二是侵害了合同债权（合同利益）以外的利益，就本案来说，是侵害了甲的健康权。加害给付责任本身为违约责任与侵权责任的竞合。

（2）侵害（合同利益），构成违约责任，返还财产（如本案返还 8 元）是承担违约责任的一种形式，返还财产与违约赔偿都是承担违约责任的形式。老板娘还应当就人身损害赔偿 5000 元。8 元与 5000 元不是同一损害，因而不是责任的竞合，是聚合。5000 元损害，是责任的聚合。

（3）违约责任与侵权责任竞合，是对同一损害的责任竞合，只能择一请求，是为了防止对同一损害重复请求。责任聚合，权利人不发生重复请求，权利人可以一并主张，也可以分别主张。

◎ 请求权与诉讼标的

张甲对李乙，痛加侮辱后又将其打成轻微伤。请问，有几个诉讼标的？

解：一个行为侵害两个以上的客体，是责任的聚合，不是竞合。聚合更常见的是两个以上行为，本案张甲对李乙实际有两个侵害行为。

提起诉讼，主张一个请求权，是一个诉讼标的。李乙有两个请求权，一个因张甲对其精神性人格权的侵害产生；一个因张甲对其物质性人格权的侵害产生。若都起诉主张，是两个诉讼标的。本案请求权不是竞合，是聚合。

竞合的情况下，请求权人须作出选择，比如不当得利责任与侵权责任竞合，原告或请求返还不当得利，或请求赔偿损失，只能主张一个请求权，而聚合，原告可以一并主张或分别主张，有几个请求权就可以主张几个请求权。

（四）责任或权利的选择

◎ 违约金与定金的选择

甲与乙签订买卖一台100万元精密仪器的合同。买受人乙向出卖人甲交付了10万元定金，合同中还约定不履行合同的一方，要承担标的额15%的违约金。因甲拖延不履行合同，经催告无效，乙通知甲解除了买卖合同，并要求双倍返还定金并赔偿损失10万元。甲抗辩说，定金合同是实践合同，其有权拒绝双倍返还。

解：（1）定金与违约金不能合并适用，但定金与赔偿金可以合并适用。《买卖合同解释》第28条规定："买卖合同约定的定金不足以弥补一方违约造成的损失，对方请求赔偿超过定金部分的损失的，人民法院可以并处，但定金和损失赔偿的数额总和不应高于因违约造成的损失。"

（2）主张赔偿金的，要对损失承担举证责任。即甲双倍返还 20 万元，扣除乙交付的 10 万元，乙实际只得到 10 万元的赔偿，乙再主张 10 万元的赔偿金，须就自己有 20 万元的损失举证。乙如果选择 15% 的违约金，则因合同解除，甲应原数返还 10 万元的定金，再给付 15 万元的违约金，甲若认为违约金过高，请求调低，应由其承担举证责任。

（3）定金合同是实践合同，是指交付定金，定金合同才生效。请求双倍返还定金，是普通债权，与定金的实践性没有关系。顺便指出，把定金合同规定为实践合同，是一项很糟糕的立法。因为定金所担保的，通常是交易行为，交易行为是有偿行为，是不能允许以"不交付"的方式摧毁的。

◎ 主位之诉与备位之诉

甲公司是发包人，乙公司是施工人，乙公司进场施工后，双方发生矛盾，协商解除了施工合同。之后双方又签订了返还乙垫付的资金的协议书，约定了甲公司逾期归还的高额利息。后甲公司起诉，以乙公司胁迫为由，请求撤销协议对高额逾期利息的约定，甲公司指出："我公司不签订协议书，乙就拒不退出工地，以占有我公司工地要挟，是一种违法的胁迫。"

解：以占有工地、拒不退出为要挟，是可以构成胁迫的，但在实务中很难认定。最好以请求撤销为主位之诉，以请求调低逾期利息（逾期利息是一种迟延履行的违约金）为备位之诉，即当法官释明主位之诉不能成立或不能予以支持时，以备位之诉为审理的诉讼标的。目前，对是否允许附加备位之诉，各地法院做法不一。

《买卖合同解释》第 27 条规定："买卖合同当事人一方以对方违约为由主张支付违约金，对方以合同不成立、合同未生效、合同无效或者不构成违约等为由进行免责抗辩而未主张调整过高的违约金的，人民法院应当就法院若不支持免责抗辩，当事人是否需要主张调整违约金进行释明。一审法院认为免责抗辩成立且未予释明，二审法院认为应当判决支付违约金的，可以直接释明并改判。"依此条的精神，是允许提起备位之诉的。《买卖合同解释》第45条规定："法律或者行政法规对债权转让、股权转让等权利转让合同有规定的，依照其规定；没有规定的，人民法院可以根据合同法第一百二十四条和第一百七十四条的规定，参照适用买卖合同的有关规定。权利转让或者其他有偿合同参照适用买卖合同的有关规定的，人民法院应当首先引用合同法第一百七十四条的规定，再引用买卖合同的有关规定。"依此，其他有偿合同也可以适用本解释的规定。

第二部分 自然人

专题四 自然人的能力及住所

引言

权利能力不是能力,是人立足于天地之间、立足于社会的主体资格。行为能力在严格意义上,是实施法律行为的能力,现在往往在广义上使用这个术语。考察自然人的行为能力,是为了认定其实施的行为的效力。

人总是要有一个安身立命的地理位置,这个地理定位就是住所。

一、自然人的民事权利能力

(一) 自然人民事权利能力的概念

自然人的民事权利能力,是指法律确认的自然人享有民事权利、承担民事义务的资格。此处所谓"能力",实际上是指主体的资格或地位。

民事权利能力在民事诉讼上的对应,是当事人的诉讼主体资格(当事人能力),有民事权利能力,就可以在民事诉讼中当原告或者被告。婴幼儿也经常作为原告起诉他人,因为他们有当事人能力。

"自然人的民事权利能力一律平等"（民总14条）。年龄大小、智商高低、精神状态、男女性别、财产多寡等，均不影响权利能力的平等性。

民事权利可以放弃；民事能力（权利能力和行为能力）不能放弃。

自然人的权利能力始于出生，终于死亡。宣告死亡是推定死亡，被宣告死亡的人如果实际没有死亡，仍有权利能力，仍可进行民事活动。

（二）自然人民事权利能力的始终

"自然人从出生时起到死亡时止，具有民事权利能力，依法享有民事权利，承担民事义务"（民总13条）。"活人"才有权利能力，"死人"没有权利能力。权利是主体的权利，没有权利能力，也就不可能有权利（人身权和财产权），"死人"不能成为被侵权人。

1. 自然人的民事权利能力始于出生

出生的判断标准，一是婴儿通过分娩而脱离母体；二是分娩出来的婴儿存活。胎儿以将来非死产为限、以对其个人利益保护为限，视为既已出生，即胎儿在上述两个"为限"之下，视为有权利能力。"视为"是一种拟制。

《民法总则》第16条规定："涉及遗产继承、接受赠与等胎儿利益保护的，胎儿视为具有民事权利能力。但是胎儿娩出时为死体的，其民事权利能力自始不存在。"胎儿视为有权利能力，使其有了遗产继承、接受赠与等资格，也为其出生后作为原告提供了前提。

◎ 出生存活，在胎儿时期视为有权利能力

（1）甲怀孕，经查为双胞胎，丈夫乙在甲怀孕期间死亡，

乙有价值90万元的一座房屋，系其个人财产。

解：①若双胞胎出生时为活体，则该座房屋，由甲和两个新生儿三人继承。在确定份额时三个人"均分"。②若出生时活一个死一个，则由甲和一个新生儿二人继承，在确定份额时二人"均分"。③若出生时活一个A，另一个B哭一声后死亡，则给B留下的份额由其母甲继承（转继承），A是B的第二顺序继承人不能继承。如果遗产是90万元现金的话，甲继承乙的30万元，再继承B的30万元，共60万元，A继承30万元。

（2）张甲在怀孕期间，就给胎儿起了个名字，叫"张盼盼"。在张甲怀孕9个月的时候，李乙与张甲约定，李乙送给张盼盼一套房屋。

解：①李乙与张甲成立的赠与合同，是狭义的涉他合同。狭义的涉他合同，所涉第三人有债权人的地位。[1] ②如果张盼盼出生时是死体，则赠与合同终止。理由是，李乙的给付是附生效条件的，即以出生为活体为给付生效条件。条件不成就，自不发生给付义务。③如果张盼盼出生后存活，他作为债权人可以向李乙请求履行合同，他在胎儿阶段就是债权人。

（3）张女怀孕期间，腹部被李男刺了一刀，胎儿出生后，发现其身上有伤痕。

解：若胎儿存活，他可以作为原告对李男提起诉讼，请求医疗费、精神损害赔偿等。他在胎儿时期被视为有权利能力，即有作为被侵权人的资格（在胎儿时期就是被侵权人），可以由其母张女或其父代理诉讼。如果胎儿出生时是死体，则只能由

---

[1]《合同法》第64条规定："当事人约定由债务人向第三人履行债务的，债务人未向第三人履行债务或者履行债务不符合约定，应当向债权人承担违约责任。"该条所说的第三人，并无债权人的地位，当事人之间的涉他合同是广义的涉他合同。

张女作为原告对李男提起诉讼。

问：胎儿出生是活体，其母因医疗事故死亡，或在胎儿期间其生父被侵害死亡，可主张什么权利？

答：其可主张抚养费和精神损害赔偿金。

2. 自然人的民事权利能力终于死亡

呼吸和心跳不可逆转地停止为死亡。植物人没有死亡，因为植物人有呼吸和心跳。植物人享有继承权等民事权利。植物人也可以进行交易，但要由其法定代理人代理进行。

3. 自然人出生时间和死亡时间的认定

自然人的出生和死亡，都是法律事实中的事件，认定出生和死亡时间，对继承遗产、行为能力的产生、结婚、收养子女等，具有法律意义。

"自然人的出生时间和死亡时间，以出生证明、死亡证明记载的时间为准；没有出生证明、死亡证明的，以户籍登记或者其他有效身份登记记载的时间为准。有其他证据足以推翻以上记载时间的，以该证据证明的时间为准"（民总15条）。

出生证明，是指有资质的医疗保健机构签发的出生医学证明书。死亡分为正常死亡和非正常死亡。正常死亡是指由于疾病、年龄老化的原因死亡，正常死亡于医院的，由该医院出具死亡医学证明书；未死于医院的正常死亡，由居委会、村委会、基层卫生医疗机构等出具证明书。非正常死亡是指由于自杀、他杀、意外事故等原因造成的死亡，由公安机关出具死亡证明书。不能确定是否为非正常死亡的，由公安机关出具死亡证明书。

户籍登记，是指公安机关为公民设立的户籍档案记载。户籍以外的"其他有效身份登记"，包括公民居住证、港澳同胞回乡证、台湾居民旅行证、外国人居留证等。

问：27岁的张女士比户口记载的年龄小了8岁,结果不能办理结婚登记。原来其母当年办户口时将张女士的年龄报错。怎么办?

答：可按出生证确定张女士的年龄,更正户籍登记、办理结婚登记。

二、自然人的民事行为能力

(一) 自然人民事行为能力的概念

严格意义上的自然人民事行为能力,是指自然人实施法律行为的能力,即自然人能够基于自己的意思,独立为民事法律行为的资格。行为能力也是意思能力,是对自己行为性质和后果的认知能力。判断自然人的民事行为能力,要以行为人的年龄、智力、精神状态为基础,考察其对行为的性质和后果能否认识和预见。行为能力与权利能力一样,不得放弃。

民事权利能力与民事行为能力不同。民事权利能力是参加法律关系的资格,这种资格与当事人的年龄、智力、精神状况无关。这种资格,不仅是民法上的权利,而且是宪法上的权利。民事行为能力是以自己的行为、自己的意思表示参加法律关系的资格,行为能力作为一种资格受当事人年龄、智力、精神状况的限制。法律设计行为能力制度,一是为了保护当事人的利益;二是为了保护社会公益。为了体现上述利益,与法律行为能力制度相伴而生的是监护制度和属于监护制度范畴的法定代理制度。《民法总则》第23条规定:"无民事行为能力人、限制民事行为能力人的监护人是其法定代理人。"

(二) 自然人民事行为能力的类型

自然人区分为成年人和未成年人。"十八周岁以上的自然人为成年人。不满十八周岁的自然人为未成年人"(民总17条)。

自然人民事行为能力有三种类型：一是完全民事行为能力；二是限制民事行为能力；三是无民事行为能力。划分的标准，一是年龄；二是精神智力状态。

以年龄为划分标准，是为了司法的效率。在年龄上采取了"两线三类"划分，即以18周岁和8周岁为两线，18周岁以上为完全行为能力人，8周岁以下为无行为能力人。8至18周岁为限制行为能力人。当然，8周岁以上还要结合精神智力状态进行判断。

1. 完全民事行为能力人

"成年人为完全民事行为能力人，可以独立实施民事法律行为。十六周岁以上的未成年人，以自己的劳动收入为主要生活来源的，视为完全民事行为能力人"（民总18条）。16周岁以上不满18周岁的公民，能够以自己的劳动取得收入，并能维持当地群众一般生活水平的，可以认定为以自己的劳动收入为主要生活来源的完全民事行为能力人。被视为有完全行为能力的人，可以独立实施民事法律行为。换言之，完全行为能力人可以实施的法律行为，被视为有完全行为能力的人也可以实施。

2. 限制民事行为能力人

（1）8周岁以上的未成年人为限制民事行为能力人。

8周岁以上的未成年人是指8至18周岁的自然人。"八周岁以上的未成年人为限制民事行为能力人，实施民事法律行为由其法定代理人代理或者经其法定代理人同意、追认，但是可以独立实施纯获利益的民事法律行为或者与其年龄、智力相适应的民事法律行为"（民总19条）。8周岁以上的未成年人进行的民事活动是否与其年龄、智力状况相适应，可以从行为与本人生活相关联的程度、本人的智力能否理解其行为并预见相应的行为后果，以及行为标的数额等方面认定。

（2）不能完全辨认自己行为的成年人为限制民事行为能力人。

18周岁以上的自然人为成年人。"不能完全辨认自己行为的成年人为限制民事行为能力人，实施民事法律行为由其法定代理人代理或者经其法定代理人同意、追认，但是可以独立实施纯获利益的民事法律行为或者与其智力、精神健康状况相适应的民事法律行为"（民总22条）。不能完全辨认自己行为的精神病人（包括痴呆症人）进行的民事活动，是否与其智力、精神健康状态相适应，可以从行为与本人生活相关联的程度、本人的精神状态能否理解其行为并预见相应的行为后果，以及行为标的数额等方面认定。对于比较复杂的事物或者比较重大的行为缺乏判断能力和自我保护能力，并且不能预见其行为后果的，可以认定为不能完全辨认自己行为的人。

（3）对限制民事行为能力人实施民事法律行为的规范。

限制民事行为能力人不能独立实施的民事法律行为，须经其法定代理人（监护人）"代理"或者经其法定代理人"同意""追认"。"同意"是事先同意或在实施行为时同意，"追认"是在事后表示同意。

限制民事行为能力人可以独立实施的民事法律行为，又分为两种：

一是纯获利益的民事法律行为。纯获利益，包括不负担作为对价的义务，也包括不负担非对价的义务。例如，9岁的孩子甲向成年人乙借了1万元，尽管是无息的，但甲要承担归还1万元的非对价义务，因此，该借款行为对甲来说，不是纯获利益的。

二是与其年龄、智力、精神健康状况相适应的民事法律行为。比如，一个8周岁的孩子购买饮料、铅笔等日常用品，买卖合同自当有效。

问：限制行为能力人有无立遗嘱、结婚、收养的能力？

答：①行为能力分为一般行为能力和特别行为能力。《民法总则》规定的是一般行为能力，遗嘱能力、结婚能力、收养能力是特别行为能力，分别由《继承法》《婚姻法》《收养法》作专门规定。按现行规定，限制行为能力人无上述三种特别行为能力。②就遗嘱而言，遗嘱人立遗嘱时必须有完全行为能力。无行为能力人、限制行为能力人所立的遗嘱，即使其本人后来有了完全行为能力，仍属无效遗嘱。遗嘱人立遗嘱时有完全行为能力，后来丧失了行为能力，则不影响遗嘱的效力。

3. 无民事行为能力人

"不满八周岁的未成年人为无民事行为能力人，由其法定代理人代理实施民事法律行为"（民总20条）。"不能辨认自己行为的成年人为无民事行为能力人，由其法定代理人代理实施民事法律行为。八周岁以上的未成年人不能辨认自己行为的，适用前款规定"（民总21条）。精神病人（包括痴呆症人）如果没有判断能力和自我保护能力，不知其行为后果的，可以认定为不能辨认自己行为的人。

无行为能力人实施的法律行为无效。即便是纯获利益的民事法律行为，无行为能力人也不能亲自实施，此类行为可由其法定代理人（监护人）代理实施。

（三）自然人民事行为能力的认定

1. 认定无民事行为能力人、限制民事行为能力人

"不能辨认或者不能完全辨认自己行为的成年人，其利害关系人或者有关组织，可以向人民法院申请认定该成年人为无民事行为能力人或者限制民事行为能力人"（民总24条第1款）。

（1）被认定的对象是成年人，未成年人不能作为被认定的

对象。

（2）申请认定人不包括被认定对象自己，比如某人为逃避债务申请认定自己为无行为能力人，这自不能允许。申请人有两类，一是利害关系人，二是有关组织。例如，张甲怕智力减退的父亲出卖房屋，作为利害关系人可以向法院申请认定其父为限制行为能力人，以便自己成为监护人。再如，某居委会见精神状态不正常的居民张某经常无故打人，家里人谁都不管，可申请法院认定其为无行为能力人，使其能有监护人管束。

2. 认定恢复为限制民事行为能力人或者完全民事行为能力人

"被人民法院认定为无民事行为能力人或者限制民事行为能力人的，经本人、利害关系人或者有关组织申请，人民法院可以根据其智力、精神健康恢复的状况，认定该成年人恢复为限制民事行为能力人或者完全民事行为能力人"（民总24条第2款）。

被法院认定为无民事行为能力人或者限制民事行为能力人的人，可以申请认定自己恢复到限制行为能力人，或者恢复到完全行为能力人。利害关系人、有关组织也可以提出恢复申请。

问：李乙之母被法院认定为"限制行为能力人"。后来，李乙之母精神状况好转。谁可以提出恢复申请？

答：①李乙之母可向法院申请认定自己恢复为完全行为能力人。②李乙（利害关系人）为免除自己当监护人的责任，也可以提出恢复申请。

3. 作为申请人的有关组织

申请认定自然人为无行为能力人和限制行为能力人，或者提出恢复申请的有关组织包括：居民委员会、村民委员会、学校、医疗机构、妇女联合会、残疾人联合会、依法设立的老年人组织、民政部门等。

三、自然人的住所

（一）居所与住所

居所为自然人的居住地。对于居所，居住的时间可能长，也可能短，可能一个，也可能多个。

住所，是自然人以长久居住之意思，而长久居住之居所。在医院居住的时间可能很长，但并没有"久居之意思"，故医院不能成为住所。

住所，是自然人社会活动的空间中心。住所是地理位置，有法律意义。我国法律上自然人的住所采单一主义，即一个人只有一个住所，不得同时有两个住所。

"自然人以户籍登记或者其他有效身份登记记载的居所为住所；经常居所与住所不一致的，经常居所视为住所"（民总25条）。经常居所，是经常居住地。[1]

住所的认定，有两个依据：一是户籍登记，二是其他有效身份登记（居住证、外国人有效居留证件等）记载。两个依据是选择关系。经常居所与住所不一致的，视经常居所为住所。

问：籍贯与住所有关系吗？

答：籍贯又称为原籍、本籍，是指本人出生时家庭所在地（省及县市），有时所说的籍贯是指先代的籍贯。比如，我的籍贯是江苏徐州市，我父亲的籍贯是山东荣成县（现山东荣成市）。籍贯与住所没有法律上的关系。

---

[1]《最高人民法院关于适用〈中华人民共和国民事诉讼法〉的解释》（以下简称《民事诉讼法解释》）第3条第1款规定："公民的住所地是指公民的户籍所在地，法人或者其他组织的住所地是指法人或者其他组织的主要办事机构所在地。"第4条规定："公民的经常居住地是指公民离开住所地至起诉时已连续居住一年以上的地方，但公民住院就医的地方除外。"

（二）住所的法律意义

（1）住所是确定国家机关管辖的依据。例如：①住所是确认行政登记管辖的依据。如婚姻登记、个体工商户的登记、不动产登记等。②住所是确认法院管辖的依据。民事诉讼地域管辖的一般原则是"原告就被告"。[1] 特殊情况下，是"被告就原告"。[2]

（2）确定当事人履行义务地点的依据。如《合同法》第62条中规定："履行地点不明确，给付货币的，在接受货币一方所在地履行；交付不动产的，在不动产所在地履行；其他标的，在履行义务一方所在地履行。"

（3）住所是决定涉外民事关系法律适用的一个依据。

专题五　监护制度

引言

《民法总则》充实、完善了监护制度。监护制度的目的，是保护无行为能力人和限制行为能力人；监护制度的核心，是确定监护人。"家事"服务、代理业务将越来越多，律师应当了解、掌握法律对监护的基本规定。

---

[1]《民事诉讼法》第21条规定："对公民提起的民事诉讼，由被告住所地人民法院管辖；被告住所地与经常居住地不一致的，由经常居住地人民法院管辖。对法人或者其他组织提起的民事诉讼，由被告住所地人民法院管辖。同一诉讼的几个被告住所地、经常居住地在两个以上人民法院辖区的，各该人民法院都有管辖权。"

[2]《民事诉讼法》第22条规定："下列民事诉讼，由原告住所地人民法院管辖；原告住所地与经常居住地不一致的，由原告经常居住地人民法院管辖：（一）对不在中华人民共和国领域内居住的人提起的有关身份关系的诉讼；（二）对下落不明或者宣告失踪的人提起的有关身份关系的诉讼；（三）对被采取强制性教育措施的人提起的诉讼；（四）对被监禁的人提起的诉讼。"

一、监护的概念

监护,是指由特定的自然人和法人对无民事行为能力人和限制民事行为能力人的人身、财产进行监督和保护的民事法律制度。监护的特点是:

(1)监护的对象,是无民事行为能力人和限制民事行为能力人。

(2)监护人主要是由具有亲属关系的自然人担任。但是,在特定情况下,没有亲属关系的人以及法人也可以担任监护人。

(3)监护的内容,包括身心监护和财产监护。在手段和方式上有监督、代理、保护。监督和代理,是为了实现保护。

(4)监护制度的目的,是保护被监护人的利益,同时也保护社会公共利益。比如,精神病人无人管束,对社会秩序会造成破坏。

(5)监护法律关系一般随亲属关系自然产生,但是也有例外。

(6)监护人是被监护人的法定代理人。

(7)监护人可以是一人,也可以是数人。

二、监护人的设立

(一)法定监护人

法定监护,是由法律直接规定监护人产生的一种监护制度。法定监护,分为未成年人的监护和无民事行为能力、限制民事行为能力的成年人的监护。《民法总则》第26条规定:"父母对未成年子女负有抚养、教育和保护的义务。成年子女对父母负有赡养、扶助和保护的义务。"这是法定监护的一个重要基础。

1. 未成年人的法定监护人

"父母是未成年子女的监护人。未成年人的父母已经死亡或者没有监护能力的,由下列有监护能力的人按顺序担任监护人:(一)祖父母、外祖父母;(二)兄、姐;(三)其他愿意担任监护人的个人或者组织,但是须经未成年人住所地的居民委员会、村民委员会或者民政部门同意"(民总27条)。子女出生后,父亲和母亲自动成为监护人。在未成年人的父母均已死亡或者均没有监护能力的前提下,才由他人担任监护人。"他人"担任监护人,按顺序的先后确定。第一、二顺序以外的个人、组织担任监护人,须经"两委会"或民政部门同意。

2. 无民事行为能力成年人、限制民事行为能力成年人的监护人

"无民事行为能力或者限制民事行为能力的成年人,由下列有监护能力的人按顺序担任监护人:(一)配偶;(二)父母、子女;(三)其他近亲属;(四)其他愿意担任监护人的个人或者组织,但是须经被监护人住所地的居民委员会、村民委员会或者民政部门同意"(民总28条)。上述有监护能力的人,具有先后顺序关系。父母和子女同属第二顺序。第一、二、三顺序以外的个人、组织担任监护人,须经"两委会"或民政部门同意。

(二) 遗嘱指定监护人

"被监护人的父母担任监护人的,可以通过遗嘱指定监护人"(民总29条)。通过遗嘱指定监护人的,是被监护人的父母,是"监护人指定监护人"。如果父母由于某种原因没有担任监护人,那么也就不能通过遗嘱指定监护人。遗嘱监护优于法定监护,或者说,遗嘱指定的监护人可以排除法定监护人。

遗嘱指定监护人,往往是"临终托孤",但父母也可以为自己无行为能力或限制行为能力的成年儿女指定监护人。父母死亡后,被指定的人成为监护人。

问：张甲（配偶已经死亡），病危时立下自书遗嘱，指定好朋友李乙为7岁儿子张丙的监护人，同时将遗产的一部分列出清单，交由李乙继承。李乙以事先未与自己协商为由，拒绝担任监护人。李乙可以拒绝吗？

答：可以拒绝，但李乙同时丧失了继承的权利。该遗嘱是以李乙的给付义务（担任监护人）为条件的，即该遗嘱是附条件、附负担（竞合关系）的遗嘱。

（三）协议确定监护人

"依法具有监护资格的人之间可以协议确定监护人。协议确定监护人应当尊重被监护人的真实意愿"（民总30条）。具有监护资格的人可以以成立监护协议的方式确定监护人，并确定相互之间的相关权利义务。监护协议，是不要式民事法律行为，可以采用书面形式，也可以采用口头形式。

问：李甲是严重的老年痴呆症患者，他有三个儿子李乙、李丙、李丁，李丙、李丁要到外地发展，要老大李乙担当监护人。李乙反对，后李丁和李丙答应除正常负担李甲的生活费、医疗费外，每人每年给李乙3万元人民币。三人达成了口头协议，效力如何？

答：本案口头监护协议没有无效事由，是有效协议。

问：张甲将出国一年，7岁小孩无人照管，李乙在张甲家里做保姆，张甲就与李乙签订协议，约定由李乙照管小孩并行使监护人的职责，张甲按月支付二人生活费和李乙的报酬。李乙是协议确定的监护人吗？

答：李乙受托完成一段时间的监护事务，有时称为"受托监护人"，实际上其不是监护人，并没有取代张甲的监护地位。若小孩将邻居的小孩抓伤，张甲作为监护人承担无过错责任，李乙作为委托合同的受托人,承担过错责任。

(四) 指定监护人

发生争议的时候,可以通过指定监护人的方法、程序来解决。监护争议,表现为有监护资格的人推卸担任监护人或者争当监护人,也包括认为自己有监护资格,他人没有监护资格等情况。

1. 通过指定监护人解决争议

"对监护人的确定有争议的,由被监护人住所地的居民委员会、村民委员会或者民政部门指定监护人,有关当事人对指定不服的,可以向人民法院申请指定监护人;有关当事人也可以直接向人民法院申请指定监护人"(民总31条第1款)。对监护人确定有争议的,分两条线解决争议:一条线是,当事人可以请求"两委会"或民政部门予以指定,"两委会"或民政部门可以主动介入,指定监护人,以便及时对被监护人进行保护。对指定不服的,当事人可以向人民法院申请指定监护人。还有一条线是,当事人直接申请法院指定,法院不能主动介入。

"居民委员会、村民委员会、民政部门或者人民法院应当尊重被监护人的真实意愿,按照最有利于被监护人的原则在依法具有监护资格的人中指定监护人"(民总31条第2款)。应注意两点:第一,指定监护人要尊重被监护人的意愿,虽然被监护人是无行为能力人、限制行为能力人,但多能表达感情倾向,也会有选择性的要求。第二,"在依法具有监护资格的人中指定监护人"意味着指定不受担任监护人顺序的限制(第27条第2款、第28条规定了担任监护人的顺序)。例如,8岁女孩父母双亡,祖父母、外祖父母和姐姐(成年人)争当监护人,若法院经考察认为排在第二顺序的姐姐担任监护人对女孩的成长最有利,可以指定姐姐担任监护人。

对监护人的指定具有法律效力。"监护人被指定后,不得擅自变更;擅自变更的,不免除被指定的监护人的责任"(民总31条第4款)。

2. 设定临时监护人

"依照本条第一款规定指定监护人前,被监护人的人身权利、财产权利以及其他合法权益处于无人保护状态的,由被监护人住所地的居民委员会、村民委员会、法律规定的有关组织或者民政部门担任临时监护人"(民总31条第3款)。设定临时监护人,是为防止对被监护人的保护出现空白。

问:A遗弃7岁的孩子,B见孩子可怜,就带到家中养了三个月,B是临时监护人吗?

答:不是。B的行为称为无因监护,这是无因管理的一种,B虽然在一段时间内实施了监护行为,但并没有取代A成为监护人,换句话说,在遗弃期间,A仍然是监护人,孩子致使他人损害,A承担的是无过错责任,B承担的是过错责任。

(五)兜底监护人

"没有依法具有监护资格的人的,监护人由民政部门担任,也可以由具备履行监护职责条件的被监护人住所地的居民委员会、村民委员会担任"(民总32条)。兜底监护,是指没有适格的自然人作监护人时,谁来最终承担监护责任。兜底监护,是国家责任、政府责任,故民政部门担任兜底监护人是不可推卸的法律义务。"两委会"的监护对被监护人的保护等可能更有利且"两委会"愿意担任监护人时,法律自当允许其担任监护人。

(六)预定监护人

"具有完全民事行为能力的成年人,可以与其近亲属、其他愿意担任监护人的个人或者组织事先协商,以书面形式确定自己的监护人。协商确定的监护人在该成年人丧失或者部分丧失民事行为能力时，履行监护职责"（民总33条）。

（1）法定监护是由法律确定监护人，意定监护是当事人通过意思表示确定监护人。预定监护是意定监护的一种。具备完全行为能力的成年人，都可以依照自己的意愿确定监护人。

（2）成立意定监护，需要签订监护协议。监护协议是预定被监护人与预定监护人签订的协议，是身份合同。

（3）监护协议可以排除法定监护人，即可以要"外人"当监护人，而不要夫或妻或者子女等近亲属当监护人。监护人不限于法定继承人，不限于近亲属，不限于自然人。居民委员会、村民委员会、社区服务机构、医院、慈善组织等担任监护人，均无不可。被排除的法定监护人，没有法定代理权，但法定监护人是近亲属的，相应的权利义务不消灭。比如照看老人的义务、继承的权利等都继续存在。

（4）监护协议是双方法律行为。预定监护人和预定被监护人双方在签订监护协议的时候，都应是完全行为能力人，只是签订监护协议之后，预定被监护人由于疾病等原因变成了限制行为能力人或无行为能力人。

（5）监护协议应当采用书面形式，即是说，监护协议是要式合同。

问：张先生（65岁）马上要做鼻腔大手术了，医生将手术风险告诉了他："不排除变成植物人的可能。"张先生与刚回国的儿子（20岁）签订了一份协议，约定儿子当监护人，后老伴（61岁）不当监护人。本案监护协议效力如何？

答：张先生与儿子签订的监护协议有效。

三、监护人的职责及履行职责的原则

(一) 监护人的职责

"监护人的职责是代理被监护人实施民事法律行为,保护被监护人的人身权利、财产权利以及其他合法权益等。监护人依法履行监护职责产生的权利,受法律保护。监护人不履行监护职责或者侵害被监护人合法权益的,应当承担法律责任"(民总34条)。监护人的职责区分为"代理"和"保护"两个方面。

监护人是被监护人的法定代理人,其代理被监护人实施法律行为,权利、义务由被监护人享有和承担。

监护人对被监护人的身心和财产及其他法益有保护之责。比如,监护人放任精神病患者(被监护人)在社会上游荡,结果被监护人受到人身损害,这就是监护人对监护职责的违背,其对被监护人应当承担相应的民事责任。

(二) 最有利于被监护人的履行原则

"监护人应当按照最有利于被监护人的原则履行监护职责。监护人除为维护被监护人利益外,不得处分被监护人的财产。未成年人的监护人履行监护职责,在作出与被监护人利益有关的决定时,应当根据被监护人的年龄和智力状况,尊重被监护人的真实意愿。成年人的监护人履行监护职责,应当最大程度地尊重被监护人的真实意愿,保障并协助被监护人实施与其智力、精神健康状况相适应的民事法律行为。对被监护人有能力独立处理的事务,监护人不得干涉"(民总35条)。

履行监护人的职责,应当遵循最有利于被监护人的原则,争取被监护人的利益最大化。结合该原则,对被监护人履行监护职责,还有以下具体要求:

(1) 监护人只能为了被监护人的利益处分被监护人的财产。例如,某15岁的孩子出版了一本小说,其母(监护人),未经

孩子（被监护人）同意将稿费1万元全部捐给了某希望小学，这是无权处分行为。根据该孩子年龄（15岁）和智力状况（出版了小说），经其同意赠与，自无不可。

（2）对成年人的监护与对未成年人的监护，要求有所不同。法律要求"尊重"未成年被监护人的真实意愿，及"最大程度地尊重"成年被监护人的真实意愿。

四、监护人资格的撤销和监护关系的终止

（一）监护人资格的撤销

1. 监护人资格被撤销的原因（事由）

"监护人有下列情形之一的，人民法院根据有关个人或者组织的申请，撤销其监护人资格，安排必要的临时监护措施，并按照最有利于被监护人的原则依法指定监护人：（一）实施严重损害被监护人身心健康行为的；（二）怠于履行监护职责，或者无法履行监护职责并且拒绝将监护职责部分或者全部委托给他人，导致被监护人处于危困状态的；（三）实施严重侵害被监护人合法权益的其他行为的"（民总36条第1款）。比如，监护人张男对未成年被监护人张乙有性侵害行为，经张乙的近亲属或有关组织申请，法院应撤销张男的监护人资格。再如，监护人李甲长期在外流浪，对被监护人其父李乙不闻不问，经李乙近亲属或有关组织申请，法院可以撤销李甲的监护人资格。

2. 撤销机关与撤销申请人

只有法院才有权撤销监护人的资格，其他机关没有这项权利。

监护人以外具有监护资格的人，可以提出撤销请求。例如，张男与李女离婚后，张子（幼儿）随张男生活，李女发现张男对张子有严重暴力行为，可以请求法院撤销张男的监护资格。

可以向法院申请撤销监护人资格的组织包括：居民委员会、

村民委员会、学校、医疗机构、妇女联合会、残疾人联合会、未成年人保护组织、依法设立的老年人组织、民政部门等。

民政部门是兜底申请人，负担兜底申请义务。如果上述个人和民政部门以外的组织未及时向人民法院申请撤销监护人资格，民政部门应当向人民法院申请。

3. 监护人资格被撤销后的法定义务

"依法负担被监护人抚养费、赡养费、扶养费的父母、子女、配偶等，被人民法院撤销监护人资格后，应当继续履行负担的义务"（民总37条）。监护人资格被撤销后，父母、子女、配偶等近亲属负担抚养、赡养、扶养的法定义务并不随之消灭。

4. 监护人资格被撤销后的恢复

"被监护人的父母或者子女被人民法院撤销监护人资格后，除对被监护人实施故意犯罪的外，确有悔改表现的，经其申请，人民法院可以在尊重被监护人真实意愿的前提下，视情况恢复其监护人资格，人民法院指定的监护人与被监护人的监护关系同时终止"（民总38条）。这里的恢复，特指对"父母""子女"监护资格的恢复，这是出于对特殊亲缘关系的考虑。法院撤销监护人资格后，恢复权仍在法院。

（二）监护关系终止的原因（事由）

"有下列情形之一的，监护关系终止：（一）被监护人取得或者恢复完全民事行为能力；（二）监护人丧失监护能力；（三）被监护人或者监护人死亡；（四）人民法院认定监护关系终止的其他情形。监护关系终止后，被监护人仍然需要监护的，应当依法另行确定监护人"（民总39条）。

无民事行为能力人、限制民事行为能力人成为完全民事行为能力人，或者被监护人死亡，属于监护原因的丧失。

问：张某快到18周岁时，将一枚价值不菲的纪念邮票赠送给李某。张某之父发现该赠与时，张某已经年满18周岁。张某之父主张，该赠与与张某的意思能力不相适应，其不予以追认，合同不能生效，李某应当返还邮票。张某之父有权否认赠与合同吗？

答：张某之父发现赠与时已经不是监护人，故无合同追认权和拒绝追认权。

监护人从完全民事行为能力人转变成无民事行为能力人、限制民事行为能力人，属于丧失监护能力的情形。限制行为能力人不能为监护人。监护人虽然为完全行为能力人，但年老多病，自顾不暇的，也应认为丧失了监护能力。

专题六　宣告失踪与宣告死亡

引言

律师有时需要帮助当事人抉择：是否要申请宣告失踪？是否要申请宣告死亡？法律后果如何？

一、宣告失踪

（一）宣告失踪的概念

宣告失踪，是指自然人下落不明达到法定期限，经利害关系人申请，人民法院以判决的方式宣告该自然人为失踪人的法律制度。下落不明是自然人离开最后居住地没有音讯的状况。

被宣告失踪的自然人，其权利能力和行为能力不受影响。

（二）宣告失踪的法律要件

"自然人下落不明满二年的，利害关系人可以向人民法院申请宣告该自然人为失踪人"（民总40条）。

（1）"自然人下落不明满二年"，不一定是因"意外事故"，可能是负气出走、外出打工、漫游各地等等。

（2）利害关系人包括近亲属、债权人、财产共有人等。利害关系人不一定是自然人，比如银行作为债权人，可以申请债务人为失踪人。

问：债权人申请债务人为失踪人，如何实现自己的债权？

答：宣告债务人为失踪人后，要确定财产代管人。债权人可以以代管人为被告起诉，要求代管人用代管的财产履行债务。

问：我代理债权人主张债权，债务人下落不明已经两年多，是申请债务人为失踪人好，还是直接起诉债务人好？

答：一般来说，还是直接起诉较好。《民事诉讼法》第92条第1款规定："受送达人下落不明，或者用本节规定的其他方式无法送达的，公告送达。自发出公告之日起，经过六十日，即视为送达。"第185条规定："人民法院受理宣告失踪、宣告死亡案件后，应当发出寻找下落不明人的公告。宣告失踪的公告期间为三个月，宣告死亡的公告期间为一年。因意外事故下落不明，经有关机关证明该公民不可能生存的，宣告死亡的公告期间为三个月。公告期间届满，人民法院应当根据被宣告失踪、宣告死亡的事实是否得到确认，作出宣告失踪、宣告死亡的判决或者驳回申请的判决。"直接起诉的，对失踪人的公告送达为60日，而宣告失踪的公告期间为3个月，还不一定能判决宣告失踪。若判决宣告失踪，还得确定财产代管人，再以财产代管人为被告提起诉讼。以申请债务人为失踪人的路径主张债权，费时且程序复杂。

（3）"自然人下落不明的时间从其失去音讯之日起计算。战争期间下落不明的，下落不明的时间自战争结束之日或者有关机关确定的下落不明之日起计算"（民总41条）。上述计算标准,不仅适用于宣告失踪,也适用于宣告死亡。

(三) 失踪人财产的代管

1. 财产代管人

宣告失踪的,应当确定财产代管人。"失踪人的财产由其配偶、成年子女、父母或者其他愿意担任财产代管人的人代管。代管有争议,没有前款规定的人,或者前款规定的人无代管能力的,由人民法院指定的人代管"(民总42条)。

问:对确定财产代管人,《民法总则》第42条第1款将成年子女排在配偶之后、父母之前,是否有顺序意义?

答:这种排序不具有强制性,在确定财产代管人时,可以作为参考。

2. 财产代管人的职责

"财产代管人应当妥善管理失踪人的财产,维护其财产权益。失踪人所欠税款、债务和应付的其他费用,由财产代管人从失踪人的财产中支付。财产代管人因故意或者重大过失造成失踪人财产损失的,应当承担赔偿责任"(民总43条)。财产代管人可以以自己的名义作为原告向失踪人的义务人主张权利,利害关系人也可以以代管人为被告主张权利,胜诉的利益和败诉的不利益由失踪人承受。财产代管人的行为,不是无因管理。由于财产代管是无偿行为,造成失踪人财产损失的,财产代管人轻过失免责。

3. 财产代管人的变更

"财产代管人不履行代管职责、侵害失踪人财产权益或者丧失代管能力的,失踪人的利害关系人可以向人民法院申请变更财产代管人。财产代管人有正当理由的,可以向人民法院申请变更财产代管人。人民法院变更财产代管人的,变更后的财产代管人有权要求原财产代管人及时移交有关财产并报告财产代管情况"（民总44条）。申请变更代管人的主体有两类，一是失踪人的利害关系人，二是财产代管人自己。例如，失踪人的债权人发现代管人失职，导致失踪人财产不正常减少，将减弱甚至丧失对自己的清偿能力，其可以向法院申请变更代管人。再如，代管人将要出国学习，失踪人的其他亲属都不愿意接任代管人，代管人可以请求变更代管人。

（四）失踪宣告的撤销

"失踪人重新出现，经本人或者利害关系人申请，人民法院应当撤销失踪宣告。失踪人重新出现，有权要求财产代管人及时移交有关财产并报告财产代管情况"（民总45条）。[1] 申请撤销失踪宣告的主体，可以是失踪人本人，也可以是利害关系人。失踪人重新出现，法院尚未撤销失踪宣告的，失踪人仍有权请求代管人交接财产，终止代管行为。

二、宣告死亡

（一）宣告死亡的概念

宣告死亡，又称为推定死亡，是指自然人下落不明达到法定期限，经利害关系人申请，人民法院以判决的方式推定该自然人死亡的法律制度。宣告死亡，解决了身份关系和财产关系长期不稳定的问题。

宣告死亡与宣告失踪一样，都是以自然人失踪的事实为前提的，但是二者也有明显的区别：

（1）二者认定的事实不同，前者是认定失踪的事实状态；后者是对死亡事实的推定。

（2）二者认定的要件不同，前者下落不明需要经过满2年；

---

[1]《民事诉讼法》第186条规定："被宣告失踪、宣告死亡的公民重新出现，经本人或者利害关系人申请，人民法院应当作出新判决，撤销原判决。"

后者下落不明分为三个期间：满4年、满2年、不满2年。

（3）二者的后果不同，前者主要解决财产代管的问题，以使其债务可以清偿，债权可以主张；后者旨在终止被宣告死亡人与他人之间的法律关系（如终止婚姻关系），并产生继承、债务清偿等结果。

（二）宣告死亡的法律要件

"自然人有下列情形之一的，利害关系人可以向人民法院申请宣告该自然人死亡：（一）下落不明满四年；（二）因意外事件，下落不明满二年。因意外事件下落不明，经有关机关证明该自然人不可能生存的，申请宣告死亡不受二年时间的限制"（民总46条）。

下落不明分为三个期间：满4年、满2年、不满2年。满4年的，没有"意外事件"的要件；满2年和不满2年的，要求具备"意外事件"的要件。因意外事件下落不明虽然不满2年，经有关机关证明不可能生存的，也可以申请宣告死亡。

利害关系人包括近亲属、债权人等，他们之间没有顺序关系。利害关系人不一定是自然人。"对同一自然人，有的利害关系人申请宣告死亡，有的利害关系人申请宣告失踪，符合本法规定的宣告死亡条件的，人民法院应当宣告死亡"（民总47条）。例如，张甲因意外事件下落不明满二年，其妻李乙请求宣告失踪，其债权人王丙请求宣告死亡，法院应当宣告死亡。

宣告失踪不是宣告死亡的必须程序。自然人下落不明，符合申请宣告死亡的条件，利害关系人可以不经申请宣告失踪而直接申请宣告死亡。

（三）宣告死亡的效力

被宣告死亡的人，法律上推定其死亡。被宣告死亡后，发生继承、婚姻消灭、债务清偿等后果。

隋彭生：律师民法业务思维（三）《民法总则》隋读

何时死亡，对确定有关权利义务关系具有法律意义。《民法总则》第48条规定："被宣告死亡的人，人民法院宣告死亡的判决作出之日视为其死亡的日期；因意外事件下落不明宣告死亡的，意外事件发生之日视为其死亡的日期。"依此，视为死亡的日期有两个标准：其一，因下落不明满四年（非因意外事故下落不明）的，判决作出之日视为其死亡的日期；其二，因意外事件下落不明宣告死亡的，意外事件发生之日视为其死亡的日期。比如2月1日张甲乘坐的飞机坠毁，不管何时作出宣告死亡的判决，死亡时间都在2月1日。

问："早死""晚死"区别大吗？

答：区别还是比较大的。①死亡之时是继承开始之时。"早死"当别人的被继承人的概率较大，"晚死"可能先继承别人的财产，自己再当被继承人。②死亡之时是婚姻消灭之时。有时"早死""晚死"对认定其配偶是否重婚具有意义。③"早死""晚死"是确定抚恤金、养老金等数额的一个标准。

"自然人被宣告死亡但是并未死亡的，不影响该自然人在被宣告死亡期间实施的民事法律行为的效力"（民总49条）。宣告死亡是推定死亡，如果自然人被宣告死亡但实际并未死亡，其权利能力和行为能力不受影响。例如，张甲被宣告死亡，实际还活着（戏称"活死人"），其签订的合同有效，买彩票中的大奖也有效。

被宣告死亡与自然死亡的时间不一致的，被宣告死亡所引起的法律后果仍然有效，但自然死亡前实施的民事法律行为与被宣告死亡引起的法律后果相抵触的，则以其实施的民事法律行为为准。

（四）死亡宣告的撤销

"被宣告死亡的人重新出现，经本人或者利害关系人申请，人民法院应当撤销死亡宣告"（民总 50 条）。[1] 死亡宣告撤销程序的启动，须经本人或者利害关系人的申请。被宣告死亡的人重新出现，但没有被法院撤销死亡宣告，那么他仍然处于被推定死亡的状态，被继承的财产不能请求返还、夫妻关系不能恢复等等。

"被宣告死亡的人的婚姻关系，自死亡宣告之日起消灭。死亡宣告被撤销的，婚姻关系自撤销死亡宣告之日起自行恢复，但是其配偶再婚或者向婚姻登记机关书面声明不愿意恢复的除外"（民总 51 条）。

"死亡宣告被撤销的，婚姻关系自撤销死亡宣告之日起自行恢复"，说明"宣告之日"前的夫妻关系不恢复，撤销没有溯及既往的效力。比如，张男在被宣告死亡之后、被撤销死亡宣告之前，其妻李女继承了价值 100 万元房屋（遗产），尽管张男与李女恢复了夫妻关系，张男仍不能成为该房屋的共有人。因为，李女继承房屋时，双方没有夫妻关系。死亡宣告被撤销，不能自行恢复的原因是：①其配偶再婚；②其配偶向婚姻登记机关书面声明不愿意恢复，这是为了维护婚姻自由原则。

死亡宣告撤销不破收养。"被宣告死亡的人在被宣告死亡期间，其子女被他人依法收养的，在死亡宣告被撤销后，不得以未经本人同意为由主张收养关系无效"（民总 52 条）。

"被撤销死亡宣告的人有权请求依照继承法取得其财产的民事主体返还财产。无法返还的，应当给予适当补偿。利害关系人隐瞒真实情况，致使他人被宣告死亡取得其财产的，除应当

---

[1]《民事诉讼法》第 186 条规定："被宣告失踪、宣告死亡的公民重新出现，经本人或者利害关系人申请，人民法院应当作出新判决，撤销原判决。"

返还财产外,还应当对由此造成的损失承担赔偿责任"(民总53条)。继承的财产是物的,原物的所有权已经转移,所以要求返还原物的请求权不是物权请求权,而是债权请求权,具体地说,是不当得利返还请求权。请求返还其他财产的,也是债权请求权。

问:张甲被宣告死亡后,其一台打谷机被其子李乙继承,李乙将该打谷机卖给王丙(已经交付)。之后,张甲突然归乡并向法院申请撤销死亡宣告。在撤销死亡宣告后,张甲或其子李乙能否向王丙主张所有权,请求返还该打谷机?或以不当得利为由请求返还该打谷机?

答:王丙已经合法取得所有权,不构成不当得利。张甲、李乙都无权请求返还。具体地说,二人对王丙既无物权请求权,也无债权请求权。

第三部分 法人与非法人组织

专题七 法人概述

引言

法人具有人格（独立的主体资格），拥有独立的财产。法人对自己的债务，独立承担责任。对法人制度的了解，反映了律师业务素养。

表见代表的重要性不亚于表见代理。

一、法人的概念、特征

（一）法人的概念

《民法总则》第57条规定："法人是具有民事权利能力和民事行为能力，依法独立享有民事权利和承担民事义务的组织。"法人是依据法律规定设立的组织体，是拟制的人；自然人是生物学意义上的人。

法人的能力和设立、变更、终止均受法律规制。

法人具有独立承担责任的能力（如公司的独立责任），成了设立人、出资人的防火墙。比如，公司以自己的财产对公司的债务承担责任，股东（出资人）对公司的债务不承担责任。

法人包括营利法人、非营利法人和特别法人。法人可以分为本国法人与外国法人。本国法人是依照本国法律成立的法人，设立人、出资人是中国人还是外国人，皆非所问。如日本人田中与他人合作，依据中国法律在中国境内成立了有限责任公司，此为中国法人。外国法人是依照外国法律成立的法人，设立人、出资人是中国人还是外国人，皆非所问。如中国人张某依据日本法律在日本境内成立了一家公司，此为外国法人。

法人具有强大的集资聚财功能，能够"办大事、兴大业"；具有控制及分散风险的功能，鼓励人们积极投资、参与市场活动；具有辐射力，其活动一般不受地域限制；拥有明显的管理优势和智力优势，能够形成"集体智慧"；摆脱自然生命的局限而能长期存在，使事业连绵不断。法人制度是人类的重大创造。

（二）法人的特征

（1）法人是一种组织体。法人的主体资格（人格），独立于设立人、出资人、会员，例如公司与其股东，在法律上是各自独立的主体；再如，社会团体独立于其会员。

（2）法人具有民事权利能力和民事行为能力，能够以自己的名义参加法律关系。法人的权利能力并非"一律平等"，比如，机关法人没有经营资格，营利法人有经营资格。再如，甲公司有某项目的专营资格，乙公司没有该项目的专营资格，甲、乙的权利能力不同。

（3）法人有独立的法人财产，享有法人财产权。法人的财产独立于出资人、设立人的财产。比如，甲、乙出资设立丙公司，丙公司购买了一所房屋，丙公司对该房屋享有所有权，两个股东对丙公司虽然有股权，但对公司的房屋，却没有所有权。

（4）"法人以其全部财产独立承担民事责任"（民总60条）。法人独立于出资人、设立人及其下设的法人承担责任。法人以全部财产作为责任财产，对债权人承担责任。

◎ 是否具备担保的资格

①母公司租赁房屋，子公司对其租金债务提供担保。②甲公司欠乙公司500万元货款，由自己的分公司丙作为保证人提供担保。③甲公司向乙公司借款600万元，甲公司将自己的分公司丙使用的一台车床交付给乙公司，提供质押担保。

以上做法，是否可行？

解：①母子公司都有独立的法人资格，母子公司可以互相提供担保。②保证人须独立于债务人，保证人的财产须独立于债务人的财产。丙是分公司，是甲公司的分支机构，没有法人资格，分公司占有、使用的财产，是甲公司的财产。分公司为甲公司提供保证，保证无效。③分公司没有独立的财产，分公司丙使用的车床，就是甲公司的车床，甲公司将自己的车床质押给乙公司，法律自然允许。

二、法人的能力

（一）法人的民事权利能力

1. 法人民事权利能力的概念和特征

（1）法人民事权利能力的概念。

法人既然具有人格（法律关系的主体资格），因此就有民事权利能力。法人的民事权利能力是其享有民事权利和承担民事义务的资格。

法人都有权利能力。

（2）法人民事权利能力的特征。

第一，法人与自然人虽都具有人格，但本质不同。自然人的权利能力都是相同的，而法人的权利能力却因法人的性质而有所不同。

第二，自然人的权利能力始于出生，终于死亡。法人的权利能力与之类似，始于法人的成立，终于法人的消灭。

2. 法人民事权利能力的范围

法人民事权利能力的范围，受法律和行政法规、法人目的以及法人性质的限制。如：企业的特许经营项目，需要报请政府主管机关的批准；国家机关不得进行以商业为目的的交易；法人不享有专属于自然人的权利；等等。

问：违反专卖、专营签订的合同无效，超越经营范围的合同可以有效，对吗？

答：对。《合同法解释（一）》第10条规定："当事人超越经营范围订立合同，人民法院不因此认定合同无效。但违反国家限制经营、特许经营以及法律、行政法规禁止经营规定的除外。"限制经营、特许经营、禁止经营是对权利能力的限制。

（二）法人的民事行为能力

1. 法人民事行为能力的概念

法人的民事行为能力，是法人以自己的行为取得民事权利、承担民事义务的能力。

2. 法人民事行为能力的特征

（1）法人的民事行为能力与民事权利能力同时产生、同时消灭；自然人是先有民事权利能力，达到一定年龄后才有民事行为能力，而且民事行为能力可能得而复失。

（2）法人都有行为能力，不同类型的法人，民事行为能力范围不同。

（3）法人的民事行为能力，以其民事权利能力的范围为范围，即法人民事行为能力范围与其民事权利能力范围相同。因而，法人的民事行为能力实际上受民事权利能力的限制；自然人的民事行为能力受年龄、智力、精神状态的制约。

（4）法人的责任能力，是指法人依法为民事责任的独立承担者。法人的责任能力，是法人民事行为能力的体现。

（三）法人权利能力、行为能力的始终

《民法总则》第59条规定："法人的民事权利能力和民事行为能力，从法人成立时产生，到法人终止时消灭。"

问：企业法人被法院裁定宣告破产或被市场监督管理部门吊销营业执照，其民事权利能力、行为能力即终止吗？

答：不终止。企业法人是营利法人。被法院裁定宣告破产或被市场监督管理部门吊销营业执照的企业法人，法人资格并不丧失，可以在一定范围内从事民事活动，可以作为民事诉讼的当事人参与诉讼。

三、法人机关

（一）法人机关的含义和类型

法人机关也称为法人机构，是法人内部的机构。没有法人机构，法人无法进行活动，就像人无大脑和手足一样。法人机构依照法律或章程设立。

法人机关按照职能和权限，分为权力机关、执行机关、代表机关和监督机关。

（二）权力机关

权力机关（权力机构）是法人的决策机关。营利法人设权力机关，例如，有限责任公司的权力机关是股东会，股份有限公司的权力机关是股东大会。非营利法人中的社会团体法人设权力机关（会员大会、会员代表大会等）。

（三）代表机关

1. 代表机关与法定代表人

法定代表人就是法人的代表机关，代表法人为意思表示。《民法总则》第61条第1款规定："依照法律或者法人章程的规定，代表法人从事民事活动的负责人，为法人的法定代表人。"

法定代表人之"法定"，是指法律作出规定或者由法律授权确定。比如，《公司法》第13条规定："公司法定代表人依照公司章程的规定，由董事长、执行董事或者经理担任，并依法登记。公司法定代表人变更，应当办理变更登记。"这就是法律授权确定，当事人有选择的余地。

法定代表人是最高"行政"负责人。如：学校的校长就是该校的代表机关；某县的县长就是该县的代表机关。《最高人民法院关于适用〈中华人民共和国民事诉讼法〉的解释》第50条第1款规定："法人的法定代表人以依法登记的为准，但法律另有规定的除外。依法不需要办理登记的法人，以其正职负责人为法定代表人；没有正职负责人的，以其主持工作的副职负责人为法定代表人。"

我国法定代表人采单一制，由一个自然人充任。

法人的地位或资格，不受法定代表人变化的影响。比如，某公司签订的合同的效力，不因公司法定代表人从张甲变成李乙而受影响。

代表与代理不同：①法定代表人由一人充任；代理人可以是一人，也可以是二人以上。②法定代表人只能是自然人；代理人可以是自然人、法人、非法人组织。③法定代表人是法人的代表机关，故代表行为是法人的行为；代理人的行为是代理人以被代理人名义实施的独立行为，代理后果由法人承受。

2. 法定代表人从事民事活动的后果

《民法总则》第61条第2款规定："法定代表人以法人名义从事的民事活动，其法律后果由法人承受。"法定代表人为法人之机关，因此法定代表人的职务行为（代表行为）即是法人的行为。代理人以法人（被代理人）的名义签订合同，要么加盖法人的公章，要么向相对人提供授权委托书，而法定代表人签订合同，由其签字即可，是否加盖公章，不影响民事法律行为的效力，也无须提供授权委托书。

问：使用了法定代表人的名义，是否都构成了法定代表人的职务行为（代表行为）？未使用法定代表人的名义，能否认定职务行为（代表行为）？

答：需要具体问题具体分析。

（1）比如，甲公司以借款人的名义与出借人乙公司签订了借款合同。甲公司的法定代表人张丙在借款合同书的"保证人一栏"上签写道："法定代表人张丙"。这里的法定代表人，只是表明个人的身份。这种签写，是个人行为，不是职务行为。因此应当确认张丙个人是保证人。

（2）再如，李乙与王丙签订借款合同。借款合同书的正文开头的文字是："李乙向王丙借款10万元。"在该借款合同书尾部的"借款人"一栏。李乙的签字是：A公司法定代表人李乙。这里的法定代表人只是对李乙职务的表述，不能认定其是从事代表行为（职务行为），即从已知条件来看，本案是李乙个人借款，不是A公司借款。

（3）未直接使用法定代表人的名义，也可以构成职务行为（代表行为）。比如B公司的法定代表人赵丁与C公司签订的买卖合同书首部的"当事人条款"写道："出卖人B公司、买受人C公司"。在合同书尾部的"落款"一栏，赵丁签字的前边，并未注明赵丁是法定代表人,这不影响赵丁行为的性质,赵丁的行为是职务行为,B公司是合同当事人,赵丁不是。

法定代表人以法人名义从事的民事活动,法定代表人并不承担责任,但有规定的除外。例如,《最高人民法院关于审理民间借贷案件适用法律若干问题的规定》第23条规定:"企业法定代表人或负责人以企业名义与出借人签订民间借贷合同,出借人、企业或者其股东能够证明所借款项用于企业法定代表人或负责人个人使用,出借人请求将企业法定代表人或负责人列为共同被告或者第三人的,人民法院应予准许。"上述规定,实际表明法定代表人与法人可构成连带责任。

3. 表见代表

"表见"的文义是表面上看见,是指有权利外观。表见代表是法人和非法人组织代表人超越代表权实施代表行为,在相对人为善意时,被代表人应当承担后果的制度。表见代表是代表人的无权代表行为,表见代理是代理人的无权代理行为。表见代表和表见代理发生效力,均须相对人为善意相对人。

《民法总则》第61条第3款规定:"法人章程或者法人权力机构对法定代表人代表权的限制,不得对抗善意相对人。"《合同法》第50条规定:"法人或者其他组织的法定代表人、负责人超越权限订立的合同,除相对人知道或者应当知道其超越权限的以外,该代表行为有效。"

问:甲公司股东会授权甲公司董事长(法定代表人)签订600万元以下的合同,但董事长代表甲公司与善意的乙公司签订了1000万元的合同。合同效力如何?

答:董事长虽然超越代表权,但因构成表见代表,合同有效。

4. 法定代表人职务行为产生的损害责任

《民法总则》第 62 条规定:"法定代表人因执行职务造成他人损害的,由法人承担民事责任。法人承担民事责任后,依照法律或者法人章程的规定,可以向有过错的法定代表人追偿。"法定代表人实施与职务无关的行为致人损害的,应当由法定代表人个人承担民事责任。比如,法定代表人张甲在上班路上驾驶汽车与李乙的车剐蹭发生冲突,张甲将李乙打伤,自应由张甲承担赔偿责任,法人并无民事责任。

(四) 监督机关

监督机关,是对执行机关、代表机关等履行监督职能的机关。如公司的监事会就是公司的监督机关。

问: 监督机关可以是一个人吗?

答: 这要看具体情况。有的一个人是可以的。比如,《公司法》第 51 条第 1 款规定:"有限责任公司设监事会,其成员不得少于三人。股东人数较少或者规模较小的有限责任公司,可以设一至二名监事,不设监事会。"

四、法人住所与分支机构

(一) 法人住所

住所是一个固定的地理位置。法人与自然人一样,有自己的住所,且也只有一个住所。"法人以其主要办事机构所在地为住所。依法需要办理法人登记的,应当将主要办事机构所在地登记为住所"(民总 63 条)。法人只有一个办事机构的,以该办事机构所在地为住所。有多个办事机构的,以主要办事机构所在地为住所。例如,天津某法人的办公机关设在天津南开区,在北京海淀区设立办事处,自应以南开区为住所。法人有登记和不登记两种，需要办理法人登记的，住所为登记事项之一。

法人住所与自然人住所一样，采单一主义，即都只有一个住所。

（二）法人的分支机构

法人的分支机构是法人内部相对独立的机构，是法人的组成部分。如某公司设立分公司，该分公司就是该公司的分支机构。分支机构没有法人资格。

《民法总则》第74条规定："法人可以依法设立分支机构。法律、行政法规规定分支机构应当登记的，依照其规定。分支机构以自己的名义从事民事活动，产生的民事责任由法人承担；也可以先以该分支机构管理的财产承担，不足以承担的，由法人承担。"

法人的财产，是担保债务清偿的责任财产，分支机构的财产，是法人财产之一部，即是说，分支机构的财产也属于法人的责任财产。但为防止制造不必要的损失、保障必要的市场秩序，在分支机构财产足以清偿时，一般不应"越界"。

问：某银行的某分行（分支机构），欠他人3000万元。债权人起诉胜诉后请求强制执行，该分行的财产足以偿还该3000万元。能否直接执行该银行总部的财产？

答：法院可以强制执行该分行的财产，不能直接执行该银行总部的财产。

问：甲公司设立的分公司较多，甲的A分公司起诉甲的B分公司，要求履行债务，法院应如何处理？

答：分公司是公司的分支机构，法人的分支机构没有独立的责任财产，A分公司的财产与B分公司的财产，是甲公司的财产。法院应当不予受理，已经受理的，应当驳回起诉。

专题八 法人的设立、变更、终止及登记

引言

法人设立人可能以自己的名义或设立中法人的名义签订合同，需要区分后果承担的主体。法人的合并与分立，有权利义务承受的问题。法人的终止是主体资格的消灭。清算是法人终止的程序，有的须清算，有的不用清算。

主办非讼业务的律师，应当较详细了解法人的设立、变更和终止制度。

一、法人的设立

（一）法人设立的含义

法人的设立，是指法人取得法人的主体资格（人格）的过程。设立和成立有所不同。设立，强调创建法人的过程；成立，强调的是设立的结果。

（二）法人设立的要件

法人应当依法成立，即法人成立要符合法定的实体要件和程序要件。"法人应当有自己的名称、组织机构、住所、财产或者经费。法人成立的具体条件和程序，依照法律、行政法规的规定。设立法人，法律、行政法规规定须经有关机关批准的，依照其规定"（民总58条第2、3款）。"名称、组织机构、住所、财产或者经费"，是保证法人正常活动和承担责任的实体要件，该要件是一般要件。

不同类型法人的成立，具体要求不同。比如，设立营利法人须办理工商登记，设立社会团体，有的须办理民政登记，有的无须办理登记。有的法人成立，还要经过批准程序。

（三）法人设立行为的后果

《民法总则》第75条第1款规定："设立人为设立法人从事的民事活动，其法律后果由法人承受；法人未成立的，其法律后果由设立人承受，设立人为二人以上的，享有连带债权，承担连带债务。"第2款规定："设立人为设立法人以自己的名义从事民事活动产生的民事责任，第三人有权选择请求法人或者设立人承担。"上述第1款的"法律后果"包括权利、义务，第2款的"民事责任"不包括权利。

将要设立的法人，称为目标法人，比如要设立一个公司，称该公司为目标公司。

（1）设立人为设立法人从事的民事活动，产生债务的情况居多，产生债权的情况较少，但债权债务均由设立后的法人承受。这里的"承受"，是继受的意思。设立人用"设立中的法人"的名义或自己的名义对外从事民事活动（如签订合同），均不影响设立人成为债权、债务的主体，法人成立后由法人概括承受债权债务。承受分为法定承受和意定承受，这里所说的承受是法定承受。

（2）如果法人未成立，设立人的债权、债务无人承受，只能继续由自己享有和承担。设立人为二人以上的，享有连带债权，承担连带债务。

（3）如果设立人对外进行民事活动，未以"设立中法人"的名义，而是以自己的名义，对民事责任，第三人有权选择请求设立后的法人或者设立人承担，这是法定选择之债。这样设计，偏重于保护第三人的利益。

◎ 设立人以自己的名义签订合同与以目标公司名义签订合同，后果不同

（1）甲、乙出资设立丙公司（目标公司），为保证丙公司成立后能正常工作，甲以承租人的名义承租了丁公司写字楼的一层，注明该层写字楼在丙注册成立后由其使用。丙成立后使用该层写字楼，到期未支付租金。

解：①丁公司既可以请求丙公司支付租金，也可以要求甲支付租金，但不能要求乙承担租金。②如果甲与丁的合同中注明"丙公司成立后由丙公司支付租金"，则丁不能选择甲支付租金，只能请求丙支付租金。

（2）甲、乙、丙三个公司约定发起设立A公司，乙公司（发起人之一）以设立中的A公司（目标公司，尚未登记取得法人资格）的名义与B公司签订了10万元的办公用品买卖合同。

解：发起人（设立人）对外以"设立中的公司"的名义签订的合同，目标公司成立后，权利义务由公司承担，发起人退出"历史舞台"。即在A公司成立后，B公司有权请求A公司支付该10万元，无权请求乙公司支付该10万元。

◎ 目标公司最终未成立，权利义务由发起人承担

（1）甲公司与张某发起设立A公司，甲公司与张某是发起人，甲公司以A公司（设立中的公司，尚未办理法人登记）与B广告公司签订了发布宣传A公司广告的合同。广告发布后，甲公司与张某又认为设立A公司没有前途，决定终止设立A公司的行为。所欠B广告公司的70万元宣传费用，如何承担？

解：对广告费债务，由甲公司与张某承担连带责任。

（2）甲、乙出资设立丙公司，甲以自己的名义与丁公司签订了承揽合同，为丙公司制作一批工作服，注明在丙公司注册成立后由其支付承揽费用。因故丙公司并未成立，到期没有人付款。

解：甲以自己的名义签订合同，乙虽未参与承揽合同的签订，未在合同上签字、盖章，其仍然要与甲一起对承揽费承担连带责任。

二、法人的变更

（一）法人变更的概念

法人的变更，是指法人成立后，其组织机构、名称、住所等发生变化的事实。法人的合并与分立，也是一种变更。

登记设立的法人，分立、合并或者其他重要事项变更，应当向登记机关办理登记并公告。

（二）法人的合并

法人的合并，是两个以上的法人转变成一个法人的行为。合并分为新设合并和吸收合并。比如，甲、乙合并成丙，甲、乙不复存在，此为新设合并。又如，甲吸收了乙，乙不复存在，此为吸收合并。

"法人合并的，其权利和义务由合并后的法人享有和承担"（民总67条第1款）。即是说，合并前的权利和义务（所有权、知识产权、债权、债务等），由合并后的法人概括承受。

问：甲公司对乙公司享有3000万元债权，由丙公司对乙的债务承担连带保证责任。现乙、丙二公司合并为丁公司（新设合并），对甲公司债权的实现有无影响？

答：没有影响。甲公司的3000万元债权，原来由乙公司的财产和丙公司的财产作为责任财产，两个责任财产是连带关系，合并后由丁公司的财产作为责任财产，丁公司的财产是乙、丙两个公司的财产之和。

问：甲公司借给乙公司1亿元，乙公司将自己的一幢楼房抵押给甲公司，办理了抵押物登记，在债务清偿前，甲、乙二公司合并为乙公司（吸收合并）。本案债权和抵押权的状况如何？

答：甲、乙二公司合并后，债权、抵押权因混同而消灭。相对法律关系的对立的两个主体合并为一个主体，导致相对法律关系的消灭，这是一种混同现象。债权人与债务人之间是相对法律关系，抵押权人与抵押人之间也是相对法律关系。

问：合并是混同的唯一原因吗？

答：不是。比如，甲将一台机器抵押给乙，在抵押期间，乙购买了这台机器，该抵押权因混同而消灭。抵押权是他物权，乙不能对自己的物享有抵押权。

（三）法人的分立

法人的分立，是一个法人分为两个以上法人的行为。"法人分立的，其权利和义务由分立后的法人享有连带债权，承担连带债务，但是债权人和债务人另有约定的除外"（民总67条第2款）。法人分立后的债权债务，约定优于法定，此处"约定"不是分立人之间的约定，而是债权人与债务人之间的约定。

问：甲公司欠乙公司100万元货款，后甲公司分立为A、B两个公司。A、B约定，A承担60万元，B承担40万元。该约定效力如何？乙公司起诉A、B有依据吗？

答：此约定在A、B之间有效，但不能对抗乙公司（对乙公司不发生效力）。乙公司有权请求A、B承担连带责任。《民事诉讼法解释》第63条规定："企业法人合并的，因合并前的民事活动发生的纠纷，以合并后的企业为当事人；企业法人分立的，因分立前的民事活动发生的纠纷，以分立后的企业为共同诉讼人。"

问：公司设立分公司、设立子公司，是分立吗？

答：不是。公司设立分公司，该分公司并无法人资格，因而不是公司（法人）的分立。子公司有法人资格，但设立子公司是出资行为，也不是分立。

三、法人的终止

（一）法人终止的含义

法人终止，也称法人消灭、法人人格终止，是指法人的人格（民事主体资格）的消灭。法人终止，权利能力、行为能力当然终止，诉讼能力也当然终止。

问：法人终止，行为人仍以法人的名义进行民事活动，是否构成无权代理、表见代理、表见代表、冒用？提起诉讼应以谁为被告？

答：无权代理、表见代理，须有被代理人存在，表见代表亦须有被代表人存在，故行为人不可能构成无权代理、表见代理和表见代表。冒用也应有被冒用人，在严格意义上，也不构成冒用。按《最高人民法院关于适用〈中华人民共和国民事诉讼法〉的解释》第62条第3项的规定，法人依法终止后，行为人仍以其名义进行民事活动，以行为人为当事人。该"当事人"可以是被告，也可以是其他诉讼当事人。

（二）法人终止的原因（事由）

"有下列原因之一并依法完成清算、注销登记的，法人终止：（一）法人解散；（二）法人被宣告破产；（三）法律规定的其他原因。法人终止，法律、行政法规规定须经有关机关批准的，依照其规定"（民总 68 条）。

（1）清算是法人终止（法人资格消灭）的前置程序，即先清算，再终止。在清算阶段，法人有作为原告和被告的资格。

（2）依登记设立的法人，在终止时应办理注销登记。比如，甲公司被工商部门吊销营业执照、乙公司被法院裁定宣告破产，法人的资格并不消灭。甲、乙办理了注销登记，法人资格才被终止。

◎ 吊销营业执照，不导致合同无效

甲公司对乙公司有 100 万元债权，丙公司与甲公司签订了保证合同，担保乙公司对债务的清偿。后保证人丙公司以乙公司在签订合同时被工商行政机关吊销营业执照为由主张主合同无效，从合同（担保合同）随之无效。

解：丙公司的主张不能成立，因为在签订主合同时，乙公司的主体资格尚在。

（3）有些法人资格的终止，需要经过有关机关的批准。例如，商业银行法人的终止，应当经国务院银行业监督管理机构批准（参见《商业银行法》第 69 条）。

（三）法人的解散与清算

1. 法人解散

法人的解散是法人终止的一项原因，而法人解散又有特定的事由。"有下列情形之一的，法人解散：（一）法人章程规定的存续期间届满或者法人章程规定的其他解散事由出现；（二）法人的权力机构决议解散；（三）因法人合并或者分立需要解散；（四）法人依法被吊销营业执照、登记证书，被责令关闭或者被

撤销；（五）法律规定的其他情形"（民总69条）。第1、2、3项规定的解散是自行解散；第4项规定的解散是强制解散。强制解散又分为行政强制解散和司法强制解散，前者如工商机关对违法经营的公司吊销营业执照，后者如为打破公司僵局法院判决公司解散。

2. 法人解散清算

（1）清算义务人与强制清算。

法人解散，应当成立清算组织，进行清算。法人的清算，是为了保护法人债权人的利益、法人职工的利益以及法人出资人、设立人的利益。未经清算，债权人有权向法人的出资人、设立人主张权利。例如，某企业法人未经清算程序便办理了工商注销登记，该企业法人资格消灭，企业的债权人可向企业股东或设立人追偿债权。

"法人解散的，除合并或者分立的情形外，清算义务人应当及时组成清算组进行清算。法人的董事、理事等执行机构或者决策机构的成员为清算义务人。法律、行政法规另有规定的，依照其规定。清算义务人未及时履行清算义务，造成损害的，应当承担民事责任；主管机关或者利害关系人可以申请人民法院指定有关人员组成清算组进行清算"（民总70条）。

（2）法人清算的法律适用。

"法人的清算程序和清算组职权，依照有关法律的规定；没有规定的，参照适用公司法的有关规定"（民总71条）。《公司法》的相关规定最为完备，参照适用其规定，是为了节约法律资源。

（3）清算期间活动的限制、清算后的财产及法人的终止。

"清算期间法人存续，但是不得从事与清算无关的活动。法人清算后的剩余财产，根据法人章程的规定或者法人权力机构的决议处理。法律另有规定的，依照其规定。清算结束并完成法人注销登记时，法人终止；依法不需要办理法人登记的，清算结束时，法人终止"（民总72条）。"法人被宣告破产的，依法进行破产清算并完成法人注销登记时，法人终止"（民总73条）。

法人进入清算程序，权利能力、行为能力受到限制，不得从事与清算无关的活动。

登记设立的法人，清算结束并完成法人注销登记时，法人终止。非登记设立的法人，终止时也不需要办理登记，清算结束时终止。法人被宣告破产的，法人资格并不消灭，而是由此进入破产清算程序，清算完毕办理注销登记后，法人资格消灭。

问：甲公司欠乙公司货款160万元，现甲公司未经清算便办理了注销登记。乙公司应找谁索债？

答：乙公司应向甲公司的股东主张债权。《民事诉讼法解释》第64条规定："企业法人解散的，依法清算并注销前，以该企业法人为当事人；未依法清算即被注销的，以该企业法人的股东、发起人或者出资人为当事人。"

四、法人的登记

（一）法人登记的概念

法人登记是行政主管机关对法人设立、变更、终止的法律事实登录在册并进行公告的制度。"登记机关应当依法及时公示法人登记的有关信息"（民总66条）。

（二）法人登记的类型

1. 工商登记、民政登记、事业登记

法人登记机关是行政机关，按行政机关的职能，具有法人登记职能的机关包括工商登记机关（市场监督管理机关）、民政机关、事业单位登记机关（事业单位登记管理局），它们办理的登记，分别简称为工商登记、民政登记、事业登记。成立营利法人办理的登记，属于工商登记。成立社会团体法人、基金会法人等办理的登记，属于民政登记。成立事业单位法人办理的登记，属于事业登记。例如，某市教育局设立一所实验学校（中小学学历教育），应到当地事业单位登记管理局办理事业单位法人登记。

2. 设立登记、变更登记、注销登记

（1）设立登记。如设立有限责任公司、股份有限公司进行的登记。

（2）变更登记。"法人存续期间登记事项发生变化的，应当依法向登记机关申请变更登记"（民总64条）。如甲有限责任公司法定代表人由张甲变更为李乙进行的登记。

（3）注销登记。如甲有限责任公司决议解散后进行的注销登记。

（三）登记信赖

"法人的实际情况与登记的事项不一致的，不得对抗善意相对人"（民总65条）。所谓登记信赖，是指善意相对人推定登记的事项为事实，由此产生信赖而与登记的法人交易的行为。实际情况与登记的事项不一致，包括实际出资数额与登记的出资数额不一致；实际股东（隐名股东）与登记的股东不一致；实际投资人与登记的投资人不一致；法定代表人与登记的法定代表人不一致；等等。

◎ 法人的实际情况与登记的事项不一致的，相对人必须为善意相对人吗

（1）张甲是在工商登记的A公司法定代表人，后A公司将

法定代表人更换为李乙，但是没有到市场监督管理部门办理变更登记。张甲代表 A 公司与 B 公司签订了合同，B 公司对 A 公司变更了法定代表人不知情且无过失（善意）。

解：张甲构成表见代表（无代表权却有代表权的外观），合同有效。如果 B 公司为非善意，则合同不能生效。

（2）甲公司工商登记的注册资金为 500 万元，股东 A 和 B 各应出资 250 万元，他们私下约定各出资 50 万元，由于甲公司欠乙公司货款无力偿还，乙公司起诉 A、B 请求补足出资。乙公司在与甲公司签订合同前，知道 A 和 B 的私下约定。

解：乙公司知情，为非善意。登记的注册资金属于公司对所有债权人的责任财产且具有公示性，不因股东的私下约定而有变化，也不因债权人的非善意而有所变化。具体地说，乙公司在与甲公司签订合同前，知道 A 和 B 就出资的私下约定，但没有同意减少甲公司（与股东是不同的主体）责任财产的意思表示。A、B 应当承担补足出资的责任，不得以内部约定对抗乙公司。

专题九　营利法人

引言

对营利法人的规定，应当结合《公司法》来掌握。

营利法人"始于设立登记，终于注销登记"。

对律师来说，能够熟练运用关于"法人人格否认"的规则，是一项基本功。

公司法律顾问、公司法务，对公司有关决议、决定的效力，应当有预判能力。

隋彭生：律师民法业务思维（三）《民法总则》随读

一、营利法人的定义、成立和机构

（一）营利法人的定义

《民法总则》第76条第1款规定："以取得利润并分配给股东等出资人为目的成立的法人，为营利法人。"

营利法人是以营利为目的成立的，营利法人取得的利润，分配给股东等出资人；与此相对应，非营利法人若有利润，不得分配给出资人、设立人、会员。例如，目前已有公司制的医院，这类医院取得的利润可以分配给股东；而作为事业单位法人的医院，医院取得的利润不得分配给设立人。

营利法人独立于出资人（有独立的人格），拥有独立的财产，这些财产对外是清偿债务的责任财产。

"营利法人包括有限责任公司、股份有限公司和其他企业法人等"（民总76条第2款）。营利法人主要是指企业法人，条文中的"等"，从文义解释来看，是企业法人以外的营利法人。我国《公司法》规定的有限责任公司和股份有限公司是企业法人。个人独资企业、合伙企业虽然是企业，但不具有法人资格，不是企业法人。

营利法人虽然以利润最大化为目标，但作为社会成员，对社会也要承担相应的义务和责任。"营利法人从事经营活动，应当遵守商业道德，维护交易安全，接受政府和社会的监督，承担社会责任"（民总86条）。比如，作为企业的药店，应开设夜间销售窗口（提供公服务），这是行业惯例，也是社会责任的一个具体体现。

在保护环境、公益赠与、救灾、提供公共服务、增加或保持就业、减少产品瑕疵带来的危险、促进善良风俗、维护国家安全等方面，都能体现营利法人的社会责任。

(二) 营利法人的成立

1. 营利法人成立的程序要件

"营利法人经依法登记成立"(民总77条)。营利法人的登记,是指工商登记。营利法人的成立,原则上采准则主义(也称为登记主义),即只要符合规定的条件,登记机关即予以登记。对于一些特定行业和领域,采核准主义(也称为核准登记主义),即先向业务主管机关申请办理批准手续,经批准后再到登记机关办理登记。准则主义是一道手续,核准主义是两道手续。

营利法人的成立须经登记程序;非营利法人的成立分为须登记和无须登记两种。

2. 营利法人的营业执照

营利法人的营业执照,是取得民商主体资格的证件,具有公示性。"依法设立的营利法人,由登记机关发给营利法人营业执照。营业执照签发日期为营利法人的成立日期"(民总78条)。营利法人始于设立登记,终于注销登记。

3. 营利法人的章程

"设立营利法人应当依法制定法人章程"(民总79条)。营利法人的章程,是股东等出资人制定的关于法人的组织、行为的自治规则,章程是营利法人的法定必备文件。

(三) 营利法人的机构

1. 营利法人的权力机构

营利法人的权力机构也称为权力机关、意思机关。"营利法人应当设权力机构。权力机构行使修改法人章程,选举或者更换执行机构、监督机构成员,以及法人章程规定的其他职权"(民总80条)。这里使用"权力"的表述,只是一种沿袭,与国家权力(公权力)没有相同的内涵。

股份有限公司的股东大会、有限责任公司的股东会,是公司的权力机构。

2. 营利法人的执行机构和法定代表人的选任

执行机构,是贯彻、落实权力机关意志的机关。如公司的执行机关是董事会或执行董事。执行机构是营利法人的必设机构。

"营利法人应当设执行机构。执行机构行使召集权力机构会议,决定法人的经营计划和投资方案,决定法人内部管理机构的设置,以及法人章程规定的其他职权。执行机构为董事会或者执行董事的,董事长、执行董事或者经理按照法人章程的规定担任法定代表人;未设董事会或者执行董事的,法人章程规定的主要负责人为其执行机构和法定代表人"(民总81条)。营利法人的法定代表人选任比较灵活,比如,一个公司的董事长可以不担任法定代表人,而由总经理担任法定代表人。

3. 营利法人的监督机构

监督机构,是对执行机构、代表机关(法定代表人)等履行监督职能的机关。"营利法人设监事会或者监事等监督机构的,监督机构依法行使检查法人财务,监督执行机构成员、高级管理人员执行法人职务的行为,以及法人章程规定的其他职权"(民总82条)。监督机构不是营利法人的必设机构,但公司例外。股东人数较少或者规模较小的有限责任公司可以设一至二名监事,而不设监事会,其他有限责任公司和股份有限公司应当设监事会。监事会和监事都是《民法总则》所说的监督机构,即是说,公司作为营利法人,监督机构是必设机构,一人公司也不例外。

二、营利法人出资人滥用权利的禁止及法人人格否认

(一)出资人滥用权利的禁止

"营利法人的出资人不得滥用出资人权利损害法人或者其他出资人的利益。滥用出资人权利给法人或者其他出资人造成损

失的，应当依法承担民事责任"（民总83条第1款）。例如，控股股东操纵公司长期恶意不分红，以排挤小股东。出资人滥用权利造成法人、其他出资人损失的，构成侵权责任。

（二）法人人格否认

法人人格否认，是在具体案件中否认法人的主体资格，由其出资者、设立者承担责任的制度。法人人格否认，主要运用在对营利法人人格的否认上面。

"营利法人的出资人不得滥用法人独立地位和出资人有限责任损害法人的债权人利益。滥用法人独立地位和出资人有限责任，逃避债务，严重损害法人的债权人利益的，应当对法人债务承担连带责任"（民总83条第2款）。这是对营利法人人格否认的规定。

这里所说的法人人格否认，不是彻底否定法人的人格，而只是"一时的否定"，即在具体案件中，不令法人人格阻碍其出资人、设立人承担责任。比如，我国《公司法》上的公司，都具有法人资格，公司以公司的财产对公司的债务独立地承担责任，公司股东不承担责任，公司的法人人格，就像"面纱""防火墙"一样，将公司股东与公司债权人隔开。在特定的情况下，让公司的股东也对公司的债权承担责任，就是对公司人格的"一时的否定"，也称为"揭开公司的面纱"。

◎ 股东与一人公司财产发生混同的后果

张甲出资设立了"一人有限责任公司"，公司欠银行贷款500万元，到期无力偿还。银行发现股东张甲个人及其家庭的巨额花费，均在公司报销或由公司支付，即起诉张甲和公司，请求张甲和公司承担连带偿还贷款本息的责任。法院经过审查，认为情况属实，判决张甲与公司承担连带责任。

解：本应公司向银行独立承担责任，股东不承担责任，但本案股东张甲的财产与公司的财产发生混同，财产混同导致人格的混同（主体资格混同）。法院判决两个主体承担连带责任，是对公司人格"一时的否定"。

三、营利法人关联交易的规制

"营利法人的控股出资人、实际控制人、董事、监事、高级管理人员不得利用其关联关系损害法人的利益。利用关联关系给法人造成损失的，应当承担赔偿责任"（民总84条）。

关联关系，是指营利法人的控股出资人、实际控制人、董事、监事、高级管理人员与其直接或者间接控制的企业之间的关系，以及可能导致营利法人利益转移的其他关系。但是，国家控股的企业之间并不因同受国家控股而具有关联关系。利用或通过关联关系发生的交易，称为关联交易。关联交易不限于订立债权合同，它包括与关联方有关的一切财产行为。

对关联交易并非一律禁止，只是禁止通过关联交易损害法人的利益。例如，甲公司的控股股东张某，又是乙公司的控股股东，乙公司对银行有巨额借款，张某未经过章程规定的程序，操纵甲公司为乙公司提供了保证担保，置甲公司于巨大的债务风险之中。张甲的行为，就是通过甲、乙关联交易的行为，损害法人（甲公司）的利益。

四、营利法人决议的撤销

（一）撤销事由

"营利法人的权力机构、执行机构作出决议的会议召集程序、表决方式违反法律、行政法规、法人章程，或者决议内容违反法人章程的，营利法人的出资人可以请求人民法院撤销该决议，但是营利法人依据该决议与善意相对人形成的民事法律关系不受影响"（民总 85 条）。

可以撤销的决议，是有瑕疵的决议。一是程序上有瑕疵，即权力机构、执行机构作出决议的会议在召集程序、表决方式上违反法律、行政法规、法人章程。二是内容上有瑕疵，即权力机构、执行机构作出的决议，在内容上违反法人章程。

◎ 股东会召集程序有轻微瑕疵，要看对决议是否产生实质影响

某有限责任公司有三个股东，以股东会名义作出增加注册资本的决议，两个大股东所占股份已经超过全部股份的 2/3，表决结果，两个大股东表示赞同，小股东表示反对。请问：小股东起诉到法院，请求撤销该决议。理由是：依据《公司法》第 41 条的规定，召开股东会会议，应当于会议召开 15 日前通知全体股东，而本次会议只提前了 14 天。

解：《公司法》第 22 条第 2 款规定："股东会或者股东大会、董事会的会议召集程序、表决方式违反法律、行政法规或者公司章程，或者决议内容违反公司章程的，股东可以自决议作出之日起六十日内，请求人民法院撤销。"《最高人民法院关于适用〈中华人民共和国公司法〉若干问题的规定（四）》（以下简称《公司法解释（四）》）第 4 条规定："股东请求撤销股东会或者股东大会、董事会决议，符合公司法第二十二条第二款规定的，人民法院应当予以支持，但会议召集程序或者表决方式仅有轻微瑕疵，且对决议未产生实质影响的，人民法院不予支持。"本案会议召集程序仅有轻微瑕疵，且对决议未产生实质影响，不应支持小股东的诉讼请求。

（二）撤销权人

有权请求法院撤销的主体是法人的出资人。比如，公司的

股东享有撤销权。依据《公司法》第 22 条的规定，股东会或者股东大会、董事会的会议召集程序、表决方式违反法律、行政法规或者公司章程，或者决议内容违反公司章程的，股东可以自决议作出之日起 60 日内，请求人民法院撤销。

（三）撤销对第三人的效力

为保护交易安全，决议的撤销不能对抗善意第三人。例如，甲公司董事会就某项投资计划作出了决议，为落实该计划，甲公司与不知情的乙公司（善意第三人）签订了合同。后股东请求法院撤销了该决议，甲、乙的合同效力不受影响，但甲公司不得就该项投资计划再与他人签订协议。

（四）可撤销的决议与无效决议的区别

1. 性质不同

可撤销的决议是"有效并可撤销"，即在撤销前是有效的，撤销后自始无效。无效决议自始无效、绝对无效，即便未经确认无效的程序，其仍为无效。

2. 原因不同

可撤销的决议，是有瑕疵的决议。一是程序上有瑕疵，即营利法人的权力机构、执行机构（董事会）作出决议的会议在"召集程序""表决方式"上违反法律、行政法规、法人章程。二是内容上有瑕疵，即权力机构、执行机构作出的决议，在内容上违反法人章程。章程是法人的自治文件，违反章程的效果与违反法律的效果，自不相同。无效决议违反效力性强行性规定。

3. 请求主体不同

请求撤销决议的主体是现任出资人。请求确认决议无效的主体范围较广，包括营利法人的出资人、董事、监事等。

4. 其他方面的区别

比如，营利法人是公司的，诉请法院撤销决议受 60 日期间的限制（《公司法》第22条）；诉请法院确认公司决议无效不受60日的限制，即超过60日仍可请求法院确认决议无效。

专题十 非营利法人和特别法人

引言

非营利法人与特别法人是两类不同的法人。非营利法人，有的是为公益，有的是为互益。特别法人是营利法人、非营利法人无法涵盖的法人。

一、非营利法人

（一）非营利法人的定义和种类

"为公益目的或者其他非营利目的成立，不向出资人、设立人或者会员分配所取得利润的法人，为非营利法人。非营利法人包括事业单位、社会团体、基金会、社会服务机构等"（民总87条）。

非营利法人包括公益法人和互益法人。公益法人是以公益事业（谋取公共利益、公众利益）为目的而设立的法人，如基金会法人。互益法人是以社员（会员）互益、互助为目的而设立的法人，如行业协会。

非营利法人的特点是：不以营利目的设立。非营利法人可能有营利行为，但其设立的宗旨不是为了营利以分配给出资人、设立人或者社员（会员）。比如，某大学为事业单位，其计划外办学的收入（利润）不能向设立人分配，仍用于"事业"。

基于非营利法人的特点，在其终止时，对其剩余财产的分配有特殊要求。"为公益目的成立的非营利法人终止时，不得向出资人、设立人或者会员分配剩余财产。剩余财产应当按照法人章程的规定或者权力机构的决议用于公益目的;无法按照法人章程的规定或者权力机构的决议处理的,由主管机关主持转给宗旨相同或者相近的法人,并向社会公告"(民总95条)。非营利法人剩余财产分配,是区别对待的。

(1) 为公益目的设立的非营利法人在终止时,不得向出资人、设立人或者会员分配剩余财产,剩余财产应当继续用于公益目的。

(2) 为公益以外其他非营利目的设立的非营利法人(互益法人),终止时剩余财产的分配,适用《民法总则》第72条第2款的规定。并无禁止"向出资人、设立人或者会员分配剩余财产"的限制。

(二) 事业单位法人

事业单位法人是为了社会公益事业目的成立的,独立从事文化、教育、卫生、体育、新闻等事业活动具有法人资格的社会组织。大学、报社、科学研究机构等是事业单位法人。大学设立的出版社是公司法人(营利法人),如中国人民大学出版社有限公司、中国政法大学出版社有限责任公司等。

从设立人(举办人)的角度,事业单位法人分为两类:第一类是国家举办的事业单位,这些单位管理的财产属于国家所有。[1] 第二类是私人举办的事业单位,例如,民办学校、医院等,私人举办的具有法人资格的事业单位享有独立的财产权(包括所有权),换言之,它们是适格的所有权主体。

事业单位法人分为须登记和无须登记两类。"具备法人条件,为适应经济社会发展需要,提供公益服务设立的事业单位,经依法登记成立,取得事业单位法人资格;依法不需要办理法人

---

〔1〕《物权法》第54条规定:"国家举办的事业单位对其直接支配的不动产和动产,享有占有、使用以及依照法律和国务院的有关规定收益、处分的权利。"

登记的,从成立之日起,具有事业单位法人资格"(民总88条)。

事业单位不设权力机构。"事业单位法人设理事会的,除法律另有规定外,理事会为其决策机构。事业单位法人的法定代表人依照法律、行政法规或者法人章程的规定产生"(民总89条)。

(三)社会团体法人

社会团体法人,是指自然人或法人、非法人组织自愿组成,以实现公益目的或会员共同利益的具有法人资格的社会组织。协会、学会、商会等为社会团体法人,社会团体法人有的是公益法人,有的是互益法人。设立社会团体法人,有的需要经过登记,有的不需要登记。"具备法人条件,基于会员共同意愿,为公益目的或者会员共同利益等非营利目的设立的社会团体,经依法登记成立,取得社会团体法人资格;依法不需要办理法人登记的,从成立之日起,具有社会团体法人资格"(民总90条)。

社会团体法人的必设机构包括权力机构和执行机构。"设立社会团体法人应当依法制定法人章程。社会团体法人应当设会员大会或者会员代表大会等权力机构。社会团体法人应当设理事会等执行机构。理事长或者会长等负责人按照法人章程的规定担任法定代表人"(民总91条)。社会团体法人设理事会的,该理事会为执行机构,而事业单位的理事会,是决策机构。

(四)捐助法人

1. 捐助法人的含义

捐助法人,是指以捐助财产为基础成立的、以公益为目的的法人,主要包括三大类:其一,基金会;其二,社会服务机构,如孤儿院、救济院等(国家举办的孤儿院、救济院等为事业单位法人);其三,宗教活动场所(寺庙庵院)。

(1)捐助法人须登记设立(民政登记)。

(2)捐助法人,以公益为目的,具有非营利性。

（3）捐助法人是以捐助的财产为基础的财产组织体，是一种"财产的集合"，是典型的财团法人。它没有会员或成员，不是社团法人。

（4）捐助人与捐助法人是不同的民事主体。捐助法人享有独立的法人财产权（含所有权）。捐助人为捐助法人的设立人，捐助人可以为一人，也可以二人以上。赠与人与捐助人不同，赠与人是在捐助法人设立后，向捐助法人（受赠人）赠与财产的人，捐助人是设立捐助法人的人。

（5）捐助行为为单方法律行为。捐助可以为生前行为，也可以为死因行为（遗嘱捐助）。

（6）捐助法人设立后，他人对捐助法人财产的无偿给予，无论使用什么名义，都是赠与，都是双方法律行为。捐助与捐赠不同，捐赠是赠予行为（双方法律行为）。如《中华人民共和国慈善法》第34条规定："本法所称慈善捐赠，是指自然人、法人和其他组织基于慈善目的，自愿、无偿赠与财产的活动。"

2. 捐助法人的设立

"具备法人条件，为公益目的以捐助财产设立的基金会、社会服务机构等，经依法登记成立，取得捐助法人资格。依法设立的宗教活动场所，具备法人条件的，可以申请法人登记，取得捐助法人资格。法律、行政法规对宗教活动场所有规定的，依照其规定"（民总92条）。以开展慈善活动为宗旨的基金会和扶贫、济困、扶老、救孤、恤病、助残等社会服务机构可以经登记取得捐助法人资格。寺庙、道观、教堂等也可以申请登记，取得捐助法人资格，成为独立的财产权主体。上述登记，是指民政登记。

3. 捐助法人的治理机制

"设立捐助法人应当依法制定法人章程。捐助法人应当设理事会、民主管理组织等决策机构，并设执行机构。理事长等负责人按照法人章程的规定担任法定代表人。捐助法人应当设监事会等监督机构"（民总93条）。

（1）应当制定章程。捐助法人按章程划定的"轨道"进行运作，处分财产。

（2）应当设立决策机构、执行机构。捐助法人没有类似营利法人那样的权力机构（意思机关），但要设立决策机构、执行机构。

（3）应当设立监督机构。监督机构一般是监事会，也可以是监事。

（4）法人均设法定代表人，捐助法人也不例外。捐助法人一般以理事长为法定代表人。宗教活动场所以方丈、观主等为法定代表人。

4. 捐助人的知情权、监督权

捐助人有知情权、监督权。"捐助人有权向捐助法人查询捐助财产的使用、管理情况，并提出意见和建议，捐助法人应当及时、如实答复"（民总94条第1款）。规定捐助人的查询等权利，是监督制度的一项内容。

5. 利害关系人对捐助法人决定的撤销权

"捐助法人的决策机构、执行机构或者法定代表人作出决定的程序违反法律、行政法规、法人章程，或者决定内容违反法人章程的，捐助人等利害关系人或者主管机关可以请求人民法院撤销该决定，但是捐助法人依据该决定与善意相对人形成的民事法律关系不受影响"（民总94条第2款）。

（1）对捐助法人决定的撤销权是形成诉权，不能以通知的方式行使，只能以向法院起诉的方式行使。

问：捐助法人的法定代表人作出的决定违反章程，捐助人通知其撤销，法定代表人遂撤销了决定。应如何解释？

答：法定代表人撤销了原先的决定，是"决定撤销决定"，并非通知的直接效力。

（2）撤销权人有三：

其一，捐助人，即设立捐助法人的人。

其二，捐助人以外的其他利害关系人，包括受益人；在捐助人死亡后，还包括捐助人的近亲属等。捐助人死亡或者以遗嘱设立捐助法人的，捐助人的近亲属为利害关系人。捐助法人财产的特定受益人，也是利害关系人。

其三，主管机关。主管机关（民政机关）不能采用下达命令、指示的方式撤销决定，只能作为原告请求法院判决撤销。

（3）撤销客体：这里的撤销客体，是"决定"，不是捐助人的捐助行为。不管是捐助法人的决策机构作出的决定，还是执行机构作出的决定，抑或是法定代表人作出的决定，都可以请求撤销。法条中使用了"决定"的术语，当事人使用"决议"名义的，实际也是决定。对营利法人，撤销的是"决议"。[1]

（4）撤销事由有二：一是作出决定的程序违法或者违反章程（程序违法违章）；二是决定的内容违反章程（内容违章）。比如，关于捐助法人的章程对财产的使用用途作了规定，法定代表人违反章程处分财产（内容违章），则捐助人可以请求撤销。

（5）决定的撤销与决定的无效不同。被撤销的决定，是已经生效的决定，无效的决定，自始无效，从未发生过效力。被撤销的决定，一是程序违法违章；二是内容违章。决定的内容违反法律、行政法规强制性规定的，应为无效。

---

[1]《民法总则》第85条规定："营利法人的权力机构、执行机构作出决议的会议召集程序、表决方式违反法律、行政法规、法人章程，或者决议内容违反法人章程的，营利法人的出资人可以请求人民法院撤销该决议，但是营利法人依据该决议与善意相对人形成的民事法律关系不受影响。"

（6）决定被撤销，不能对抗善意第三人。第三人是捐助法人实施法律行为人的相对人。

◎ 撤销"决议"，不影响与善意第三人之间的法律关系

甲是一个公益基金会（捐助法人），乙为设立人但未在基金会中担任职务，后来乙发现基金理事会作出"决议"，决定使用捐助财产设立收养儿童的机构，并以捐助财产向丙房地产公司购买了一套房屋，作为收养机构用房。乙发现后，向基金会理事会提出：章程规定，基金会的捐助财产只用于儿童的营养餐补助，请求理事会撤销决议。理事会认为，"箭在弦上，不得不发"，没有理睬乙的要求。

解：乙可以请求法院撤销甲理事会决议（基金会使用了"决议"的名称，其性质上也是决定）。理事会决议被撤销后，基金会应当终止设立收养儿童机构的行为，丙若不知道甲违反章程购买自己的房屋（善意），则撤销不影响甲与丙之间的买卖合同的效力。买卖合同是诺成合同，若甲与丙签订了房屋买卖合同，甲尚未交付购房款，丙尚未给甲办理过户转移登记手续，则买卖合同的效力不受影响。理事会决议被撤销后，善意的丙仍可请求甲履行合同。

二、特别法人

（一）特别法人的种类

特别法人为《民法总则》首创。特别法人有：机关法人、农村集体经济组织法人、城镇农村的合作经济组织法人和基层群众性自治组织法人。

特别法人是营利法人、非营利法人无法涵盖的第三类法人。特别法人具有特殊性：

（1）国家机关法人没有营利的目的，不同于营利法人，国家机关法人是实现国家职能的法人，不同于以公益或互益为目的成立的非营利法人。

（2）城镇农村的合作经济组织法人具有营利性，也具有互益性，不同于营利法人和非营利法人。

（3）农村集体经济组织法人，具有地域性和内部性，且集体经济组织的财产在性质上也有特殊性，比如，集体土地是公有财产，此与民法上的共有并不相同。

（4）基层群众性自治组织法人（居民委员会、村民委员会），是居民、村民自我管理、自我教育、自我服务的基层群众性自治组织，不以营利为目的，也不以公益或互益为目的，具有地域性。

（二）机关法人

机关法人，是指以实现国家职能为目的成立的具有法人资格的国家组织。机关法人享有的不一定是行政权力。行政机关、立法机关、检察机关、审判机关等都是机关法人。

机关法人是公法人，同时可以作为民事主体与他人形成民事法律关系。"有独立经费的机关和承担行政职能的法定机构从成立之日起，具有机关法人资格，可以从事为履行职能所需要的民事活动"（民总97条）。机关法人管理的财产属于国家所有。

机关法人可以参与民事交易，成为民事法律关系的主体。例如，政府采购是一种交易，因而《政府采购法》规定，政府采购合同适用《合同法》的规定。机关法人也可能成为民事侵权的主体，例如，某机关使用的车辆肇事造成他人损害，可以构成平等主体之间的民事责任。

机关法人可能因为合并、分立等原因被撤销。"机关法人被撤销的，法人终止，其民事权利和义务由继任的机关法人享有和承担;没有继任的机关法人的,由作出撤销决定的机关法人享有和承担"(民总98条)。机关法人被撤销的,其民事权利义务按照民法的规则,发生法定概括承受。

(三)农村集体经济组织法人

"农村集体经济组织依法取得法人资格。法律、行政法规对农村集体经济组织有规定的,依照其规定"(民总99条)。农村集体经济组织所有的不动产和动产,属于本集体成员集体所有,由农村集体经济组织行使所有权。农村集体经济组织具有地域性和内部性,由固定地域的农民组成。

(四)合作经济组织法人

"城镇农村的合作经济组织依法取得法人资格。法律、行政法规对城镇农村的合作经济组织有规定的,依照其规定"(民总100条)。"城镇农村"的合作经济组织,应为"城镇、农村"的合作经济组织,可以在城镇设立,也可以在农村设立。常见的是在农村设立的合作经营组织,主要包括供销合作社、专业合作社等。

(五)居民委员会法人、村民委员会法人

"居民委员会、村民委员会具有基层群众性自治组织法人资格,可以从事为履行职能所需要的民事活动。未设立村集体经济组织的,村民委员会可以依法代行村集体经济组织的职能"(民总101条)。

赋予"两委会"以法人资格,既便于其从事为履行职能所需要的民事活动,也有利于其诉讼地位的明确。在性质上,"两委会"属于社团法人。

两委会的职能,大而言之,是"自我管理、自我教育、自我服务",具体来说,体现职能的任务或工作,包括宣传、维权;办理(本地区或本村的)公共事务和公益事业;调解民间纠纷；开展便民利民的社区服务活动，兴办有关的服务事业；充当无行为能力人、限制行为能力人的监护人；等等。

问："两委会"有无责任财产？

答：责任财产是清偿债务的一般担保。居民委员会、村民委员会作为法人，自然有独立的财产，其独立的财产，就是清偿债务的责任财产。有一些"两委会"开展经营活动，积累了可观的财产。实务中要注意的是，"两委会"的财产往往与其他主体的财产发生混同，"两委会"管理、占有的财产，不一定是"两委会"的责任财产。在签订合同和申请执行等活动中，应注意识别。

专题十一　非法人组织

引言

《民法总则》第2条规定了自然人、法人和非法人组织三类民法主体。非法人组织虽然是独立的民法主体，但还不是独立的"人"（没有被拟制为人），因而不能独立承担最终责任。

在代理原告起诉之初，就要考虑胜诉以后，能否执行到被告的财产。了解被告责任财产的范围，是必要的。

一、非法人组织的定义和类型

（一）非法人组织的定义

《民法总则》第102条第1款规定："非法人组织是不具有法人资格，但是能够依法以自己的名义从事民事活动的组织。"

（1）非法人组织区别于自然人，是一种组织体。目前，我国没有自然人破产制度，"欠债至死""不死不休"，而有的非法人组织可以破产。《合伙企业法》第92条规定："合伙企业不能清偿到期债务的，债权人可以依法向人民法院提出破产清算申请，也可以要求普通合伙人清偿。合伙企业依法被宣告破产的，普通合伙人对合伙企业债务仍应承担无限连带责任。"

（2）非法人组织有民事权利能力和行为能力，能够依法以自己的名义独立从事民事活动。

（3）非法人组织不具有法人资格。非法人组织和法人都是组织体，但非法人组织明显区别于法人。

《民法总则》第57条规定："法人是具有民事权利能力和民事行为能力，依法独立享有民事权利和承担民事义务的组织。"条文中的关键词是"独立"。非法人组织可以独立签订合同，与他人进行交易，但不能独立承担民事责任。这里的"不能独立承担责任"，是指不能承担最终责任。

问：法人的责任财产与非法人组织责任财产有什么不同？

答：责任财产是清偿债务的一般担保，是用于清偿债务的所有财产。现以公司（法人）、合伙制律师事务所（非法人组织）为例说明：

公司以公司的财产对公司的债务承担责任，即公司的所有财产为清偿债务的责任财产。公司作为法人的责任是独立责任，其责任财产不包括股东的财产。而合伙制律师事务所的责任财产包括普通合伙人的财产和律师事务所名下的财产（合伙人共有的财产）。某律师事务所的律师代理当事人申请执行3000万财产，但错过了申请执行的时效，该律师事务所应当承担赔偿3000万元的责任，对该3000万元赔偿的责任财产为：律师事务所名下的财产+普通合伙人的财产。

（4）非法人组织与《民事诉讼法》规定的"其他组织"接

近,但在内涵和外延上有所区别。[1]

(二) 非法人组织的类型

1. 对非法人组织类型的一般规定

《民法总则》第102条第2款规定:"非法人组织包括个人独资企业、合伙企业、不具有法人资格的专业服务机构等。"《中华人民共和国个人独资企业法》第2条规定:"本法所称个人独资企业,是指依照本法在中国境内设立,由一个自然人投资,财产为投资人个人所有,投资人以其个人财产对企业债务承担无限责任的经营实体。"《合伙企业法》第2条规定:"本法所称合伙企业,是指自然人、法人和其他组织依照本法在中国境内设立的普通合伙企业和有限合伙企业。普通合伙企业由普通合伙人组成,合伙人对合伙企业债务承担无限连带责任。本法对普通合伙人承担责任的形式有特别规定的,从其规定。有限合伙企业由普通合伙人和有限合伙人组成,普通合伙人对合伙企业债务承担无限连带责任,有限合伙人以其认缴的出资额为限对合伙企业债务承担责任。"根据《中华人民共和国中外合作经营企业法》成立的企业,分为法人型和合伙型两种,合伙型的中外合作经营企业,是非法人组织。

不具有法人资格的专业服务机构包括律师事务所、会计事务所、破产清算事务所等。随着社会专业化分工的深入,专业

---

[1]《民事诉讼法》第48条第1款规定:"公民、法人和其他组织可以作为民事诉讼的当事人。"《民事诉讼法解释》第52条规定:"民事诉讼法第四十八条规定的其他组织是指合法成立、有一定的组织机构和财产,但又不具备法人资格的组织,包括:(一)依法登记领取营业执照的个人独资企业;(二)依法登记领取营业执照的合伙企业;(三)依法登记领取我国营业执照的中外合作经营企业、外资企业;(四)依法成立的社会团体的分支机构、代表机构;(五)依法设立并领取营业执照的法人的分支机构;(六)依法设立并领取营业执照的商业银行、政策性银行和非银行金融机构的分支机构;(七)经依法登记领取营业执照的乡镇企业、街道企业;(八)其他符合本条规定条件的组织。"

化的非法人组织会越来越多。

2. 非法人组织与法人分支机构的区别

《民法总则》对非法人组织用专章（第四章）予以规定。在第三章（法人）第一节（一般规定）第74条规定了法人分支机构："法人可以依法设立分支机构。法律、行政法规规定分支机构应当登记的，依照其规定。分支机构以自己的名义从事民事活动，产生的民事责任由法人承担；也可以先以该分支机构管理的财产承担，不足以承担的，由法人承担。"

有学者认为："法人的分支机构实际上包括两种：一类是可以有自己的财产，已经办理登记，并且能够以自己的名义对外活动的组织，如一些商业银行的分支机构。另一类则是不能以自己的名义对外活动的组织。前者符合非法人组织的特征，应当属于我国《民法总则》所规定的非法人组织，而后者不应当属于民法意义上的非法人组织。"[1] 非法人组织与法人的分支机构外表很相像，但从《民法总则》的规定来看，他们是有区别的。比如，分公司不是非法人组织，商业银行的分支机构就是分公司。

非法人组织与法人的分支机构，有以下区别：

（1）非法人组织的设立人或出资人可以是自然人；分支机构的设立人不能为自然人。

（2）非法人组织尽管没有法人资格，但它是独立的组织体，有权利能力和行为能力；法人的分支机构是法人的组成部分，故而没有自己的权利能力和行为能力。像商业银行（本公司）的分支机构（分公司）虽然能够以自己的名义（分公司的名义）对外成立合同，但这只是来源于商业银行（本公司）的授

---

[1] 王利明：《民法总则》，中国人民大学出版社2017年版，第224页。

权,并不是行使自己的权利。

(3) 非法人组织的出资人或设立人承担无限责任或无限连带责任;分支机构的设立人或出资人不能与分支机构构成连带责任。

(4) 非法人组织解散的,应当依法进行清算;分支机构解散的,不需要清算。

(5) 有的非法人组织可以破产;分支机构不能破产。

问:①甲公司向乙公司借款,甲公司的丙分公司将动产交付给乙公司,提供质押担保。乙公司的质权是否成立?②总公司(本公司)能否为分公司提供保证担保?③合伙人能否为合伙企业的债务提供抵押担保、保证担保?④出资人能否为其设立的个人独资企业提供保证担保?

答:前两问是问法人与其分支机构;后两问是问投资人、合伙人与非法人组织。①乙公司的质权成立,因为质物是甲公司的责任财产。②总公司(本公司)不能为分公司提供保证担保,因为总公司与分公司的财产不是两个主体的财产。③合伙人能为合伙企业的债务提供抵押担保、保证担保,因为合伙人的财产与合伙企业的财产互相有独立性。④出资人不能为其设立的个人独资企业提供保证担保,因为个人独资企业的财产,就是出资人的财产。

二、对非法人组织的基本规定

(一) 非法人组织的设立

《民法总则》第 103 条规定:"非法人组织应当依照法律的规定登记。设立非法人组织,法律、行政法规规定须经有关机关批准的,依照其规定。"非法人组织是营利组织或是具有营利性的组织,须经过登记,有的须经批准并经登记。例如,《律师法》第18条规定:"设立律师事务所,应当向设区的市级或者直辖市的区人民政府司法行政部门提出申请,受理申请的部门应当自受理之日起二十日内予以审查,并将审查意见和全部申请材料报送省、自治区、直辖市人民政府司法行政部门。省、自治区、直辖市人民政府司法行政部门应当自收到报送材料之日起十日内予以审核,作出是否准予设立的决定。准予设立的,向申请人颁发律师事务所执业证书;不准予设立的,向申请人书面说明理由。"

非法人组织登记是非法人组织的公示方法,相对人欲了解非法人组织的情况,可以查询登记。

(二) 非法人组织出资人、设立人的无限责任

《民法总则》第104条规定:"非法人组织的财产不足以清偿债务的,其出资人或者设立人承担无限责任。法律另有规定的,依照其规定。"条文规定的是"无限责任",不是"无限连带责任"。无限连带责任是无限责任的一种。

无限责任,是民事主体以自己全部财产,作为清偿债务的责任财产。有的非法人组织,投资人承担无限责任,个人独资企业投资人以其个人财产对企业债务承担无限责任。有的非法人组织,出资人承担无限连带责任。《合法企业法》第38条规定:"合伙企业对其债务,应先以其全部财产进行清偿。"第39条规定:"合伙企业不能清偿到期债务的,合伙人承担无限连带责任。"合伙人的责任,与合伙企业的责任,有顺序关系。

(三) 非法人组织的代表人

《民法总则》第105条规定:"非法人组织可以确定一人或者数人代表该组织从事民事活动。"代表人的职务行为,即非法人组织的行为。

我国法人的法定代表人是单一制的，即一个法人只有一个法定代表人，由自然人充任。非法人组织的代表人可以是单一制，也可以是多数制，由一个或者数个自然人充任。非法人组织的代表人可以通过章程或者协议确定。

代表人越权代表的，可以构成表见代表。

（四）非法人组织的解散事由

《民法总则》第106条规定："有下列情形之一的，非法人组织解散：（一）章程规定的存续期间届满或者章程规定的其他解散事由出现；（二）出资人或者设立人决定解散；（三）法律规定的其他情形。"非法人组织的解散与法人的解散一样，分为主动解散和强制解散。本条规定的前两种解散事由属于主动解散。主动解散也称为自行解散，是非法人组织（设立人、出资人）决定解散。例如，某合伙企业的合伙人认为前景黯淡，可以决定解散合伙企业。强制解散是公力机关决定解散非法人组织，比如，非法人组织被吊销营业执照、责令撤销或者被撤销。强制解散的决定下达后，非法人组织应当清算，在清算以后办理注销登记，非法人组织才终止。

（五）非法人组织的清算

"非法人组织解散的，应当依法进行清算"（民总107条）。清算是清理、了结业务及债权债务关系的活动。清算是非法人组织解散的必经程序。

（六）非法人组织的法律适用

民法允许参照适用最相类似的规定。《民法总则》第108条规定："非法人组织除适用本章规定外，参照适用本法第三章第一节的有关规定。"《民法总则》第三章第一节是对法人的一般规定。

问：甲律师事务所与乙律师事务所合并为丙律师事务所。

甲所对当事人的代理费债权，乙所欠写字楼的租赁费债务，如何认定承受主体？

答：《民法总则》第67条第1款规定："法人合并的，其权利和义务由合并后的法人享有和承担。"律师事务所是非法人组织，[1]参照此规定，甲的代理费债权和乙的租赁费债务，由丙享有和承担。此处是参照适用。

---

[1] 目前已有公司制律师事务所，未注明公司的，均为非法人组织。

第四部分 民事权利

专题十二 民事权利概述

引言

任何权利都处在法律关系之中,对权利的分析,就是对法律关系的分析。无论做诉讼案件还是做非讼案件,都要首先发现、明确当事人的权利。

区分权利的类型,有利于对权利性质的准确把握。

权利有时是隐形的,发现当事人的形成权,是律师不可或缺的基本功。

一、民事权利的含义

(一)民事权利的含义

所谓民事权利,是指法律之力所保护的明文规定的、固定化、类型化的民事利益。法律保护的民事利益,是民事法益。法益中明文规定的、固定化、类型化的那一部分,为权利;未固定化、类型化的那一部分,是权利外法益,习惯上简称为法益。

权利外利益,也受法律保护。例如,无权占有人的占有,是一种利益,是公法法益,也是私法(民法)法益。

民事权利对应民事义务。权利可以放弃，义务不能放弃。可以为他人设定权利，不能为他人设定义务。

(二) 民事权利与法律关系

法律上所有的权利都处在合法状态，而不能处在非法状态。"非法权利"的说法是不正确的。

任何法律关系都处在合法状态。任何权利都在法律关系之中，没有脱离法律关系的权利。权利和义务都是对应存在的，故任何义务都在法律关系之中，没有脱离法律关系的义务。

问： 无效合同，是无效法律关系吗？

答： 不存在无效的法律关系。不能说无效合同是无效法律关系，只能说无效合同是无效法律行为，或者说无效合同是无效双方法律行为。

无效合同是否认当事人之间成立了他们追求的法律关系。甲伪造特许经营的文件与乙签订了买卖合同，乙向甲交付了100万元。买卖合同是意定法律关系，本案买卖合同无效，是指甲、乙之间不能建立起他们追求的买卖法律关系。但是，甲对乙构成侵权责任和不当得利责任，即双方之间成立了法定法律关系。合同无效，自然也就不能依合同产生权利。乙追究甲的责任，是法定权利。

(三) 权利的分类

按权利的标的，区分为人身权和财产权两大类。民事主体所享有的一切民事权利，都可以概括在财产权和人身权之中。

按有无特定的相对人，区分为绝对权和相对权。

按权利的内容，可以区分为支配权、请求权、抗辩权、绝对权、相对权、形成权等。

按权利的效力，可以区分为拒绝侵犯的权利（绝对权）、请求给付的权利（物权请求权、债权请求权等）、拒绝给付的权利（抗辩权、留置权）、权能式权利（处分权、形成权等）、资格式权利（监护权等）。

二、权利的保护、行使与取得

（一）财产权利受平等保护的原则

《民法总则》第113条规定："民事主体的财产权利受法律平等保护。"这是民法财产领域的一个基本原则，与民法的基本原则不属于同一位阶。

不同所有制主体、不同的民族、不同国籍的人等，受我国法律管辖的，财产权利受平等保护。

问："国有单位"签订的合同，代表国家利益吗？

答："国有单位"不是严格的法律概念。在民事活动中，"国有单位"不能代表国家利益，而只有作为民事主体的利益。例如，甲公司与乙国有企业签订了承揽合同，与丙国家机关签订了买卖合同，与丁公司签订了租赁合同。三份合同，甲均违约，乙、丙起诉，请求追究甲侵害国家利益的责任。乙、丙的利益，不等同于国家利益，也不能代表国家利益，与丁的利益相同，都是平等民事主体的利益，本案不存在侵害国家利益的问题。"国有单位"作为民事主体，其财产权利受平等保护。

（二）对弱势群体的特殊保护

民法为实现实质公平，对弱势群体进行特殊保护。《民法总则》第128条规定："法律对未成年人、老年人、残疾人、妇女、消费者等的民事权利保护有特别规定的，依照其规定。"

我国颁布并实施的保护弱势群体的法律有：《中华人民共和国未成年人保护法》《中华人民共和国老年人权益保障法》《中

华人民共和国残疾人保障法》《中华人民共和国妇女权益保障法》《中华人民共和国消费者权益保护法》。

（三）民事权利行使的原则

民事权利行使的原则，是民事权利行使的指导性原则，与民法的基本原则不属于同一位阶。

1. 权利行使的自愿原则

《民法总则》第130条规定："民事主体按照自己的意愿依法行使民事权利，不受干涉。"权利行使的自愿原则，是民法自愿原则的要求和贯彻，是自愿原则的下位原则。

2. 权利义务相一致原则

《民法总则》第131条规定："民事主体行使权利时，应当履行法律规定的和当事人约定的义务。"权利义务相一致原则，是民法公平原则、诚实信用原则的要求和贯彻。

3. 禁止权利滥用原则

《民法总则》第132条规定："民事主体不得滥用民事权利损害国家利益、社会公共利益或者他人合法权益。"禁止权利滥用原则，是民法诚实信用原则的要求和贯彻，是从诚实信用原则派生出来的下位原则。

权利的滥用，是指权利的行使损害了他人的权利和社会利益。禁止权利滥用的基本思想，是要求当事人正确地运用权利。

禁止权利滥用原则，说明权利的运用不是无限制的，权利是有边界的。权利滥用比较典型的表现，是以损害他人为目的行使权利。

◎ 权利的滥用可以构成侵权行为

李某经批准做起托气球的小生意，托气球的小朋友经常把气球托到张某房屋的墙上。虽对房屋无损，张某出于忌妒心，在墙上嵌上碎玻璃，致托到墙上的气球毁损。

解：尽管张某对房屋享有所有权，但仍构成侵权。其滥用所有权，违反了禁止权利滥用原则。

（四）民事权利的取得

1. 取得民事权利的法律事实

《民法总则》第129条规定："民事权利可以依据民事法律行为、事实行为、法律规定的事件或者法律规定的其他方式取得。"本条规定了取得民事权利的法律事实。任何权利都存在于法律关系之中，故取得权利的法律事实，也是形成法律关系的法律事实。

（1）民事权利可以依据民事法律行为取得。

比如，出卖人甲与买受人乙就一台电脑订立买卖合同（成立双方法律行为），甲取得请求移转该电脑所有权的债权。再如，某有限责任公司的股东甲将自己的股份转让给乙，双方签订股权转让合同的双方法律行为，使甲的股权移转给乙，双方未到市场监督管理部门办理登记，不影响这种转移。

（2）民事权利可以依据事实行为取得。

比如，《物权法》第30条规定："因合法建造、拆除房屋等事实行为设立或者消灭物权的，自事实行为成就时发生效力。"条文中的"等"，包括先占、添附等。事实行为分为合法的事实行为与违法的事实行为，它们都可以使物权消灭，有时违法的事实行为也能够使新的物权发生，如违法行为导致的添附，违法行为人仍可取得合成物（新的物）。

问：甲4月1日盖好了一套房屋，6月1日办理了初始登记（入户登记），他何时取得所有权？

答：甲4月1日因合法的事实行为取得所有权。6月1日的登记并没有物权变动的效果。

(3) 民事权利可以依据事件取得。

例如，因继承、受遗赠取得的物权和其他财产权，是因事件引起的财产权变动。《物权法》第 29 条规定："因继承或者受遗赠取得物权的，自继承或者受遗赠开始时发生效力。"条文中"开始时"，即被继承人死亡时。物权以外其他财产权的取得，也在被继承人死亡时。例如，某人对银行有存款债权，其死亡时，转给其继承人。

在被继承人、遗赠人死亡时，对其遗产，继承人、受遗赠人对遗产是既得权；还未去世时，法定继承人、遗嘱继承人和受遗赠人享有的只是期待权。例如，张三猝死，亲属整理其衣物时，发现他立有一份遗嘱，言明将一架钢琴遗赠给邻居李四。李四听到这个消息，狂喜之下，心脏病发作，追随张三而去。依据《物权法》第 29 条，李四对这架钢琴是既得权，即他已经是这架钢琴的所有权人了。李四的儿子李五对这架钢琴为法定继承，也是既得权。本案不是转继承，转继承是两个法定继承。

(4) 民事权利可以依据法律规定的其他方式取得。

比如，可以依据判决（公法行为）取得。《物权法》第 28 条规定："因人民法院、仲裁委员会的法律文书或者人民政府的征收决定等，导致物权设立、变更、转让或者消灭的，自法律文书或者人民政府的征收决定等生效时发生效力。"

2. 民事权利原始取得和继受取得

民事权利分原始取得和继受取得。原始取得是第一手取得或直接依据法律规定取得，继受取得是基于他人的给付取得。例如，造币公司生产出来的货币（有体物），国家是原始取得，投入流通后，取得人都是继受取得。

问：不动产的首次登记和过户登记，效力有何不同？

答：甲盖好一所房屋，原始取得房屋所有权，其后办理的登记称为"首次登记",首次登记并不导致取得所有权。甲办理首次登记之后卖给乙,给乙办理过户登记手续之后,乙继受取得该所房屋的所有权,过户登记手续是俗称,是《不动产登记暂行条例》第3条中所说的"转移登记"。过户登记是乙取得所有权的法律事实。

继受取得可以再分类。"权利人就自己享有之权利,抽出其一种或者数种权能,让与于取得人者,此项取得,谓之创设取得。"[1] 例如,甲向乙借款,将自己的照相机交给乙作为质物。乙的质权由于甲的给付产生,是继受取得,又由于甲并未将照相机的所有权转移给乙,而只是处分了"占有权能"和"处分权能",故乙的质权是继受创设取得。处分了"占有权能",是指甲将占有的权能移转给乙,使乙有了占有的本权。处分了"处分权能",是指甲到期不履行债务,乙根据甲的授权,可以出卖质物,就价金优先受偿。

与继受创设取得相对应,权利人将权利整体转移给受让人的,称为继受传来取得,如因买卖、赠与而取得财产权利,为继受传来取得,也可以简称为传来取得。

民事权利的取得 { 原始取得; 继受取得 { 继受传来取得; 继受创设取得 }}

三、按权利内容区分的各类权利

(一) 支配权

支配权是直接支配权利标的的权利。支配权的行使无须他

---

[1] 梅仲协:《民法要义》,中国政法大学出版社1998年版,第42页。

人的行为的介入或配合，他人只要不干预即可。例如，物权的行使就不需要他人的配合。物权是典型的支配权。人身权、物权、知识产权都是支配权。

（二）请求权与抗辩权

1. 请求权

请求权是要求他人为一定行为（作为和不作为）的权利。债权是请求权。在债权债务法律关系中，请求权是债权人的权利，债权作为请求权，需要借助债务人的特定行为才能实现。物权也可以产生请求权，如张某的汽车被李某侵夺占有，张某有占有返还请求权（物权请求权）。

2. 抗辩权

（1）抗辩权概述。

与请求权相对应的是抗辩权。抗辩权是义务人在权利人请求给付时，拒绝履行给付义务的权利。常见、常用的抗辩权有履行抗辩权（同时履行抗辩权、先履行抗辩权、不安抗辩权）、诉讼时效抗辩权、占有抗辩权等。

问：什么是占有抗辩权？

答：占有抗辩权是拒绝交付占有的权利。最简单的例子是：甲将房屋出租给乙一年，在乙占有使用 6 个月的时候，甲请求回复占有（返还对房屋的占有），甲的请求权虽然存在，但乙有权拒绝交还房屋的占有。乙的这种拒绝权就是占有抗辩权。

抗辩权分为永久抗辩权和一时抗辩权。永久抗辩权，是在相对人请求给付时，永久拒绝履行的权利。如《民法总则》第 192 条规定的诉讼时效抗辩权，是永久抗辩权。

抗辩权与请求权是同时存在的，是矛盾的统一体，抗辩权只是"阻却"了请求之效力。永久抗辩权虽然具有永久阻却相对人请求权的效力，但是并不消灭请求权。一时抗辩权，是在相对人请求给付时，暂时拒绝履行的权利。如《合同法》第66、67、68、69条规定的履行抗辩权及《担保法》第17条规定的先诉抗辩权，是一时抗辩权。抗辩权是实体权利，权利人以通知方式主张权利时，义务人可以主张抗辩权，权利人作为原告提起民事诉讼时，义务人作为被告亦可主张。在民事诉讼中主张，可阻止原告胜诉。

王泽鉴教授在谈到同时履行抗辩权时指出："同时履行抗辩属于所谓一时抗辩权，被告必须主张，法院始得追究，从而在被告缺席之情形，法院仍应为被告败诉之判决。"[1] 在民事诉讼中，不管是一时的抗辩，还是永久的抗辩，被告均须予以主张，或者在答辩书中主张，或者在开庭时候当面主张。

（2）抗辩权与抗辩。

在民事诉讼中，抗辩与行使抗辩权是不同的。主张抗辩权，是抗辩的一种。抗辩是被告针对原告的请求，提出对抗的理由。被告不一定有抗辩权，单纯的反驳，即足以构成抗辩。

问： 甲起诉乙，要求乙按合同约定支付违约金，乙则主张合同无效，乙是主张抗辩权吗？

答： 乙的主张是权利不成立的抗辩，虽属抗辩行为，但不是主张抗辩权。因为，在合同无效的前提下，甲没有请求权，抗辩权是与请求权共生的，甲没有请求权，乙就没有抗辩权。

问： 原告起诉被告，请求归还借款，双方没有书面合同，被告表示无义务。作为被告可能从哪些方面提出抗辩？

答： 从哪些方面提出抗辩，抗辩能否成立，要根据事实，同

---

[1] 参见王泽鉴：《民法学说与判例研究（6）》，中国政法大学出版社1998年版，第140页。

时还要了解证明责任的归属。

（1）一般说来，原告起诉被告请求归还借款，原告要证明两个法律事实，一是证明双方成立了借贷法律关系，二是证明已经将借款交付（或转账等）给了被告。证明前两项事实后，被告若主张诉讼时效抗辩权，原告还要证明没有超过诉讼时效。

（2）相应地，被告可能会有三个抗辩理由供选择：第一个是反驳，"我与原告没有借贷关系"。第二个是"原告没有把钱交给我"，这也是反驳。两个反驳可以合并："我没有借过钱"。反驳不需要举证。如果说："我借过，但是还了"，则就成立借贷法律关系及就取得了借款，被告构成自认，原告自不必再举证。第三个，若成立借贷关系的事实及已经将借款交给借款人的事实已经认定，则被告可以行使诉讼时效抗辩权；被告不能证明原告的不作为（不主张债权的消极事实），此种情况下，原告要举证证明诉讼时效没有超过。

问：在民事诉讼中，被告主张抗辩权，要提起反诉吗？

答：行使抗辩权无须也不应提起反诉，因为被告并无诉讼请求。

问：在民事诉讼中，被告以合同无效进行抗辩，应否提起反诉？

答：（1）主张合同无效本身，不用提起反诉。合同无效是绝对无效，即使当事人不提出合同效力问题，法院也应主动审查。请求合同无效，也没有改变既有的法律关系。

（2）主张合同无效，同时追究对方民事责任（侵权责任、返还不当得利责任等）的，应提起反诉。在技术上，也可以分两步走，即先主张无效，待法院判决无效后，重新提一个给付之诉。认定合同无效的判决，有既判力。

问：在民事诉讼中，被告以要求解除或变更合同为由进行抗辩，应否提起反诉？

答：要求解除或变更合同，是要求消灭或改变既有的法律关系，应当提起反诉。《买卖合同解释》第44条规定："出卖人履行交付义务后诉请买受人支付价款，买受人以出卖人违约在先为由提出异议的，人民法院应当按照下列情况分别处理：（一）买受人拒绝支付违约金、拒绝赔偿损失或者主张出卖人应当采取减少价款等补救措施的，属于提出抗辩；（二）买受人主张出卖人应支付违约金、赔偿损失或者要求解除合同的，应当提起反诉。"第45条规定："法律或者行政法规对债权转让、股权转让等权利转让合同有规定的，依照其规定；没有规定的，人民法院可以根据合同法第一百二十四条和第一百七十四条的规定，参照适用买卖合同的有关规定。权利转让或者其他有偿合同参照适用买卖合同的有关规定的，人民法院应当首先引用合同法第一百七十四条的规定，再引用买卖合同的有关规定。"据此，其他有偿合同可以适用上述对买卖合同的规定。

问：在民事诉讼中，被告以己方的意思表示有瑕疵进行抗辩，应否提起反诉？

答：对意思表示有瑕疵的民事法律行为，《民法总则》规定为可撤销，包括基于重大误解实施的法律行为，因欺诈、胁迫实施的法律行为，自始显失公平的行为（见第147、148、149、150、151条）。可撤销是"有效但可撤销"，撤销以后，民事法律行为自始无效。以意思表示有瑕疵对原告的请求进行抗辩，须提起反诉，如果不提起反诉，只作为一个抗辩理由，在逻辑上，法院是不应采纳的。比如，被告提出合同是因欺诈订立的，但不请求撤销合同，则合同为有效合同，应当作为裁判的依据。

(三)绝对权与相对权

1. 绝对权

绝对权是指权利人不借助义务人的积极行为就可以自行实现的权利。义务人只要不作为、不侵犯,权利就可实现。绝对权包含防止他人侵害的意义。绝对权的义务主体是不特定的任何人,因此绝对权又称为对世权。绝对权被侵犯时,可产生相对权、产生特定义务人。比如,张甲的手机被李乙抢走(侵夺占有),张甲成立请求返还原物占有的物权请求权(相对权),李乙为返还原物占有的特定义务人。

2. 相对权

相对权是指权利人须依靠特定义务人的行为才能实现的权利。如债权的实现必须依靠债务人的给付,债权是典型的相对权。相对权的义务主体是特定的,因此又称为对人权。

人身权包括人格权和身份权,人格权是绝对权,身份权存在于相对法律关系之中,是相对权,同时身份权也是绝对权,任何人不得侵犯。

物权是绝对权,物权请求权是相对权,债权是相对权。

(四)主权利与从权利

(1)作为从权利基础和前提的权利是主权利,以主权利为基础和前提的权利为从权利。一般认为,主权利是能够独立存在的权利,从权利依附于主权利,是不能独立存在的权利。实际上,主、从关系是相伴而生的,有主才有从,反之亦然。

问:甲借给乙1万元,一个月后,丙向甲出具了担保函,承诺担保这笔债务的履行。乙尚未归还欠款,甲、丙又协商一致解除了担保关系。他们之间的主从关系是怎样的?

答:①甲借给乙1万元,这个债权债务关系,是独立存在的,不能称为主债权。②一个月后第三人丙向债权人甲出具了担保函，丙提供的是保证担保，主从关系产生，借款合同的债权是主债权、保证合同的债权是从债权。③甲和第三人丙协商解除了从合同（保证合同），借款合同的债权依然独立存在，但没有从债权的衬托，借款合同的债权就不能称为主债权了。

（2）主债权移转的，从权利随同移转。例如，甲对乙有50万元的主债权，对第三人丙有该主债权的保证债权（从债权），甲将主债权转让给丁，但就从债权是否随同移转未作约定，则保证债权依法随同主债权转让给丁。

问：有的人说，甲的一匹赛马卖给乙，赛马的马鞍是从物，马鞍的从物权随同赛马的主物权转移给乙。这种说法有无问题？

答：赛马是一个所有权，马鞍是一个所有权。有多少从物，就有多少个从物的所有权。《物权法》第115条规定："主物转让的，从物随主物转让，但当事人另有约定的除外。"虽然从物随同主物转让，但从物的所有权与主物的所有权是平行的，不宜把主物的所有权称为主物权、从物的所有权称为从物权。抵押权、质权等他物权、担保物权才是从物权，从物权的主权利是债权。上述说法不准确。

（3）从权利的性质也可与主权利的性质不同。比如，甲借给乙10万元，乙将自己的收割机抵押给了甲。甲对乙有10万元的主债权，还有一个从权利（担保物权中的抵押权）。

（五）原权利与救济权

原权利也称为原权。这里所说的原权利，是相对于救济权而言的。原权利包括法定和意定两种。

救济权是指权利人因原权利被侵害而产生的请求法律保护的权利。从侵害人的角度看，是承担责任，从权利人的角度看，要求侵害人承担责任,就是行使救济权。救济权体现了法律的强制性。例如,甲乙签订了买卖合同,约定出卖人甲在一个月内交付10台磨床,甲到期不交付。买受人乙依据合同请求一个月内交付货物的债权,是原权利,请求法院强制执行的权利,是救济权。请求权都存在于相对法律关系之中,这两个权利,实际是两个相对法律关系中的权利。

(六)专属权与非专属权

这是以权利有无移转性所作的分类。专属权,是指专属于权利人本身,不得移转于他人的权利。如人格权、身份权是专属权,该种权利与特定的主体不能分离,即不得转让、继承等。非专属权是可以移转的权利,财产权(如物权、债权、股权等)可以转让、继承等。

(七)既得权与期待权

既得权是已经成立的权利。如甲方(出租人)与乙方(承租人)签订了房屋租赁合同,尽管甲方尚未将房屋交给乙方,但乙方的权利(债权)仍然是既得权,甲方到期不交付房屋构成违约行为。

期待权是因法律要件不具备,当事人追求的终极利益可能实现,也可能不实现的权利。当事人追求的终极利益,是一种可能性。例如,附条件的法律行为,当事人享有的就是最典型的期待权。

例如,甲与乙签订合同,约定甲将自己坐落在某区某街某号的房屋卖给乙。合同签订后、过户登记前,买受人乙的合同债权是既得权,对甲之房屋的物权,是期待权。

(八)形成权

1. 形成权的含义

形成权是依照权利人单方的行为(意思表示)而使法律关

系发生变动（产生、变更、终止）的权利。或者说，形成权是形成法律关系的权利。形成权都处在相对法律关系之中。行使形成权，要通知相对人，但并不借助于相对人的意思表示，相对人不同意，不影响形成权行使所发生的效力。

形成权可用除斥期间予以限制。比如，因重大误解成立的民事行为，当事人自知道或者应当知道撤销事由之日起3个月内没有行使撤销权的，撤销权消灭。该"3个月"就是除斥期间。

民法规定形成权，一是为方便当事人；二是为提高效率；三是为节约司法资源。当然，形成权不能太多、太滥，否则会危及交易安全。

（1）形成权不同于支配权。支配权是支配物等客体的权利。形成权是形成法律关系的权限。

（2）形成权不同于请求权。请求权是请求相对人为特定的行为，形成权本身只是一个权限（一种可能性），形成权存在本身，不能请求他人为一定行为。形成权行使后，依据形成的法律关系，可以产生债权请求权或物权请求权，但这种请求权已经不是形成权本身的内容。例如，甲因乙的欺诈签订了买卖合同，甲依合同交付了货款，甲、乙之间的债，是合同之债（属意定之债）；甲行使撤销权后，合同之债消灭，当事人之间形成了法定之债。甲可以请求乙返还财产等，即撤销以后，甲又成立了请求权。

（3）形成权不同于抗辩权。抗辩权是相对法律关系中义务人对抗权利人请求权的行为，行为方式是暂时停止履行义务（保留自己的给付）。形成权并不针对请求权，行为方式是单方为意思表示。

2. 形成权的分类

（1）简单形成权和形成诉权。

简单形成权（也称为单纯形成权），行使人将意思通知相对人即可产生效力（形成法律关系）。

形成诉权，是须经法院判决认可才能形成法律关系的形成权。法律将利害关系重大者规定为形成诉权，如《民法总则》第147条至第151条规定的法律行为撤销权是形成诉权，须经过法院判决或者仲裁机关裁决。再如《婚姻法》规定的离婚权也是形成诉权（结婚是民法上的双方法律行为）。

问： 在民事诉讼中，行使形成权的"诉"属于哪一类？

答： 行使形成权的"诉"，是形成之诉，例如，行使债权人撤销权、合同解除权的诉，是形成之诉。法院作出的相应判决是形成判决。

问： 判决解除合同是形成判决吗？

答： 合同解除可以分为合意解除和单方解除。①合意解除是以第二个合同解除第一个合同，第二个合同同样经过要约与承诺的程序，原告请求判决解除成立的，是确认之诉。②单方解除，即一方当事人依法定或约定的解除权，通知相对人解除合同，这种解除权是法定或意定形成权。解除之后起诉到法院，请求确认解除的效力，为确认之诉。③享有单方解除权的一方未通知对方解除，而提起诉讼（形成之诉），请求法院判决解除，法院作出的解除合同的判决为形成判决。

（2）法定形成权和意定形成权。

法定形成权是法律直接规定的形成权。如《合同法》第18条规定的要约撤销权，第47条规定的追认权，第94条规定的解除权，第99条规定的抵销权，第111条、第116条和第167条规定的选择权，第186条第1款规定的赠与任意撤销权，第230条规定的房屋承租人的优先购买权等。

意定形成权是当事人设定的形成权。意定形成权中的

"意",是指当事人的意思表示,"定"是指确定。如《合同法》第 93 条第 2 款规定:"当事人可以约定一方解除合同的条件。解除合同的条件成就时,解除权人可以解除合同。"这里,解除权人的解除权,为意定(合意确定)的形成权。

问:《合同法》第 167 条规定:"分期付款的买受人未支付到期价款的金额达到全部价款的五分之一的,出卖人可以要求买受人支付全部价款或者解除合同。出卖人解除合同的,可以向买受人要求支付该标的物的使用费。"甲公司和乙公司在分期付款买卖合同中特约:"买受人未支付到期价款的金额达到全部价款的 1/6 的,出卖人甲有权解除合同。"约定有效吗?

答: 约定有效。甲公司的解除权是简单形成权、意定形成权。

(3) 发生形成权、变更形成权、消灭形成权。

发生形成权,是指行使效果为发生法律关系的形成权,如受要约人的承诺权是发生形成权。

变更形成权,是指行使效果为变更既有法律关系的形成权,如合同单方变更权是变更形成权。

消灭形成权,是指消灭既有法律关系的形成权,如赠与人的法定任意撤销权和法定事由撤销权、债权人的抵销权是消灭形成权。

问: 抛弃动产、单方免除债务,是行使消灭形成权吗?

答: 形成权都处在相对法律关系之中,须向相对人行使。动产的抛弃虽然消灭了动产所有权,但不是行使形成权的行为。债权人免除相对人债务虽然减少了自己的财产,但仍是行使形成权的行为。

（4）财产性形成权、身份性形成权。

财产性形成权，是指该形成权的行使，形成财产法律关系，如合同法中的形成权是财产性形成权。

身份性形成权，是指该形成权的行使，形成身份法律关系，如离婚权（形成诉权）的行使，意在消灭婚姻法律关系。

3. 形成权的特点

（1）按一方意志就可以形成法律关系。

（2）行使形成权的行为是单方法律行为。

（3）行使形成权的行为不得撤销。

（4）行使形成权不得附条件和附期限。

4. 形成权的消灭

形成权是相对法律关系中的权利，不会永久存续，因法定事由或意定事由而消灭。

（1）因使用而消灭。

形成权是一次性的权利，不能反复行使，行使一次后即消灭。比如，对甲、乙之间的合同，甲享有解除权（形成权），甲通知对方解除合同，合同失去效力，合同解除权也自然消灭，合同不可能发生二次解除。

问：甲方对乙方有100万元债权，甲方通知乙方免除60万元，过了两天，甲方又通知乙方免除剩余的40万元，这不是行使两次形成权吗？

答：债务免除权是不是形成权，存在不同看法。笔者认为免除权是形成权。对100万元债权债务法律关系，甲方只有一个免除权。金钱之债是可分之债，甲可以免除60万元，剩余的40万元，是另一债权债务法律关系。在这个法律关系中，甲也只有一个免除权，不能分割成若干个免除权。

(2) 因超过期间而消灭。

比如，对可撤销的民事法律行为，因超过法定除斥期间而消灭。[1] 以意思表示确定的除斥期间，称为意定除斥期间。超过意定除斥期间，也导致形成权的消灭。

◎ 因期限届满解除权消灭，还是当事人放弃了解除权

甲、乙在买卖合同中约定，出卖人甲逾期交货20天，买受人乙有权解除合同，但双方未明确约定乙行使解除权的期间。甲交货晚了20天，乙在受领货物的一个月后通知甲解除合同，甲表示反对。乙起诉，请求确认解除的效力，并提出双方返还财产（乙返还货物，甲返还货款）的诉讼请求。法官问乙为什么不拒绝收货，乙的回答是："我方先交的货款，如果我在收货前解除合同并拒绝收货，甲若不返还货款我就没有办法了；收货以后再解除，甲方不返还货款，我就可以行使同时履行抗辩权，拒绝归还货物。"

解：法院不应支持乙的诉讼请求。《合同法》第95条第1款规定："法律规定或者当事人约定解除权行使期限，期限届满当事人不行使的，该权利消灭。"第2款规定："法律没有规定或者当事人没有约定解除权行使期限，经对方催告后在合理期限内不行使的，该权利消灭。"本案不适用上述第1款，因为甲、乙只约定了解除权（形成权）成立的条件，未约定解除权行使的期限（除斥期间）。本案也不适用上述第2款，因为收货

---

〔1〕《民法总则》第152条规定："有下列情形之一的，撤销权消灭：（一）当事人自知道或者应当知道撤销事由之日起一年内、重大误解的当事人自知道或者应当知道撤销事由之日起三个月内没有行使撤销权；（二）当事人受胁迫，自胁迫行为终止之日起一年内没有行使撤销权；（三）当事人知道撤销事由后明确表示或者以自己的行为表明放弃撤销权。当事人自民事法律行为发生之日起五年内没有行使撤销权的，撤销权消灭。"

行为是同意甲继续履行合同的意思表示,即收货行为是放弃解除权的意思表示。《民法总则》第 140 条规定:"行为人可以明示或者默示作出意思表示。"乙收货的行为,是默示中的积极行为。

专题十三　人身权

引言

人身权分为人格权和身份权。人格权是绝对权,处于绝对法律关系之中,身份权是相对权,处于相对法律关系之中,身份权同时也是绝对权,处于绝对法律关系之中。

在侵害人身权的侵权诉讼中,律师应当细化被侵犯的客体,使受害人的利益得到充分保护。

一、人身权概述

(一)人身权的概念和特征

人身权是自然人所享有的,与其人身不可分离而无直接财产内容的民事权利。

人身权具有以下特征:

(1)人身权以民事主体的人身存在为基础。人身,是指活体,"一失人身,万劫不复",即已经死亡的人丧失了权利能力,不存在享有人身权的问题。

(2)人身权不具有财产属性,是非财产性的权利。

(3)人身权是民事主体不可缺少、必须享有的权利。

(4)人身权中的人格权是绝对权,他人均为义务主体。身份权是相对权,但也有绝对权的一面(例如,配偶权是相对权,对外是绝对权)。

(5)人身权是支配权。权利人享有支配其人格利益、身份利益的排他性权利。

（6）人身权是专属权，不得抛弃、让与和继承。

（二）人身权的分类

人身权 { 人格权
         身份权

人身权分为人格权和身份权，人身权的核心是人格权。我们立于天地之间，就要有人格权。人身权以人活着为前提。人去世以后，不能作为民事主体存在。

人身权本身没有财产内容，但某些人身"要素"的利用（如肖像的使用许可、姓名的使用许可、隐私的使用许可）可以带来财产收益。

二、人格权

（一）人格权的概念

人格权是民事主体以人格利益为内容，并与人身不可分离的权利。加强对人格的保护，是民法的发展趋势。人格权分为一般人格权和具体人格权。

（二）一般人格权

1. 一般人格权的概念

一般人格权是相对于具体人格权而言的，是以民事主体全部人格利益为标的的概括性权利。"自然人的人身自由、人格尊严受法律保护"（民总 109 条）。人身自由、人格尊严、人格平等和人格独立等是一般人格权。一般人格权体现了人的一般人格利益。

一般人格权是一种母权，派生出具体人格权。在人格权被侵犯，但与具体人格权无法对号入座的情况下，可按一般人格权对权利人进行保护、救济。

2. 一般人格权的特征

（1）概括性。一般人格权是以人的全部人格利益为标的的总括性权利。

（2）普遍性。一般人格权人人皆有。

（3）抽象性。由于一般人格权的概括性和普遍性，一般人格权具有了抽象性的特点。

（4）专属性。一般人格权不得让与、继承、抛弃。如某男与某女约定，男终身不娶，女终身不嫁，属于放弃自由的行为，约定无效。

（5）开放性。随着社会的发展，一般人格权的范围将不断扩大。

（三）自然人具体人格权

具体人格权，又称为特别人格权、个别人格权，是指法律就特定的人格利益作出具体、特别规定的权利。区分具体人格权，有助于加强对人格权的保护。一个行为侵害两个以上具体人格权的，侵权人不为侵权责任的竞合，而为侵权责任的聚合。竞合是择一提出请求，聚合则成立的请求权都可以请求。

《民法总则》第110条规定："自然人享有生命权、身体权、健康权、姓名权、肖像权、名誉权、荣誉权、隐私权、婚姻自主权等权利。法人、非法人组织享有名称权、名誉权、荣誉权等权利。"

1. 生命权

生命权是以自然人生命维持和生命安全为内容的权利。生命为人格利益中最重要者。杀人为侵害生命权的行为，受托杀己（如安乐死）仍然是侵害生命权的行为。

2. 身体权

身体权是自然人对其肢体、器官及其他组织的完整性所享有的权利。身体权的内容包括身体完整维护权和身体组织及器官的支配权。偷割他人头发，偷取或暴力取他人器官，未经同意割去他人赘肉等行为是侵犯身体权的行为。

3. 健康权

健康权是自然人保持身体功能安全的权利。健康，不但包括肉体健康，还包括精神健康。如肝炎病人故意与人接吻致使他人染病、恐吓使他人精神分裂等都构成对健康权的侵犯。

4. 姓名权

姓名是个体自然人区别于其他自然人的文字符号，是代表自然人的标记。姓名与肖像一样，都是区别性人格标志，但姓名是文字标志，肖像是形象标志。

姓名权是自然人享有的决定、使用、改变自己姓名并排除他人侵害的权利。姓名包括真名、别名、笔名、艺名等，但是不包括绰号和乳名。姓名权的内容包括命名权、使用权和变更权。

通说认为，姓名权具有专用性，所谓专用性，是指自然人对自己的姓名享有的专有使用权。专有使用权不排除重名。重名也称为姓名的平行，是指两个以上的人合法取得同一姓名，比如，叫张援朝、李胜利、王跃进的就很多。

侵害姓名权的行为有干涉行为和盗用、假冒以及其他非法利用行为等。

干涉行为，包括干涉命名权、干涉使用权、干涉改名权。

盗用，是擅自使用他人姓名，假冒，即冒名顶替。其他非法利用行为有故意混同行为等。

5. 肖像权

肖像权，是自然人对自己形象再现、使用而享有的专有权。对肖像权的侵犯行为，包括歪曲、侮辱和非法利用。对肖像权的侵犯，不能仅仅限于对脸部形象的侵犯，人的外部形象都在肖像权的保护范围之内。肖像，分为着衣肖像和人体肖像，擅自利用人体肖像，除了可以构成侵犯肖像权外，还可以构成侵犯隐私权。因为，阴私是隐私的重要内容。

为公共利益制作、使用他人肖像的不构成侵权。通缉逃犯使用逃犯照片、寻人启事使用走失之人照片等均不构成侵权。

6. 名誉权

名誉权，是指自然人对自己在社会生活中获得良好的评价及人格尊严而享有的权利。名誉，是社会的评价，不是自我认识，对名誉的自我认识是名誉感。[1] 名誉权人人皆有，不能认为德高望重、出类拔萃的人才有名誉权。毫无疑问，无民事行为能力人和限制行为能力人也享有名誉权。某某人毫无名誉，只是生活中的说法。

根据《最高人民法院关于审理名誉权案件若干问题的解答》侵害名誉权责任的认定，应当注意以下几点：

（1）以书面或口头形式侮辱或者诽谤他人，损害他人名誉的，应认定为侵害他人名誉权。

（2）对未经他人同意，擅自公布他人的隐私材料或以书面、口头形式宣扬他人隐私，致他人名誉受到损害的，按照侵害他人名誉权处理。应当指出，此种情况同时侵犯了隐私权。

（3）因新闻报道严重失实，致使他人名誉受到损害的，应按照侵害他人名誉权处理。

（4）文章反映的问题虽基本属实，但有侮辱他人人格的内容，使他人名誉受到损害的，应认定为侵害他人名誉权。

---

[1] 名誉感是否受法律保护，理论界存在争议。一般认为，是否构成对名誉权的侵犯，要以社会的一般评价是否降低为准。笔者认为，名誉感受到侵害（痛苦感），是精神受到损害的表现。

（5）文章的内容基本失实，使他人名誉受到损害的，应认定为侵害他人名誉权。

（6）撰写、发表文学作品，不是以生活中特定人物为描写对象，仅是作品的情节与生活中某人的情况相似，不应认定为侵害他人名誉权。

（7）描写真人真事的文学作品，对特定人进行侮辱、诽谤或披露隐私损害其名誉的，或者虽未写明真实姓名和住址，但事实是以特定人为描写对象，文中有侮辱、诽谤或揭露隐私的内容，致使其名誉受到损害的，应认定为侵害他人名誉权。虽然没有指名道姓，但以影射方法（间接方法）贬损他人名誉，仍然可以构成对名誉权的侵害。

7. 荣誉权

荣誉是指因授予荣誉称号体现的良好社会评价。荣誉权是保持荣誉称号并保持"光荣名誉"的权利。荣誉称号有劳动模范、战斗英雄等。荣誉称号由特定的机关、单位授予。

荣誉权与名誉权的关系是：

（1）荣誉权、名誉权都是人格权。

（2）荣誉权具有专属性，而名誉权是人人得享有的权利，具有普遍性。

（3）荣誉权往往表现为荣誉称号，名誉权无须借助某种"称号"来表现。

（4）荣誉与名誉都是一种评价。荣誉的取得往往经过一定的程序，如"五一劳动奖章"要经过评比，而名誉并不需要经过什么程序，是自然产生的。

（5）要件内容不同。荣誉是一种特殊表彰，特殊评价，名誉则是一种基本评价。

（6）消灭不同。荣誉称号可以被剥夺，名誉权则无法被剥夺。

（7）荣誉是授予的特殊名誉，所以侵犯荣誉权，同时也会构成对名誉的侵犯。

8. 隐私权

隐私，是自然人不愿他人知悉的个人秘密。阴私，是隐私的一种。隐私，不限于男女私生活。隐私权，是自然人保守个人秘密的权利。隐私的范围包括隐私信息、隐私活动和隐私空间。受法律保护的隐私的具体范围，要受社会一般意识、民族意识和个人意识的影响。

侵犯隐私权的情形在生活中多有发生：有人在高楼上用高倍望远镜窥视他人房间，有的旅馆在房间安装针孔摄像机，有人私拆他人信件、偷看他人日记。接受捐赠的事实，也可以作为隐私来保护。

公开他人私生活，是侵犯隐私权的一种表现。但侵犯隐私权，不以公开隐私为必要。

◎ 当事人可以处分自己的隐私

张女向李记者谈了自己作为性工作者的经历，同意李记者将谈话录音在媒体上发表，李记者给了张女一些费用。一小时后，张女给李记者打电话，坚决不同意发表谈话录音，要求李记者不要暴露其隐私。

解：张女对自己的隐私有处分权，即便成立了合同，张女也有权单方解除。张女的反悔，应解释为解除合同的意思表示。李记者不得发表谈话录音，不得暴露张女的隐私。

为公众所关心、瞩目的政治家、演员、歌星、体育明星等，在学理上认为他们已经抛弃了一定范围的隐私权。也就是说，个人私生活与公众知情权发生冲突的时候，冲突部分，公众人物不享有隐私权。

侵犯隐私权，可以同时构成侵害名誉权。生活中有人通过披露他人隐私的方法损害其名誉权。侵犯隐私权与侵犯名誉权不同。隐私是一种事实，是当事人不愿公之于众的事实，而侵犯名誉却是无中生有、造谣生事。侵害名誉权，使受害人的社会评价降低；即使受害人的社会评价没有降低，仍然可以成立侵害隐私权。

9. 婚姻自主权

婚姻自主权是自然人结婚自由、离婚自由的权利。《婚姻法》第2条第1款规定："实行婚姻自由、一夫一妻、男女平等的婚姻制度。"第3条第1款规定："禁止包办、买卖婚姻和其他干涉婚姻自由的行为。禁止借婚姻索取财物。"婚姻自由，是我国婚姻制度的一项内容，也是自然人的一项具体人格权。

10. 关于对个人信息的法律保护

我国《网络安全法》第76条第5项规定："个人信息，是指以电子或者其他方式记录的能够单独或者与其他信息结合识别自然人个人身份的各种信息，包括但不限于自然人的姓名、出生日期、身份证件号码、个人生物识别信息、住址、电话号码等。"《民法总则》第111条规定："自然人的个人信息受法律保护。任何组织和个人需要获取他人个人信息的，应当依法取得并确保信息安全，不得非法收集、使用、加工、传输他人个人信息，不得非法买卖、提供或者公开他人个人信息。"本条规定了对个人信息的保护，但没有明确个人信息权。有学者认为，本条是对个人信息权的规定。

毫无疑问，个人信息是一项法益，是否应为法益中的一项权利则存在争议。由于法律对个人信息作了明确规定，"明文化、固定化、类型化"的法益是一项权利。个人信息权是具体人格权之一种。

个人信息由本人支配,由于是一种无形权利,故对其只能是准占有,不能占有(占有对物;准占有对权利)。对个人信息利用,可以派生出财产权。依合同对他人信息成立的使用、收益权,在性质上是用益债权。

问:如何区分物质性人格权和精神性人格权?

答:人格权的客体是反指自身的。物质性人格权是反指肉身的,生命权、身体权、健康权、肖像权是物质性人格权。精神性人格权是反指以肉身为基础的格式化的观念,权利的客体是精神领域的产物,姓名权、名誉权、隐私权、婚姻自主权是精神性人格权。

(四)法人、非法人组织的人格权

"法人、非法人组织享有名称权、名誉权、荣誉权等权利"(民总110条第2款)。在严格意义上,只有自然人才有人格权。法人、非法人组织享有的名称权、名誉权、荣誉权等权利,是拟制的人格权。这里按一般观点,表述为"法人、非法人组织的人格权"。

1. 法人、非法人组织的名称权

名称权是法人、非法人组织享有决定、使用、改变其名称,并排除他人侵害的权利。商号、字号是经营者的名称,非经营者也有名称权。

名称权包括四种具体的权利:决定权(也称为设定权)、使用权、变更权和转让权。应当强调指出,有些法人如国家机关是不可能有名称转让权的。

名称权与姓名权有以下区别:

(1)主体不同。

(2)专用权的范围不同。名称权的专用权受登记范围的限制，姓名权无此限制。

（3）名称权可以转让，通说认为，姓名权不能转让。

（4）侵害名称权不存在精神损害赔偿的问题，侵害姓名权可以要求精神损害赔偿。

2. 法人、非法人组织的名誉权

名誉权，是指法人、非法人组织对自己在社会活动中获得良好的评价及尊严而享有的权利。名誉，是社会的评价，不是自我认识。法人、非法人组织的名誉权与自然人的名誉权一样，是自然产生的，不是授予产生的。

3. 法人、非法人组织的荣誉权

荣誉是法人、非法人组织以光荣称号体现的良好社会评价。荣誉权是保持荣誉称号并保持光荣名誉的权利。荣誉称号由特定的机关、单位授予。荣誉称号有先进集体、文明企业等。

三、身份权

（一）身份权的含义

严格意义的身份权是自然人基于某种特定的身份享有的非财产权利。"自然人因婚姻、家庭关系等产生的人身权利受法律保护"（民总112条）。自然人因婚姻、家庭关系等产生的人身权利，性质上是身份权。

身份权与人格权有明显的区别：

（1）客体不同。一为身份利益；一为人格利益。

（2）产生和消灭的原因不同。身份权因婚姻、收养、子女出生等原因产生，因离婚、解除收养等原因消灭。人格权始于出生，终于死亡，是固有的权利。

（3）身份权有特定的相对人。人格权的相对人，是不特定的任何人。身份权既受相对权保护，也受绝对权保护。比如配偶权，在夫妻之间是相对权，同时也是绝对权，他人不得侵犯。

(4) 人格权是基础性的权利，没有人格权，就不会有身份权。

(二) 身份权分述

1. 亲权

亲权是父母基于身份对未成年子女人身、财产的管理和保护的权利。我国法律没有直接规定亲权，但《民法总则》规定的监护带有亲权的性质。

问：张甲在医院婴儿室偷走李乙的孩子，侵害了李乙何种权利？

答：侵害了李乙的亲权、监护权，李乙除要回孩子外，还可请求精神损害赔偿。

亲权的内容有：①保护权；②教育权；③法定代理权；④财产管理权；⑤财产处分权。对被监护人财产的处分，只能基于被监护人的利益。

2. 配偶权

配偶是依照法定程序而建立夫妻关系的男女双方。配偶权是配偶间的身份权。显然，配偶权男女双方均享有，这就与亲权有了明显区别，亲权是父母对未成年子女的权利。

配偶权的主要内容是忠实请求权、请求扶助权、离婚权等。姓名权和人身自由权是人人皆有的权利，并不是配偶权的内容。

配偶权对内是相对权，对外是绝对权。

3. 亲属权

亲属是婚姻、血缘和收养产生的人与人之间的身份关系。亲属权是一定范围内亲属间的身份权。

亲属权包括请求赡养、扶养权，继承权，失踪宣告和死亡宣告申请权，监护权，财产代管权等。

专题十四　财产权

引言

财产权是以财产为客体（标的）的权利，或者说，财产权是指具有财产价值的权利。有的客体存在于客观世界（如物），有的客体存在于主观世界（如股权是一种格式化的观念）。

财产权按权利的客体（标的）来区分，有物权、债权、股权、知识产权中的财产权等。《民法总则》规定的财产权有物权（自物权和他物权）、债权（合同之债、侵权之债、无因管理之债、不当得利之债）、知识产权、继承权、股权和其他投资性的权利及民事主体享有的法律规定的其他民事权利。

财产权有的是绝对权（如物权、知识产权中的财产权），有的是相对权（如债权）。

一、物权

（一）物权的概念和分类

《民法总则》第114条第2款规定："物权是权利人依法对特定的物享有直接支配和排他的权利，包括所有权、用益物权和担保物权。"

条文中的"特定的物"与特定物不是同一概念。特定的物是指有体之物（不包括无体财产）、独立之物（不包括物的成分）、现存之物（不包括已经灭失的物和将来可能产生的物）。特定物是相对于种类物而言的，在流通中，特定物是不可以替代给付的物，种类物是可以替代给付的物。特定的物包括特定物和种类物。

物权是支配权，对物的支配无须借助他人的行为，故曰

"直接"支配。

物权是排他性权利,故一物一个所有权,不能一物有两个以上的所有权,例外是建筑物区分所有权。一物之上,所有权与他物权可以并存。例如,甲将一套房屋抵押给乙,办理了抵押登记,在这套房屋上,负载着甲的所有权和乙的抵押权(他物权之一种)。

物权包括自物权和他物权,所有权是唯一的自物权。他物权包括用益物权和担保物权两大类。

(二)物权的客体

物权的客体是物和法律规定的权利。《民法总则》第 115 条规定:"物包括不动产和动产。法律规定权利作为物权客体的,依照其规定。"狭义上的物,是指有体物(特定的物)。"有体"指占有一定空间而又有形体存在之物。广义上的物,还包括无体物,如电、热、光等没有形体的物。狭义上的物和广义上的物,都可以作为物权的客体。

物区分为动产与不动产。动产是指在空间中可以自由移动,且不损害其价值的物。对动产一般用排除法表述:动产,是指不动产以外的其他物。如货币、粮食、布匹、衣服、汽车等。货币是特殊动产。已经与不动产相脱离的物是动产,比如一棵树,被砍伐在地,就由不动产变成了动产。不动产是指按其性质不能移动或者不能自由移动的物。土地、附属于土地的建筑物及其他定着物(林木等)、建筑物的固定附属设备为不动产。现代技术使不动产也能够移动,如一座高楼,根据需要,可以使其移动,但它仍然属于不动产,因为它按性质仍然属于不能自由移动的物。

动产与不动产的主要区别是:①动产具有可移动性;不动产不具有可移动性。②动产以占有为公示方法;不动产以登记为彰显物权的方法。③占有是民事主体的行为；登记，须当事人申请，由国家主管机关办理。④动产以交付为转移所有权的标志，不动产转移所有权要办理产权登记，故动产与不动产所有权转移的时间和方法不同。⑤动产无所谓相邻关系；不动产发生相邻关系。

（三）物的特征

1. 物具有客观性

物可以脱离人的主观领域而存在，即物的存在，不以特定的人是否意识到、是否发现而受影响。

2. 民法上的物有具体性，一物与他物有所区别

具体性也指物能够独立为一体，如房屋的一面墙、一个阳台，是该房屋不可分离的成分，因此，不得作为物权的客体。

3. 物能够被人力所控制、支配

民法上的物，是财产的别名。因此，在观念上，物的权属，被用"所有"来界定。民法上的物，既然是财产，就要求能够被人力所控制、所支配。否则，物就不能成为法律关系的客体。

4. 物具有效用，具有价值

人们之所以要控制物、支配物，是因为物具有效用，这是物能够参加民事流转的前提。物的效用，可以用价值来衡量。

（四）物权的效力

1. 物权具有排他效力

这里所谓"排他效力"，是指一个有体物，只有一个所有权。物权实行"一物一权主义"（建筑物区分所有权为例外）。例如，主物与从物是两个有体物，是两个所有权。所有权与他物权可以并存于一物上。例如，某甲将自己的房屋抵押给某乙，所有权与抵押权可以并存。

一个物上不能有两个所有权。例如：甲将手表交给乙保管，

乙以自己的名义将该手表卖给了丙，丙善意取得了该手表的所有权，甲的所有权随之丧失，对该手表不能并存两个所有权。甲、丙也不可能是共有，共有是两个以上的人对一物享有一个所有权，而不是享有两个以上的所有权。

2. 物权具有优先效力

物权的优先效力，主要是指针对同一标的物有两项以上发生冲突的权利时，先发生的物权优于（对抗）后发生的物权，以及物权的效力优于债权的效力。

（1）物权与物权之间的关系。

第一，一个物上只能有一个自物权（所有权），因此物权的优先效力不发生在自物权与自物权之间。

第二，先发生的他物权优于后发生的他物权。一物之上可以有两个以上的他物权。先发生的他物权优于后发生的他物权，即实行时间在先，权利在先的原则。以不动产抵押权为例，先设立的抵押权优于后设立的抵押权。一个例外是，后发生的留置权优先于抵押权。

第三，先发生的他物权对抗在后取得的所有权。

◎ 在先设立的地役权对新的所有权人发生效力

甲的房屋为乙设立了地役权，甲又将该房屋抵押给丙，甲不偿还对丙的债务，丙通过法院将该房屋拍卖，丁购得该房屋，取得房屋所有权。

解：乙的地役权设立在先，具有对抗丁的所有权的效力。也就是说，乙的地役权在供役不动产（房屋）所有权移转的情况下，对新的所有权人丁发生效力。

◎ 在先设立的抵押权对新的所有权人发生效力

甲的房屋为乙设立了抵押权,之后又将该房屋出卖给丙,丙取得房屋所有权。

解:在先设立的乙的抵押权具有对抗受让人丙的所有权的效力,丙的房屋负载着乙的抵押权,乙可对丙的房屋进行变价而优先受偿。

(2)物权与债权之间的关系。

一般认为,物权优于债权。对此应当具体问题具体分析。

第一,一般认为,特定物既是债权的标的物,又被第三人取得物权,则物权优先。即使物权是后成立的,也是如此。

问:甲与乙约定,将一套房屋出卖给乙,该房屋是乙债权请求权的标的物。甲一物双卖,过户给丙。丙的物权优于乙的债权吧?

答:所谓"优于",其实是丙的物权消灭了乙的债权。在这里,法律优先保护物权。

第二,就债务人之物有他人物权存在的,在受清偿时,物权优先于一般债权。买卖不破租赁,为物权优先于债权的例外。

◎ 出卖人又将房屋抵押的,第三人的抵押权优于买受人的债权

甲与乙约定,将一套房屋出卖给乙,该房屋是乙债权请求权的标的物。在给乙办理过户登记(所有权移转登记)之前,甲又将该房屋抵押给第三人丙,办理了抵押登记。

解:丙的抵押权优于买受人的债权。若到期甲不对丙履行债务,丙有权请求将该房屋变价,就变价款优先受偿。

3. 物权具有追及效力

这是指物权的客体（特定的物），在被转手之后，物权人得追及物之所在行使自己的权利。如赃物、拾得物被他人出卖，所有权人可以取回或加以法律上的处分。罗马法说"物在呼叫主人"，这是形容追及效力的。他人的善意取得，使原物权人丧失了物权，当然也就没有了物权的追及效力。

◎ 追及效力以及追及效力的丧失

（1）甲将自己的一台设备抵押给乙，办理了抵押物登记。后甲将抵押物卖给丙，丙又卖给丁，乙可以追及至丁，就抵押物行使抵押权。

解：抵押权是物权，是支配权，是优先受偿权，优先受偿权也是排他权的一种表现。抵押权作为他物权，同时又处在相对法律关系之中，又同时是请求权。抵押人甲将抵押物卖给丙，抵押权人乙对相对人丙有请求权（请求对丙的物变价受偿，优先受偿则为排他性），丙又卖给丁，乙可以追及至丁，即对丁有请求权，追及权反映的是请求权随着被请求主体的变化而变化的现象。

（2）债务人甲将自己的一台电脑质押给债权人乙，电脑交付、债务履行前，甲享有返还原物（占有回复）的物权请求权，乙享有占有抗辩权。乙冒充自己的物将电脑赠送给丙，丙又以物主的身份，以合理的价格卖给善意的丁，丁善意取得了电脑所有权。

解：乙将电脑赠送给丙，是无权处分，因是无偿行为，丙不能善意取得。甲对丙享有返还原物（占有回复）的物权请求权，丁善意取得了电脑的所有权，同时甲丧失了所有权，没有物权也就没有物权请求权。追及效力的丧失，是物权丧失导致物权请求权丧失的现象。

（五）物权的分类

1. 自物权和他物权

对自己的物享有的物权，是自物权。所有权是唯一的自物权。对他人的物享有的物权，是他物权。他物权分为用益物权和担保物权。如地役权、留置权、抵押权、质权等是他物权。

他物权 { 用益物权（支配使用价值）
担保物权（支配交换价值）

用益物权着眼于使用价值，在于通过对标的物的利用获得财产利益。担保物权着眼于交换价值，是指可以将标的物变现用于对被担保债权的清偿。

2. 动产物权、不动产物权与权利物权

以动产为客体的物权为动产物权，包括动产所有权、留置权、动产质权、动产抵押权。

以不动产为客体的物权为不动产物权，包括不动产所有权、建设用地使用权、宅基地使用权、土地承包经营权、地役权、不动产抵押权以及《合同法》第286条规定的建设工程优先受偿权。

以权利为客体的物权为权利物权，如权利抵押权、权利质权等。

二、债权

（一）债权概述

债权是请求给付（为或者不为一定行为）的权利。"民事主体依法享有债权。债权是因合同、侵权行为、无因管理、不当得利以及法律的其他规定，权利人请求特定义务人为或者不为一定行为的权利"（民总118条）。债的发生原因有合同、侵权行为、无因管理、不当得利等。

（1）债权是财产权、请求权、相对权。债权都存在于相对法律关系之中。

（2）债权具有相容性，就同一内容的给付，可以并存两个以上的债权，如一物多卖，数个买卖合同都可以有效。

（3）债分为意定之债和法定之债。合同之债是意定之债，侵权之债、无因管理之债、不当得利之债是典型法定之债，除此之外，还有非典型法定之债。

◎ 归入权，一种非典型法定之债

中国 A 公司从事重型机械买卖居间业务。A 公司委派董事张甲驻扎亚洲某国，寻找、联系在中国购买重型器械的客户，张甲了解到该国 B 公司需要购买中国 C 公司生产的重型器械，就辞去在 A 公司的职务，与其弟弟在国内成立 D 公司，在辞职两个月后，以 D 公司的名义撮合 B 公司与 C 公司成交，D 公司取得 C 公司支付的 3000 万元人民币的媒介居间费用。A 公司发现此事后，可依据什么规定主张自己的权利？

解：依据什么规定主张自己的权利，即寻找请求权基础。①尽管张甲已经辞职，其行为仍然构成利用职务便利为自己谋取属于公司的商业机会。张甲与 D 公司构成连带责任。②依《公司法》第 148 条的规定，A 公司有权主张归入权。[1] 归入

---

[1]《公司法》第 148 条第 1 款规定："董事、高级管理人员不得有下列行为：（一）挪用公司资金；（二）将公司资金以其个人名义或者以其他个人名义开立账户存储；（三）违反公司章程的规定，未经股东会、股东大会或者董事会同意，将公司资金借贷给他人或者以公司财产为他人提供担保；（四）违反公司章程的规定或者未经股东会、股东大会同意，与本公司订立合同或者进行交易；（五）未经股东会或者股东大会同意，利用职务便利为自己或者他人谋取属于公司的商业机会，自营或者为他人经营与所任职公司同类的业务；（六）接受他人与公司交易的佣金归为己有；（七）擅自披露公司秘密；（八）违反对公司忠实义务的其他行为。"第 2 款规定："董事、高级管理人员违反前款规定所得的收入应当归公司所有。"

权，是非典型法定之债的一种。③归入权之债不同于不当得利之债。不当得利的客观表现是"损人利己"。不当得利的成立，产生了一方获得利益，另一方受损害两个结果。不当得利之一方得"利"，即是另一方的损害，而享有归入权的一方即使没有损害，仍可请求返还财产。

（4）债分为金钱之债和非金钱之债。金钱之债，给付的是金钱，非金钱之债是给付金钱之外的财产。金钱之债不发生履行不能的问题。

◎ 双务合同作为对价的金钱之债和非金钱之债

甲向乙购买一套设备，已经交付4000万元价金，乙交付设备的期限尚未届至。丙起诉甲要求偿还3000万元欠款，丙胜诉后，请求法院强制执行，发现甲没有什么财产。丙了解到甲对乙有债权，就请求法院到乙处执行、冻结乙在银行账号上的相应款项。其提出的依据是《民事诉讼法解释》第501条第1款："人民法院执行被执行人对他人的到期债权，可以作出冻结债权的裁定，并通知该他人向申请执行人履行。"对丙的请求，法院应否支持？

解：①甲、乙订立的买卖合同是双务合同，有两个对立的债权。甲对乙的债权是非金钱债权，是要求交付设备并移转设备的所有权；乙对甲的债权是金钱债权，甲已经履行，乙债权的效力之一，就是保持力，其无义务返还。丙作为申请执行人，其对被申请人甲的债权是金钱债权，而甲对乙（条文中的"他人"）的债权是非金钱债权，乙无法向丙履行。故对丙的请求，法院不应支持。②如果甲、乙的买卖合同被解除，则乙应当向甲返还价款（金钱之债），此时，丙可以要求冻结甲的债权，可以要求乙向自己履行。

◎ 金钱之债是可分之债，可以按比例给付

甲与乙签订了买卖1000万元煤炭的合同，乙按约交付了100万元定金。甲发了60%的货物，就因"转业"不愿继续履行合同，甲、乙协商一致解除了合同，但未就定金的处理作出约定。之后，甲要求乙支付600万元货款并要求按比例适用定金罚则，乙要求双倍返还定金200万元。

解：定金是金钱之债，因而是可分之债。《最高人民法院关于适用〈中华人民共和国担保法〉若干问题的解释》第120条第2款规定："当事人一方不完全履行合同的，应当按照未履行部分所占合同约定内容的比例，适用定金罚则。"乙应当向甲支付600万元货款，定金罚则应当按比例适用。甲收取的100万元定金分为两个部分，第一部分是60万元，这一部分不适用定金罚则，用来折抵价款（600万元-60万元=540万元），第二部分40万元适用定金罚则，即应双倍返还80万元，但不用实际返还给乙，用来折抵价款（540万元-80万元=460万元）。乙应当再支付给甲460万元货款。

定金是预交的、具有担保性质的违约金，定金是双方担保。甲为部分不履行付出的代价，是40万元定金形式的违约金。

本案的折抵，性质上是抵销，法官可以裁判抵销。

◎ 金钱之债与非金钱之债的区分，对撤销赠与的意义

李老头对儿子李三说："你结婚，我送你一套200万元的房子。你以自己的名义买，先垫上首付，首付和各期货款，我陆续打在你的银行卡上。"请问：二人之间是金钱之债，还是非金钱之债？换句话说，赠与的是房屋，还是金钱？这种区分对撤销赠与来说，有何意义？

解：是金钱之债，李老头赠与的是金钱，不是房屋。赠与金钱，是甲的金钱，变成乙的金钱；赠与房屋，是甲的房屋，变成乙的房屋。《合同法》第186条第1款规定："赠与人在赠与财产的权利转移之前可以撤销赠与。"如果赠与的是房屋，在受赠人取得登记（取得所有权）之前，赠与人可以撤销。如果赠与的是金钱，在现金交付之前或者打到受赠人银行卡之前（或以其他方式转给受赠人之前），赠与人可以撤销。对已经转给李三的款项，李老头不能撤销。

（二）合同之债

1. 概述

《民法总则》第119条规定："依法成立的合同，对当事人具有法律约束力。"理论上认为，合同在当事人之间，有相当于法律的效力。

对合同，通常有两个层次的理解。第一个层次，理解为合同行为；第二个层次，理解为合同行为建立起来的债权债务关系。"一半是海水，一半是火焰"。法律事实，是法律赋予生活事实以法律效果的事实，这个效果，在抽象层面上就是法律关系。或者，我们可以这样表述：法律+生活事实=法律关系。我们通常所说的法律事实是原因法律事实，法律关系是结果法律事实。合同行为是原因法律事实，债权债务关系是结果法律事实。

合同，到底在哪一种含义上使用，要看所述语境和所述内容。

问：买卖合同是诺成合同、双务合同，这是在什么层次使用"合同"这个术语？

答：说买卖合同是诺成合同，是指合同行为的效力；说买卖合同是双务合同，是指买卖双方的债权债务关系（双方负担对价式的债务）。

2. 第一个层次：合同，是指合同行为

合同，是平等民事主体的自然人、法人、非法人组织之间设立、变更、终止债权债务关系的协议。这里的"协议"是指"合意"，即是指当事人对立的意思表示（要约与承诺）取得一致。合意是当事人的合同行为。合同行为是法律行为。

《民法总则》第134条第1款指出："民事法律行为可以基于双方或者多方的意思表示一致成立，也可以基于单方的意思表示成立。"法律行为以意思表示为要素。双方意思表示一致成立的是双方法律行为，多方意思表示一致成立的是多方法律行为，单方的意思表示成立的是单方法律行为。单方法律行为只有一个意思表示，不可能成立合同。

（1）合同法上的合同，绝大多数是双方法律行为，双方法律行为基于对立的两个意思表示一致而成立。比如，甲对乙发出要约说，这台电脑1万元卖给你，乙表示同意（承诺）。甲和乙的意思表示内容相同，方向相反，取得一致即构成了双方法律行为。

（2）合同法上的合同，也可以基于多方的意思表示一致而成立。比如，甲、乙、丙订立了合作开发技术的合同，意思表示一致即构成多方法律行为。

双方或者多方的意思表示一致，构成合意。

（3）合同是为设立、变更、终止债权债务法律关系的法律行为。分解来看，可以是创立法律关系的行为，比如，甲、乙订立2万元的买卖合同；也可以是变更既有法律关系的行为，比如，甲、乙协商一致将2万元的买卖合同变更为1.8万元；还可以是终止既有法律关系的行为，比如甲、乙协商一致解除了上述2万元的买卖合同。

3. 第二个层次：合同，是指合同行为产生债权债务关系

我国经常说的合同之债，就是当事人通过合同行为产生的债权债务关系。合同之债属于意定之债，意思是有意思表示产生的债。

债权债务关系是民事法律关系的一种。身份合同（如监护协议、收养协议等）不是合同法所说的合同。

问：1月1日，甲、乙签订挖掘机租赁合同；2月1日，出租人甲将挖掘机交付给承租人乙。当事人之间发生什么法律关系？

答：①1月1日的法律事实，使甲、乙之间成立租赁合同法律关系，租赁合同是债权债务关系。②2月1日的法律事实，在租赁合同法律关系的基础上，使甲、乙之间成立占有媒介法律关系，甲是间接占有人，乙是直接占有人。该占有媒介关系本质上也是债权债务关系。

（三）侵权之债

1. 侵权之债的含义

（1）侵权之债，对侵权人是一种债务，对被侵权人是一种债权。

侵权之债，就侵权人而言，是其应付负担的债务，这种债务，在立法上和习惯上称为责任。"民事权益受到侵害的，被侵权人有权请求侵权人承担侵权责任"（民总120条）。承担侵权民事责任的主要方式是为财产给付，也有赔礼道歉这种非财产给付。

被侵权人也是债权人。侵权人与被侵权人之间，因侵权形成的债的关系是相对法律关系，债的标的是给付。

（2）侵权之债是法定之债。

法定之债是意定之债的对称。侵权之债，是法定之债。债

的发生和债的内容,是法律根据侵权的事实发生而直接确定的。侵害他人合法权益是原因事实,侵权之债(法律关系)是结果事实。

通过和解协议对侵权之债进行约定的,约定的债是意定之债。

问:张甲把李乙打伤,李乙花去医疗费6万元。双方协商,赔5万元了事。当事人之间有几个债的关系?

答:6万元是法定之债,5万元是和解协议约定的意定之债。顺便指出,和解协议是合同的一种,可以附条件、附期限。李乙可以要求确定一个条款:交付5万元后协议生效。

2. 侵权行为

侵权行为,是指侵害他人民事权益,给他人造成损害,依法应当承担责任的行为。侵权行为是事实行为,是产生侵权之债的法律事实。

《侵权责任法》第2条规定:"侵害民事权益,应当依照本法承担侵权责任。本法所称民事权益,包括生命权、健康权、姓名权、名誉权、荣誉权、肖像权、隐私权、婚姻自主权、监护权、所有权、用益物权、担保物权、著作权、专利权、商标专用权、发现权、股权、继承权等人身、财产权益。"这是一个开放性的规定,因为法条中还有一个"等外等"。[1]条文没有规定身体权、配偶权、受遗赠权、发明权,在解释上应当包括之。

债权在一定条件下,也可以是被侵犯的客体。以违反善良风俗的方法,故意侵害他人债权的,构成侵权。

---

〔1〕例如:甲、乙、丙、丁、戊等五人为"等内等"的表述,甲、乙、丙、丁、戊等六人为"等外等"的表述。

问： 采用交易的方法，妨碍了他人的债权，是否构成侵权？

答： 交易的方法，一般不属于违反善良风俗的方法，即一般不构成侵权。例如，甲就一张纪念邮票与乙签订了买卖合同，第三人丙一直想收集这种邮票，知道后，出高价"抢买"过来，丙妨碍了乙的债权，但不构成侵权。甲对乙构成违约行为（效益违约）。

三、其他权利和法益

物权和债权之外的财产包括知识产权、继承权、股权和其他投资性权利、其他民事权利，有些财产性利益尚未上升为权利，但也属于法益的范畴。

（一）知识产权

在我国，知识产权是"一体两权"，即知识产权包括人身权和财产权。狭义的知识产权是财产权，该财产权是无形财产权，也称为智慧财产权。知识产权作为财产权，具有专有性、地域性、期限性的法律特征。

《民法总则》第123条规定："民事主体依法享有知识产权。知识产权是权利人依法就下列客体享有的专有的权利：（一）作品；（二）发明、实用新型、外观设计；（三）商标；（四）地理标志；（五）商业秘密；（六）集成电路布图设计；（七）植物新品种；（八）法律规定的其他客体。"在总则作概括性规定，意在统领各知识产权单行法律。我国关于知识产权的法律有《中华人民共和国著作权法》《中华人民共和国专利法》《中华人民共和国商标法》等。

目前，很多单位不注意对自己知识产权的挖掘、整理和利用，开发这一部分业务，是律所发展的一个方向。

（二）继承权

"自然人依法享有继承权。自然人合法的私有财产，可以依法继承"（民总124条）。继承权的客体（标的）是自然人的财产。继承权是财产权，不是身份权，继承权产生于特定的身份（配偶、父母、子女等），是以身份权为基础权利的。身份权法律关系是继承权法律关系的基础法律关系，它们是既有联系又有区别的两种法律关系。继承权以身份为基础，故不能转让。

◎ 遗嘱能否将一项财产的所有权及其使用权分别处置

（1）王某有一个儿子王子、一个女儿王女。王某立一份遗嘱，将自己的房子给儿子，但规定女儿有权在该房子里居住终生。王某去世后，王子将王女赶出房子。请问：应当如何处理纠纷？

解： ①A将房屋赠与B，但同时约定C使用一段时间，这是附负担（附义务）的赠与。同理，本案房屋的继承，是附负担（附义务）的继承。法律并不禁止所有权权能的分离，这种分离恰恰是财产流转的一种形式。②王女有权请求返还原物，不是返还"所有"，而是返还"占有"。王女对房屋的占有是有本权的，该本权是用益债权。

（2）上例中，在王女占有期间，王子将房屋出卖给赵某，办理了过户登记。赵某请求王女搬出房屋。

解： 王女因有本权（债权），因而可以对赵某行使占有抗辩权，即其有权拒绝搬出房屋。

（三）股权和其他投资性权利

"民事主体依法享有股权和其他投资性权利"（民总125条）。股权和其他投资性权利是财产权。股权是指股东对公司享有的权利。其他投资性权利，如对合伙企业、个人合伙的份额权、对个人独资企业的投资权益等。股权和其他投资性权利可以转让和继承。

投资性权，与普通债权不同。比如购买债券、保险等有投资的意图，但成立的是合同债权，不是本条所说的"投资性权利"。

（四）其他民事权利和法益

"民事主体享有法律规定的其他民事权利和利益"（民总126条）。这是对权利和利益"兜底保护"的规定，前述条文未涉及的权利和法益，在这里兜底。"兜底条款"还为法律规定新型权利留下了余地。

利益与权利是不同的保护对象，受法律保护的利益为法益。权利当然也是法益，明文规定的、固定化、类型化的"有名法益"为权利。"有名法益"就像有名合同，法律为这种法益设定了名称，设定了规则，如物权、债权、知识产权等，它们是法益中的权利。权利和权利以外的法益都可以是侵权的客体。

◎ **法益与权利**

①张甲将房屋出租给李乙，到期李乙拒绝归还房屋。一日，张甲带领全家"入住"出租房，使用强力将李乙全家赶出出租房，把李乙的家具也都扔到了外面。②王丙（女）与赵丁（男）分手，赵丁怀恨在心，将硫酸泼在王丙的脸上，王丙被毁容。

解：①李乙到期不归还出租房，为无权占有（无本权占有）。对无权占有，任何人不得私力侵犯，这是无权占有人的法益。甲对乙侵夺占有，侵害的不是权利，而是法益。②有人认为，毁容是侵害法益。就本案来看，赵丁侵害的是王丙的肖像权和健康权，这两种权利都是物质性人格权。

（五）数据、网络虚拟财产

"法律对数据、网络虚拟财产的保护有规定的，依照其规定"（民总 127 条）。数据，是信息的特定表示形式和载体。数据可作为无形财产流转，允许他人有偿或无偿使用。

网络虚拟财产，是以数据、字符等存储和结合于网络系统的无形财产。网络虚拟财产作为无形财产（也称为无体财产），具有可支配性。网络虚拟财产可以交易。对数据、网络虚拟财产的侵犯，可构成侵权责任。张甲开设了网上书店，其去世后，其继承人可以继承该网上店铺，继承的实际是虚拟财产。游戏币、微博账户等，也可是虚拟财产。有些人在实体店铺、网上店铺消费，店家"奖励"的积分，是消费者享有的一种债权，不归入虚拟财产。

专题十五　物权法定原则、物权变动公示原则

引言

物权法定原则的设立，是为了限制当事人创设物权种类和物权内容的法律行为，以保护交易安全、保护社会利益。物权法定原则是效力性强制性规定，法律行为违反物权法定原则的，无效。

《民法总则》规定了物权法定原则，没有规定公示原则，但物权法定原则与公示原则的关系很密切。公示的要求，就是物权法定的内容法定，违反公示的要求，结果就是违反物权法定原则。

一、物权法定原则

物权法定原则又称为物权法定主义。《民法总则》第 116 条设定了物权法定原则："物权的种类和内容，由法律规定。"有"法定之债"，但没有"债权法定原则"，债权合同，有自由原则。

隋彭生：律师民法业务思维（三）《民法总则》随谈

物权法定原则是对私法自治的限制，是对民事法律行为的限制。对事实行为，自不存在物权法定的问题。

物权法定原则是效力性强制性规定，违反的行为无效。

（一）物权法定原则的要求

物权法定原则要求：①物权的种类"不得创设"；②物权的内容"不得任意创设"。

1. 物权的种类不得创设（种类固定、种类法定）

物权的种类不得创设，即物权的种类是固定的，是由法律规定的，当事人不得以民事法律行为创设法定种类以外的物权，当然，司法机关也没有创设新型物权的权利。

依现行法律的规定，物权种类有自物权（所有权）和他物权，他物权有用益物权和担保物权。用益物权目前是不动产用益物权，[1] 共有四类，它们是：土地承包经营权、建设用地使用权、宅基地使用权和地役权。《物权法》还规定了准用益物权。[2] 担保物权包括动产抵押权、不动产抵押权、权利抵押权、动产质权、权利质权、动产留置权和《合同法》第286条规定的不动产（工程）优先受偿权。[3] 共有七种，前五种是意定担保，后两种是法定担保。不动产担保，一种是意定担保

---

[1]《物权法》第117条规定："用益物权人对他人所有的不动产或者动产，依法享有占有、使用和收益的权利。"本条规定，用益物权的客体包括不动产和动产，而《物权法》只规定了四种不动产用益物权，规定动产作为用益物权的客体，是为将来特别立法提供根据，在特别立法出台以前，将动产约定为用益物权的，因违反物权法定原则而无效。

[2]《物权法》第122条规定："依法取得的海域使用权受法律保护。"第123条规定："依法取得的探矿权、采矿权、取水权和使用水域、滩涂从事养殖、捕捞的权利受法律保护。"

[3]《合同法》第286条规定："发包人未按照约定支付价款的，承包人可以催告发包人在合理期限内支付价款。发包人逾期不支付的，除按照建设工程的性质不宜折价、拍卖的以外，承包人可以与发包人协议将该工程折价，也可以申请人民法院将该工程依法拍卖。建设工程的价款就该工程折价或者拍卖的价款优先受偿。"

（不动产抵押权），一种是不动产（工程）优先受偿权。

◎ 当事人在法定类型之外创设的物权无效

（1）张某向信用社借款50万元，双方协商一致，由张某提供房屋作为质押担保。张某将产权证书交给了信用社，作为质押生效的凭证。

解： 张某与银行之间约定的是不动产质。我国对"不动产质"并无规定，双方当事人创设了一种新的物权类型，法律不予以承认。也就是说，双方关于不动产质的约定无效。银行对该房屋没有优先受偿权。

（2）甲公司向张乙借款4000万元，双方约定：甲公司将登记在公司名下的"南栋商品房"抵押给张乙，30个工作日内将房屋过户登记（转移登记）在张乙名下，甲公司偿还本息后，再将房屋过户登记（转移登记）在甲公司名下。签订合同后，甲公司与张乙到登记部，将"南栋商品房"过户登记给张乙。

解： 当事人双方约定的不动产担保，名为抵押，实为让与担保。不动产意定担保只有不动产抵押权一种。甲公司与张乙的约定违反种类法定的要求，故而无效。

◎ 留置权是法定担保物权，不能以约定的方式成立

房屋出租人甲与承租人乙约定："乙未按本合同足额支付租金，离开房屋的，甲对租赁房屋内的乙的财产享有留置权。"乙未交付最后一个月的租金，溜回了老家，甲与其联系不上，扣留乙的电脑一台。后来，乙以甲违法占有为由，请求返还电脑。

解： 留置权是法定担保物权，以约定的方式设立，违反物权种类法定的要求，甲、乙关于甲享有留置权的约定无效。甲、

乙的约定虽然不符合留置权的要件，但符合占有抗辩权的要件，甲扣留电脑并不违法，但不能变价（不能处分），也不能优先受偿。占有抗辩权只是保留占有的权利，而留置权是综合性的权利，包括三项：其一，占有抗辩权；其二，变价权；其三，优先受偿权。

问：可否约定不动产留置权？

答：按照《物权法》的规定，留置是动产他物权。对不动产不能成立留置权。当事人约定不动产留置权的，只发生债权的效力，不发生物权的效力。

2. 物权的内容不得任意创设（内容固定、内容强制）

物权的内容不得以民事法律行为任意创设，这也称为内容固定、内容强制。就种类以外事项的约定，都是对内容的约定。对内容不是不允许创设，而是不允许任意创设。

◎ 违反物权变动公示规定的约定无效

（1）李某向周某借款20万元，双方协商一致：由李某以一辆私有汽车向周某提供质押担保，汽车由李某继续驾驶。

解：我国《物权法》虽然规定了动产质押，但同时规定，质权自出质人交付质押财产时发生效力，所以动产质押的标的物须转移占有。这是为保护交易安全，防止第三人蒙受不测之损害，对动产物权变动须公示的一项具体要求。李某与周某的约定，在法律规定之外就动产质押的内容进行了创设。因此，周某不享有质权。

（2）甲卖给乙一套二手房，双方约定交付后所有权转移给乙。

解：买卖房屋，办理移转登记后所有权转移，甲、乙的约定无效。如果约定交付房产证时所有权转移，同样无效。

（3）甲将一套房屋抵押给乙，约定双方签字、盖章后，抵押权即生效。丙将一台机床抵押给丁，约定双方签字、盖章后，抵押权生效。

解： 不动产抵押，采登记生效主义，甲、乙的约定违反内容法定的要求，无效。动产抵押，采登记对抗主义，不登记也生效，但不能对抗善意第三人，丙、丁的约定不违反内容法定的要求，有效。

（4）甲、乙就不动产约定了通行地役权，没有办理登记。

解： ①《物权法》规定了不动产地役权（严格来说应当称为不动产役权），甲、乙的约定不违反种类法定的要求。②《物权法》规定地役权采登记对抗主义，不登记也生效，但不能对抗善意第三人，甲、乙的约定也不违反内容法定的要求。③不动产地役是比较"活"的，在种类法定的前提下，可以任意约定。

◎ 认定观念交付也适用于不动产，则违反了物权法定原则

（1）出租人甲将房屋（不动产）交付给承租人乙使用，隔了两天，甲、乙就该房屋又成立了买卖合同。有学者认为，双方成立买卖合同时，成立了简易交付。

解： ①观念交付只适用于动产，交付是指交付占有（移转占有），观念交付是移转或创设本权的行为。本案甲房屋的本权（所有权）移转给乙须办理过户登记（转移登记），这是物权法定内容的要求，解释为简易交付，则违反了物权法定原则。②本案买卖合同既没有现实交付，也没有观念交付，这不伤大雅，因为甲向乙移转所有权并不依赖交付，而是通过过户登记移转所有权。交付和所有权过户登记，是泾渭分明的两种行为，不可混为一谈。

(2) 出租人甲将房屋（不动产）交付给承租人乙使用，隔了两天，甲与第三人丙就该房屋又成立了买卖合同，将房屋卖给了丙。甲方通知乙向丙交付房屋和租金。有学者认为，甲对乙的通知送达时，成立了指示交付。

解： ①观念交付不适用于不动产，甲对乙的通知送达，不是指示交付，丙不因此成为房屋的所有权人，因而，丙与乙不能成立租赁合同。解释为指示交付，违反了物权法定原则。②甲对乙的通知，是要求乙向第三人丙履行的通知。在租期未届满时，乙有权拒绝向丙交付房屋，即对出租人的占有抗辩权，有权对出租人指定的第三人行使。对甲要求将租金交付给丙，则应解释为租金债权转让给丙，乙应当向丙交付。

（二）设定物权法定原则的理由

1. 为了维护物权的绝对性

物权是绝对权，具有对抗任何人的效力，如果允许任意创设物权，则有害社会公益，有害交易安全。例如，如果允许把相对权约定为绝对权（比如把债权约定为所有权），则会使第三人蒙受不测之损害。

物权法定原则，通过维护物权的绝对性，来维护社会财产秩序和交易安全。

在静的方面，物权法定原则使主体的物权界限（财产界限）明确；在动的方面，物权法定原则为物权的流转提供了秩序。

2. 为了维护物权、债权的二分制度

物权有绝对性和排他性，债权有相对性和相容性。物权法定原则，是物、债二分制度的基石。没有物权法定原则，则物、债就会发生混淆，物、债分立的制度，有利于保护交易安全。

3. 为了维护公示原则

物权法定原则,是对物权变动公示原则的维护和支撑。

物权变动有公示的要求。《物权法》第 6 条规定了物权公示原则:"不动产物权的设立、变更、转让和消灭,应当依照法律规定登记。动产物权的设立和转让,应当依照法律规定交付。"公示的形式(方式)包括不动产物权变动进行的登记和动产物权变动的交付占有。

物权种类和内容法定化,便于公示,可确保交易安全与便捷,减少交易成本。[1] 如果任由当事人约定物权的种类或内容,没有相应的公示手段或者破坏物权变动公示的要求,就会摧毁既有的体系和观念。

4. 为了维护物权的公信力

所谓公信,是指公示所产生的物权变动的可信赖性。公信,是公示的效力。但是,公信并不基于不动产的"从登记到登记"和动产的从"从占有到占有"(交付),因为动态的变动过程,第三人并不关注,第三人关注的是静态的东西,即关注不动产登记在谁的名下,动产由谁占有。不动产的登记具有公信力;动产的占有具有公信力。物权法定原则的任务之一,就是维护这种公信力。

◎ 违反占有担保物权要件的约定无效

①甲、乙约定留置权人乙占有的动产丧失占有以后,留置权依然存在。②丙、丁约定质权人丁将质物返还给丙后,质权依然存在。

解: 留置权和质权是动产担保物权,是占有担保物权,以

---

[1] 参见王泽鉴:《民法物权》,北京大学出版社 2010 年版,第 35 页。

占有为成立和持续的要件。甲、乙的约定和丙、丁的约定都违反内容法定的要求，都无效。

5. 为了维护物尽其用的经济效用

"物权与社会经济具有密切的关系，任意创设，对所有权设种种的限制及负担，妨碍所有权自由，影响物的利用。以法律定其种类和内容，建立物权类型体系，有助于发挥物尽其用的经济效益。"[1] 例如，把动产承租权（债权）约定为物权，就会妨碍该动产的流转。

二、物权变动公示原则

（一）概述

1. 物权变动的含义

物权的变动，是指物权的取得（包括设立、受让）、变更、转让和消灭。如盖好一座房屋，是通过事实行为取得了一项所有权。物权的设立，如抵押权的设立、质权的设立。物权的变更，是指物权内容的变化，如将抵押担保的债权额增加或者减少。物权的消灭，是指权利主体对标的物丧失物权，如一本书被烧掉，该书的所有权消灭。

2. 物权变动公示原则的含义

公示原则，是物权变动应遵循的原则，是指物权变动的民事法律行为须以法定（向社会）公示方式才能生效的原则。《物权法》第6条就物权公示原则作出了规定："不动产物权的设立、变更、转让和消灭，应当依照法律规定登记。动产物权的设立和转让，应当依照法律规定交付。"条文中的"登记"和"交付"，是动态的公示方式。为了贯彻公示原则，《物权法》

---

[1] 王泽鉴：《民法物权》，北京大学出版社2010年版，第35页。

第 9、23、212 条等作出了具体规定。[1]

3. 公示的效力

（动态）的公示，是物权变动的形式要件。在不能满足法定的公示要件时，不能发生物权的变动。

4. 公示原则的排除适用

公示原则适用的例外，也是公信原则的例外。是指不动产物权变动但未登记、动产物权变动但未取得占有的情形。或者说，不动产登记与所有脱离，动产占有与所有脱离。

（1）对民事法律行为变动物权"另有规定"的情形。

某些民事法律行为引起物权变动不适用公示原则，即不以一般的公示方式（动产交付、不动产登记）为物权变动的要件。不具备一般要件而物权变动，须法律"另有规定"才可以变动。

◎ 债权转让，在未办理变更登记前，受让人是否取得抵押权

甲银行对乙公司有 2 亿贷款债权，由丙公司以自己的一幢楼作为抵押担保，办理了抵押登记。贷款到期后，乙公司未归还贷款，甲银行将债权转让给丁公司，丁公司委托律师向丙公司发出了《律师函》，欲对丙公司行使抵押权。丙公司回函说："不动产抵押物权是登记物权，贵司尚未取得抵押权。"

解：《合同法》第 81 条规定："债权人转让权利的，受让人取得与债权有关的从权利，但该从权利专属于债权人自身的除外。"在我国，抵押权与其担保的主债权具有不可分离性。

---

[1]《物权法》第 9 条规定："不动产物权的设立、变更、转让和消灭，经依法登记，发生效力；未经登记，不发生效力，但法律另有规定的除外。依法属于国家所有的自然资源，所有权可以不登记。"第 23 条规定："动产物权的设立和转让，自交付时发生效力，但法律另有规定的除外。"第 212 条规定："质权自出质人交付质押财产时设立。"

①《物权法》第 192 条规定："抵押权不得与债权分离而单独转让或者作为其他债权的担保。债权转让的，担保该债权的抵押权一并转让，但法律另有规定或者当事人另有约定的除外。"②《物权法》第 187 条规定："以本法第一百八十条第一款第一项至第三项规定的财产或者第五项规定的正在建造的建筑物抵押的，应当办理抵押登记。抵押权自登记时设立。"[1] 这就是所谓"登记生效主义"之规定，是对"设立"抵押权的公示要求，"设立登记"是他物权的创设登记，不包括抵押权随主债权移转（变更）的情形。③综上，丁公司在取得主债权的同时，取得作为从权利的抵押权。

问：《物权法》规定的作为公示形式（方式）的转让物权的登记，与《不动产登记暂行条例》规定的转移登记，是否"对接"？

答：不对接，即含义有差别。《不动产登记暂行条例》在第 3 条规定了转移登记。《不动产登记暂行条例实施细则》第 27 条规定："因下列情形导致不动产权利转移的，当事人可以向不动产登记机构申请转移登记：（一）买卖、互换、赠与不动产的；（二）以不动产作价出资（入股）的；（三）法人或者其他组织因合并、分立等原因致使不动产权利发生转移的；（四）不动产分割、合并导致权利发生转移的；（五）继承、受遗赠导致权利发生转移的；（六）共有人增加或者减少以及共有不动产份额变化的；（七）因人民法院、仲裁委员会的生效法律文书导致不动产权利发生转移的；（八）因主债权转移引起不动产抵押权转移

---

[1]《物权法》第 180 条第 1 款规定："债务人或者第三人有权处分的下列财产可以抵押：（一）建筑物和其他土地附着物；（二）建设用地使用权；（三）以招标、拍卖、公开协商等方式取得的荒地等土地承包经营权；（四）生产设备、原材料、半成品、产品；（五）正在建造的建筑物、船舶、航空器；（六）交通运输工具；（七）法律、行政法规未禁止抵押的其他财产。"

的；(九)因需役地不动产权利转移引起地役权转移的；(十)法律、行政法规规定的其他不动产权利转移情形。"除第10项外，上述九项中，有的转移登记是导致物权变动的法律事实，如因买卖、互换、赠与不动产而进行的转移登记；有的不是，如因主债权转移引起不动产抵押权转移进行的登记是"事后"的登记。而依《物权法》转移物权的登记，该登记是导致物权变动的法律事实。

◎ 动产买卖的所有权保留

甲公司卖给乙公司一台探测仪，约定交付后所有权不移转，待乙方付清全部价款后，探测仪所有权转归乙公司所有。

解：《合同法》第133条规定："标的物的所有权自标的物交付时起转移，但法律另有规定或者当事人另有约定的除外。"第134条规定："当事人可以在买卖合同中约定买受人未履行支付价款或者其他义务的，标的物的所有权属于出卖人。"按动产公示（交付占有）的要求，交付后所有权即发生转移，但法律允许约定动产所有权保留。这是交付不移转动产所有权的例外。

（2）非民事法律行为，不适用公示原则。

公示原则只规制变动物权的民事法律行为。公法行为、事件、事实行为，不适用公示原则，即排除公示方式（不动产登记、动产交付）对变动物权的适用。《物权法》第28、29、30条就此作了规定。[1]

---

[1]《物权法》第28条规定："因人民法院、仲裁委员会的法律文书或者人民政府的征收决定等，导致物权设立、变更、转让或者消灭的，自法律文书或者人民政府的征收决定等生效时发生效力。"第29条规定："因继承或者受遗赠取得物权的，自继承或者受遗赠开始时发生效力。"第30条规定："因合法建造、拆除房屋等事实行为设立或者消灭物权的，自事实行为成就时发生效力。"

◎ 不因登记、交付取得所有权的情形

①张甲自杀，登记在其名下的房屋由妻子李乙继承。②A 手工制作了一架无人机。

解：①自杀是一种事实行为，但从李乙继承遗产的角度看，一般表述为是因事件（人的死亡）引起的物权变动。张甲死亡后，房子还是登记在他的名下，但所有权已经转归李乙，不适用依不动产物权变动的一般公示形式。这是登记与所有分离的一种现象。李乙要去登记机关办理转移登记，将房屋改登在自己的名下。②A 是以事实行为取得这架无人机的所有权，是原始取得占有、原始取得所有，无须满足通过交付占有取得动产所有权的公示要求。

（二）动态的不动产登记：不动产物权变动的公示方式

我们经常说，这所房屋登记在某某名下，这是静态的登记，反映不动产的归属，是登记的公信力问题。

动态的不动产登记，是权利在主体间移转和创设他物权的登记，登记，是到行政机关登记，但它是基于民事法律行为的登记，是"从登记到登记"。比如，甲将房屋出卖或者赠与给乙，办理的登记俗称为"过户登记"，学名为转移登记，即从甲的登记变成乙的登记。再如，乙将房屋抵押给丙，办理的抵押权登记是创设他物权的登记。乙的登记不变，再加上一个丙的登记。

问：不动产所有权的首次登记不是"登记到登记"，是不是物权变动的登记？

答：不动产首次登记，也称为不动产的初始登记，是指不动产权利第一次登记。不动产所有权的首次登记不是物权变动的登记。比如，张甲在 3 月 1 日盖好了一幢房屋，4 月 1 日办理了

登记。其物权变动（取得物权）在3月1日。4月1日的首次登记只是一种宣示登记，即该登记不是物权变动的公示形式。顺便指出，未办理不动产首次登记的，不得办理不动产其他类型登记，但法律、行政法规另有规定的除外。

问：不动产灭失后办理的注销登记，是否为物权变动（消灭）的登记？

答：不是。例如，甲的房屋2月1日拆除，3月1日办理注销登记，甲的房屋所有权在2月1日消灭。

问：甲、乙6月1日签订了房屋抵押合同，7月1日办理了抵押登记。债权和物权发生的时间如何？

答：6月1日，房屋抵押合同（债权合同）生效，虽然合同生效，但是抵押权不发生。7月1日办理了抵押登记，抵押权才产生。签订抵押合同与办理抵押登记是两个法律事实。

问：房屋买卖的"交付+登记"应如何理解？

答：房屋买卖比较特殊，出卖人有两个主给付义务，第一个是交付，以转移占有；第二个是办理所有权过户登记（转移登记）手续，以移转所有权。违反任何一个主给付义务，都可构成根本性违约。

（三）动产交付：动产物权变动的公示方式

1. 交付的含义

在主体之间变动动产物权，需要"交付"的公示形式（方式）。交付是指交付占有，是移转占有的双方法律行为，是一个占有到另外一个占有的动态过程。

2. 动产交付的法律效果

《物权法》第23条规定："动产物权的设立和转让，自交付时发生效力，但法律另有规定的除外。"物权的变动有"设立""变更""转让""消灭"四种情况。这里只涉及"设立"和"转让"两种。此处的"设立"特指质权的设立。

◎ 交付导致变动物权，不仅要有移转占有的客观事实，还要有变动物权的合意

①A与B订立了一辆自行车的买卖合同。A依据买卖合意将一辆自行车交给B占有。②甲、乙3月1日订立质押合同，3月5日交付质物。

解： ①A对B交付的结果，使A的占有变成了B的占有，A的所有权变成了B的所有权。②质押合同自3月1日成立时生效。质权自3月5日交付时设立（生效）。③通过交付取得占有，A的所有权和乙的质权才有公信力。④买卖合同和质押都是债权合同、诺成合同，两个合同的交付，都是基于变动物权的合意。如果是租赁合同，虽然有交付租赁物的双方行为，但不发生物权变动，因为这种交付没有变动物权的合意。

（四）观念交付：满足动产物权变动的公示要求

1. 观念交付的含义

（1）与现实交付对应的是观念交付。现实交付的特点是"标的物过手"，即从甲的占有，转归乙的占有。观念交付，又称为象征交付、拟制交付，是指在标的物不能实际转移占有或者不需要实际转移占有的情况下，一方将对标的物占有的权利（本权）移转给另一方，以代替实物的交付。观念交付的特点是"标的物不实际过手"，"占有不动本权动"。

（2）观念交付并不是交付，是移转、设立动产本权的双方法律行为。

问： 已经交付过的物，还能再交付吗？

答： 交付，是指现实交付。一个物，只能有一个现实占有，

在向相对人交付时，也只能有一个现实交付。已经交付过的物，不能再交付，可用观念交付完成公示的要求，以变动物权。

例如，在买卖动产时，可以由一个观念交付替代现实交付。出租人甲将激光切割机（动产）交付给承租人乙使用（现实交付），隔了两天，甲将激光切割机卖给乙，双方又成立了买卖合同，该买卖合同有一个属于观念交付的简易交付。

（3）观念交付是对动产的观念交付，不能适用于不动产，否则就违反了物权法定原则。

◎ **房屋不能以占有改定的方式交付**

甲（出卖人）与乙（买受人）在签订二手房买卖合同之后、办理过户登记（转移登记）之前又约定："该房屋由甲有偿使用一年，租金10万元"。有学者认为双方实现了以占有改定方式的交付。

解：（1）交付，是指交付占有（移转占有），观念交付是移转本权或创设本权（对设质是创设本权）的双方法律行为，它本质上不是交付。房屋是不动产，按照公示原则，无法采用交付和观念交付的方式移转本权（本案的本权是所有权），因此本案不可能以占有改定方式的交付，不可能以占有改定的方式将房屋本权（所有权）转移给乙。所有观念交付都是适用于动产的，没有例外。

（2）甲、乙约定"该房屋由甲有偿使用一年，租金10万元"，貌似一个成立租赁合同的双方法律行为。如果成立租赁合同，则出卖人甲为承租人、买受人乙是出租人，租赁是他物用益，房屋所有权未转移给买受人乙，甲能够租赁自己的房屋吗？不可能的。本案不符合占有改定的要件，但符合合意变更买卖合同的要件，即解释为：买卖推迟一年交付，扣除 10 万元的价款。

2. 观念交付的意义

动产物权的变动，需要满足公示（交付）的要件，为了效率，有时不需要现实交付，法律作了变通规定，允许以观念交付替代。也就是说，法律规定允许观念交付的，观念交付也发生物权变动的效果。

3. 观念交付的类型

观念交付包括简易交付、占有改定和指示交付。

（1）简易交付。

《物权法》第 25 条规定："动产物权设立和转让前，权利人已经依法占有该动产的，物权自法律行为生效时发生效力。"简易交付是指合同在订立前受让人已实际占有标的物时，自合同生效之日起即为交付。条文中的"设立"，是指质权的设立。

◎ 观念交付，也实现"一交三转"

2月1日，甲方将一条金龙鱼租给乙方一年，在租赁期间即乙方依租赁合同占有期间，双方协商买卖这条金龙鱼，于同年7月1日签订了买卖合同。

解：买卖合同 7 月 1 日生效时（买卖合同作为诺成合同，成立时生效），交付就视为完成（简易交付）。此时实现"一交三转"：①所有权转移；②孳息的收取权转移；③风险的负担转移。另外甲方对乙方的租金只能收到 7 月 1 日。因为自 7 月 1 日起，他物用益改为自物用益。

（2）指示交付。

《物权法》第 26 条规定："动产物权设立和转让前，第三人依法占有该动产的，负有交付义务的人可以通过转让请求第三人返还原物的权利代替交付。"

指示交付是指标的物由双方以外的第三人实际占有时，转让人将对第三人的返还请求权让与受让人，以代标的物的实际交付。例如，出卖人将已经出租的标的物或由他人保管的标的物出卖的，可将对承租人的租赁物返还请求权或将对保管人、仓储人的返还请求权让与给买受人，以代标的物的实际交付。

（3）占有改定。

《物权法》第27条规定："动产物权转让时，双方又约定由出让人继续占有该动产的，物权自该约定生效时发生效力。"占有改定，是一种标的物不实际过手的所有权移转方式。具体地说，占有改定是由双方当事人约定，标的物的所有权转移给受让人，但标的物仍旧由出让人实际占有，受让人取得标的物的间接占有，以代标的物的实际交付。

对买卖合同中占有改定的理解，应当注意以下两点：第一，发生占有改定的场合，除了买卖合同以外，同时还有一个合同存在。如：买卖双方在签订买卖合同时又签订租赁合同，由出卖人租用标的物，则自租赁合同生效之时，标的物即为买卖合同的交付（所有权发生转移）。第二个合同还可以是借用合同、保管合同等。第二，在发生占有改定的场合，出卖人依照第二个合同是直接占有，买受人依照第二个合同是间接占有。此时，标的物虽由出卖人继续直接占有，但买受人作为所有权人取得间接占有。间接占有的标志，是有返还请求权。

◎ 占有改定，本权的改定

张甲以3万元的价格把一头双峰白骆驼卖给李乙，按约定李乙3天后来到张甲的大院，要取走骆驼。张甲说："你租给我

3天吧,一天80元。"李乙爽快地说:"好!"在张甲承租的第二天,一个霹雳从天而降,劈掉了白骆驼的一个驼峰,双峰骆驼变成了单峰骆驼。

解: 当事人之间有两个合同,一个是买卖合同,一个是租赁合同。成立租赁合同时,在二人之间发生了占有改定方式的观念交付。占有改定是指"本权改定",这个观念交付使本权(骆驼的所有权)移转给李乙,这称为"占有不动本权动"。在张甲承租第二天发生的价值减损风险,由出租人李乙承担。租赁合同风险的承担,不是交付主义,是所有权人主义。

专题十六　无因管理之债与不当得利之债

引言

无因管理之债与不当得利之债,是两种典型法定之债。无因管理行为是事实行为,产生不当得利的法律事实,包括人的行为,也包括事件。无因管理制度是促进社会互助的制度,不当得利制度是维护结果公平的制度。

一、无因管理之债

(一) 无因管理的含义

无因管理,一是指无因管理行为,二是指无因管理之债。具体是哪种含义,要看使用的语境。

1. 无因管理行为

无因管理行为,是指没有法定或者约定义务而为他人管理事务的行为,是债的发生原因之一。"他人"称为受益人,也称为本人。

(1) 通说认为,无因管理是事实行为,而非民事法律行为。

即无因管理是因管理行为的事实发生债权债务关系,不是因为当事人的意志(意思表示)发生债权债务关系。无因管理作为一种事实行为,最重要的意义,在于不要求管理人有行为能力。

也有人认为无因管理也可以是法律行为,如将他人房屋出租。将他人房屋出租,就租赁而言,的确是法律行为,但对于受益人(本人)来说,仍然是事实行为。强调一句:无因管理之事务(管理人办的事儿),既可以是事实行为(如替受益人养鱼),也可以是法律行为(如替受益人卖鱼)。无因管理的实施行为分为不涉及第三人与涉及第三人两种,与第三人之间,可能是法律行为。例如:甲得急病,乙用自己的保鲜包装盒将受益人甲的鲜活产品装好后卖给第三人丙。乙对甲没有为意思表示,因事实行为与甲成立了无因管理之债,乙与第三人丙实施了双方法律行为,成立了合同之债(参见下图)。

甲(受益人)————乙(管理人)————丙(第三人)

(2)无因管理是无偿行为,管理人不能因为管理行为而要求受益人(本人)给予报酬,即管理人无报酬请求权。但是必要费用(管理的成本)却有权要求支付。

(3)为他人管理的事务,是非人身性的他人事务。

◎ 无因监护构成无因管理吗

周某在丈夫死后,置自己痴呆的儿子刘某于不顾,外出流浪。刘某之姨黄某从外地到周某家"串门",发现刘某已经奄奄一息,就带回家中抚养,并安排其就医治疗。请分析黄某的行为。

解:①黄某的行为是无因监护。无因监护是无因管理的一种。黄某不是监护人且未受委托,只是尽道德义务。黄某与周某之间,成立无因管理之债,周某应当向黄某支付抚养费用、医疗费用。②无因管理，不得管理他人人身性事务，是指无因管理的实施行为，不得是受益人的本人才能够实施的身份法律行为。比如，不能替别人结婚、收养。无因监护，是代他人（监护人）实施监护职责，这并无法律上的障碍。

（4）无因管理是没有法定或者约定义务而为他人管理事务。法定义务可因亲权、监护权等产生。约定义务是指接受委托，承担受托人的义务，或者因为雇佣、承揽等合同产生义务。警察维护治安，是因为有法定义务，自然不是无因管理行为。

（5）无因管理是合法行为，是违法阻却事由。

问：甲的羊群在山坡上散放，一只羊离群丢失，乙捡到后到处寻找失主，共花费13元车费，最后把羊交给甲。乙对羊的占有，是有权占有，还是无权占有？

答：是有权占有。①通说认为，无因管理人对物的占有是无权占有。这种观点不正确，与无因管理是合法行为的观念相悖。②无因管理人对物的占有，属于法定授权，这个权就是法定本权。依来源，本权分为两种，一种是意定本权，一种是法定本权。③有本权才有占有抗辩权，甲拒绝支付13元车费时，乙有权拒绝交付小羊（行使占有抗辩权）。

（6）从道德角度讲，无因管理的行为是见义勇为、患难相助、助人为乐的高尚行为。无因管理制度，要保护这种行为，同时又要防止对他人事务不必要的干预。对他人事务不必要的管理也会构成侵权行为。

问：处分他人之物，都是无权处分吗？

答：民法是衡平的艺术。条件变化，案件处理的结果也应变化，不要一条道走到黑。甲出国，将纪念邮票等贵重物品让乙保管，乙擅自将邮票出卖给丙，是无权处分，是侵犯所有权的行为。但若构成无因管理行为，就另当别论了。

若甲的孩子病重，等钱救命，乙与甲联系不上，就以自己的名义卖给丙，此是无因管理行为，是违法阻却事由，是有权处分，丙取得所有权是正常取得（一般取得），不是善意取得。

（7）无因管理行为是产生债的法律事实，不产生债的行为不是严格意义上的无因管理行为。不过，不产生债的行为，也是法律事实，因为它可以单独作为违法阻却事由存在。

2. 无因管理之债

无因管理之债，是因无因管理行为产生的法定之债。无因管理之债，一方为管理人，另一方为受益人（也称为本人、被管理人）。就发生的债的关系来看，管理人为债权人，受益人为债务人。

《民法总则》第121条规定："没有法定的或者约定的义务，为避免他人利益受损失而进行管理的人，有权请求受益人偿还由此支出的必要费用。"

"民法通则第九十三条规定的管理人或者服务人可以要求受益人偿付的必要费用，包括在管理或者服务活动中直接支出的费用，以及在该活动中受到的实际损失"（《最高人民法院关于贯彻执行〈中华人民共和国民法通则〉若干问题的意见》（以下简称《民通意见》）第132条）。

◎ 是无因管理，还是不当得利

甲欠乙的钱到期不还，乙纠集打手准备殴打甲，丙得知后半路拦住乙，替甲还了钱。后来丙请求甲偿付，甲拒绝。理由是："我本来就不想还的，再说，替我还的钱不属于'费用'。"丙是依无因管理请求返还，还是依不当得利请求返还？

解：是无因管理，甲得到人身和财产两个方面的利益。依社会一般常理，甲应作出还钱免责的决策，故构成无因管理。实现无因管理必须花的钱，就是"必要费用"。

（二）无因管理的成立要件

1. 管理他人事务

管理他人事务，是指有管理他人事务的行为。此为客观要件。

（1）管理可以是紧急情况下的管理，也可以是非紧急情况下的管理。管理人为免除受益人的生命、身体或财产上的急迫危险，而进行的管理，称为紧急管理。

（2）管理他人事务，可以是对他人的财产进行管理，也可以是对非财产事务进行管理。如张某癫痫发作，李某将其送至医院，就属于非财产事务的管理。

（3）管理他人事务的行为，可以是保管行为、改良行为、利用行为等，也可以是处分行为。

（4）将自己的事务误认为他人的事务而管理，称为幻想管理。幻想管理不构成无因管理，因为欠缺客观要件。例如：甲想为乙做事，喂养乙的牛，后来发现是自己的牛，甲为幻想管理（不构成无因管理）。

2. 有为他人利益的意思

为他人利益的意思又称为管理意思，是指管理人管理事务是为了他人的利益。此为主观要件。仅仅是为了自己的利益，不构成无因管理。无因管理是事实行为，管理人为他人利益的意思，无须向他人（受益人）表示，即可构成无因管理关系。兼为自己的利益，不妨碍无因管理的成立。

将他人的事务误认为自己的事务而进行管理，称为误信管理（不真正无因管理）。因为欠缺主观要件，误信管理不构成无因管理。误信管理不能适用也不能类推适用无因管理的规定。误信管理可适用不当得利的规定。例如：甲怕自己的牛饥饿，用玉米喂食，后来发现是乙的牛，甲为误信管理（不构成无因管理），可以不当得利为由请求乙返还利益。

3. 无法律上的原因

无法律上的原因，是指对他人事务的管理没有法定或者约定的义务。法定义务如失踪人的财产代管人对失踪人财产的管理义务，约定义务如保管人对寄存人财产的保管义务。

当受益人（本人）自知悉管理情事而予以承认时，管理事务仍在继续时候，无因管理即转变成"有因管理"，这种"有因管理"，即是一种委托关系，适用《合同法》关于委托合同的规定。

此条件的本质，在于管理的本质是为了受益人的利益，或者是为了受益人应尽的义务而进行管理。管理人违反受益人明示或可得推知的意思进行管理，对于因其管理所生损害，虽无过失，亦应承担损害赔偿的责任。但是，如果管理是为受益人尽公益上的义务，或为履行法定义务，或受益人的意思违反公共秩序和善良风俗的除外。

◎ 本案并存的债务承担是无因管理吗

张三借给李四1万元。债务人李四到期不还，债权人张三找到居间人王二，说："看你的面子，我才借给李四钱的，你看怎么办吧？"王二内心愧疚，就给张三写了一张1万元的欠条。请问：王二是并存的债务承担，还是连带责任保证？王二的行为是无因管理吗？

解：①王二是并存的债务承担，其债务与李四的债务并存。王二在向张三清偿后，可向无因管理的本人（被管理人）李四求偿。②王二自动"承债",只有两种可能:委托和无因管理。本案没有委托的事实,并存的债务承担,只能产生于王二的无因管理行为。

(三) 无因管理之债的内容

1. 管理人的义务

(1) 适当管理的义务。即管理人要以受益人明示或可以推知的意思,以有利于受益人的方法进行事务管理。违反此义务造成损害的,应当承担赔偿责任。

(2) 通知义务。管理人开始管理时,以能通知者为限,应即时通知受益人。

(3) 报告及权利移转的义务。即管理人应将管理事务的状况报告给受益人。为受益人谋取的利益应当移转给受益人。

2. 管理人的权利

管理人的主要权利(债权)是有权要求受益人偿付必要的费用,有损失的,要求弥补损失。

3. 赔偿责任

管理人在管理过程中因故意或者重大过失行为致使受益人损害时,应当予以赔偿。在紧急管理中,管理人的轻过失免责。对拾得物的管理,也是轻过失免责。[1]

(四) 无因管理与委托合同

无因管理行为被受益人追认后,溯及地参照适用委托合同的规定,在立法没有明确规定之前,不能是适用,只能是参照适用。

---

[1] 《物权法》第111条规定:"拾得人在遗失物送交有关部门前,有关部门在遗失物被领取前,应当妥善保管遗失物。因故意或者重大过失致使遗失物毁损、灭失的,应当承担民事责任。"

参照适用的基础主要是：①无因管理是管理他人的事务，也就是说无因管理的标的（给付）与委托合同相同。②无因管理的受益人的利益状态，与委托合同的受托人相同。③追认，视为双方意思表示一致。

二、不当得利之债

（一）不当得利的概念

不当得利是指没有合法根据（合法原因）而受益，致使他人受损失的法律事实。不当得利，是债发生的一项原因。不当得利之债是法定之债。例如，甲雇乙养鱼，乙误将鱼苗放入丙的鱼塘，甲与丙之间成立不当得利之债。

《民法总则》第122条规定："因他人没有法律根据，取得不当利益，受损失的人有权请求其返还不当利益。"

问：不当得利与无因管理能否竞合？

答：不能。因为，不当得利要件之一是没有法律上的原因，无因管理本身为受益人（本人）得利的法律上的原因。

不当得利的客观表现是"损人利己"。不当得利的产生可以因为人的行为，也可以因为自然事件。这种行为或者事件（原因事实），产生了一方获得利益，另一方受损害两个结果。

不当得利常与侵权行为并存（竞合）。此种情况下，由当事人选择如何主张请求权。

（二）不当得利的成立要件

1. 一方取得财产利益

取得财产利益，可以是财产范围的扩大（积极的增加），也可以是应减少而未减少（消极的增加）。取得财产利益主要包括以下几种情况：

（1）取得财产权。如取得所有权、无形财产权、债权等。

（2）占有。占有也可以是不当得利的客体，因为占有也被认为是一种财产上的利益。

（3）债务消灭或者减少，属于取得财产利益。

（4）劳务或物的使用，属于取得财产利益。

问：张男与李女结婚，生子抚养一年后，发现邻居王丙是孩子的亲生父亲，王丙是否构成不当得利？张男能否以不当得利为由请求王丙支付一年的抚养费？有人认为张男构成了无因管理，对吗？

答：王丙应当承担抚养费而未承担，属于财产的消极增加，构成不当得利，应当支付相应的抚养费。张男没有为他人管理的意思，不构成无因管理。

2. 一方受有损失

构成不当得利的要件之一，在于一方受损，"于自己有利，于他人无损"的事实不构成不当得利。

问：反射利益的含义是什么？

答：甲的大厦盖起来之后，相邻的乙的地价随之猛涨，乙不构成不当得利，因为对甲并没有产生损害结果。乙的利益形象地被称为"反射利益"。

一方受损，可能是财产损失，也可能是付出了劳务。比如，张甲雇佣"麦客"收割麦子，"麦客"走错了麦田，割了李乙家的十亩地，张甲可求李乙返还相当于佣金的不当得利。

3. 取得利益与所受损失间有因果关系

一方财产的增加在于另一方财产的减少或劳务的付出，或者说，一方财产的减少或劳务的付出，使另一方的财产增加。

例如：甲、乙的鱼池相邻，因大雨泛滥，甲鱼池的鱼随水流进入乙的鱼池，一方的财产增加了，一方的财产减少了，两者有因果关系。乙虽无过错，仍构成不当得利。

4. 没有法律上的根据

没有法律根据，是指利益的取得没有合法的原因，即没有法律的直接规定或者没有当事人给相对人增加财产的意思。

没有法律根据，分为自始无法律根据和嗣后丧失法律根据两种情形。

问：无效合同，为什么自始无效？可撤销的合同被撤销后为什么自始无效？自始无效对当事人主张请求权有什么意义？

答：因为无效的原因、撤销的原因，发生在自始（合同订立时）。自始无效是返还不当得利的前提。依据无效合同得利，自始无法律根据；合同被撤销以前，当事人所得利益有法律根据，被撤销以后，合同自始无效，当事人所得利益因嗣后丧失法律根据而成为不当得利。

问：合同解除，是否发生不当得利的后果？

答：有可能发生。比如，甲与乙订立了买卖合同，甲将货款50万元转账给乙，后甲到期不发货，乙催告无效后通知甲解除了合同。一次性给付的合同解除后自始失去效力。乙收取的50万元原来有法律根据（依据合同），解除后丧失法律根据（属于嗣后丧失）。

问：甲向乙的卡上打了1万元，后以打错为由，请求返还不当得利。甲已经举证打了1万元（凭条），乙承认收到1万元，但否认构成不当得利。至此，应让谁承担举证责任，证明什么？

答：至此，应让乙承担得款有法律原因的举证责任。

(三) 不当得利的基本类型

不当得利 { 基于给付的不当得利
         非给付的不当得利

1. 给付不当得利

一方向相对人提供财产或者提供劳务，是给付行为。欠缺给付目的而增加相对人财产的行为，使相对人构成不当得利。

问： 非债清偿的含义是什么？

答： 非债清偿，是无债务而清偿，是给付不当得利的一种表现。例如：出卖人甲向乙找零钱时，多交了1元钱，乙构成给付不当得利。

2. 非给付不当得利

非给付不当得利，是因给付以外的原因所产生的不当得利，包括因侵权产生的不当得利和因事件产生的不当得利。

◎ **侵权型不当得利**

（1）甲乙的住所相邻，甲早上开门，见门口放着两瓶牛奶，误以为是自己购买的米饭，取而食之。

解： 甲为过失侵权，同时构成不当得利。此为侵权责任与不当得利责任的竞合。

（2）甲偷用乙的汽车，3天后被发现。属于用益侵权，也是侵夺占有的行为。

解： 甲偷用乙的汽车，属于用益侵权，也是侵夺占有的行为。这里，因用益侵权成立了损害赔偿（用益损失）与返还不当得利（用益利益）的竞合。另外，对他人之物的无权占有，也是一种不当得利，只是生活中，一般不以返还不当得利为由请求返还占有。

（四）不当得利之债的内容

不当得利之债的内容，从受益人的角度观之，是返还义务。返还，以返还所受利益原状为原则，以价额返还为例外。

1. 善意受益人的返还义务

善意受益人，是指不知无法律根据而取得利益的受益人。增加财产的受益人为善意时，仅于现存的利益范围内负返还义务。现存的利益包括原所受利益和原所受利益的变形（扩张物、代价物）。原形虽不存在，而受领人的财产总额增加时，说明现存利益仍然存在。善意受益人在返还时，并不附加利息。

通说认为，现存利益的确定应以返还请求之时为准。

2. 恶意受益人的返还义务

恶意受益人，是指明知无法律根据而取得利益的受益人。这种恶意，可以发生在受领财产时，也可以发生在受领财产之后。即恶意分为自始恶意和嗣后恶意。恶意受领人，应将现存利益附加利息，一并偿还，如有损害，应当予以赔偿。

善意受益人：返还现存利益。

恶意受益人：返还现存利益+利息+损害赔偿。

◎ 应返还多少

李乙向张甲借款100万元，借期12个月，月息4分，到期李乙按约支付了本息。一年零九个月后，李乙起诉张甲，以不当得利为由要求张甲返还24万元，并要求该24万元按银行利率计息。

解：月息4分，年利率为48%（4%×12），年利率36%以上已经支付给出借人的,出借人构成不当得利。李乙得以不当得利为由要求张甲返还 12 万元（48 万元-36 万元），善意的不当得利人不返还利息，由于张甲是恶意的不当得利人，应当按不当得利返还该 12 万元的利息（按银行同期利率计算）。

第五部分 民事法律行为

专题十七 民事法律行为的类型和效力模型

引言

民事法律行为是通过意思表示形成法律关系的法律事实。法律行为是意定法律事实，相应的法律关系是意定法律关系。

明确法律行为的类型，对把握它们的效力是有帮助的。

律师的一项任务，是判断民事法律行为的具体效力，以确定当事人的权利义务关系。

一、民事法律行为的概念和特征

（一）民事法律行为的概念

《民法总则》第133条规定："民事法律行为是民事主体通过意思表示设立、变更、终止民事法律关系的行为。"

（1）民事法律行为是适格的意思表示行为。"适格"是指符合要求。例如，要约邀请是意思表示，但不能因对方的接受而结合为合意（不适格），故要约邀请不是民事法律行为。

（2）民事法律行为是人的行为，是法律事实之一种。例如，结婚、离婚的行为、收养行为、遗嘱行为、成立合同的行为、公司作出决议行为、动产抛弃行为、行使形成权的行为等是民事法律行为。

（3）民事法律行为是法律所赋予的人人得自由创设法律关系的手段。自由创设法律关系，称为私法自治。当然，私法自治不是绝对的。私法自治在合同法领域，体现为合同自由原则。如果行为依法不能发生当事人追求的效果，则该行为是无效民事法律行为。

（4）法律行为与事实行为不同。法律行为与事实行为都形成法律关系。法律行为依当事人的意思表示发生效力；事实行为不依当事人的意思表示发生效力。无因管理、先占、发明、创作作品、侵权行为等为事实行为。

（5）仅从债的角度看，法律行为可产生意定之债；事实行为可产生法定之债。比如，双方法律行为产生合同之债，侵权行为产生侵权之债。法律行为还可以产生债以外的法律关系。例如，结婚的双方法律行为产生夫妻关系、收养产生父母子女关系。事实行为也可以产生债以外的法律关系，例如，盖了一所房子产生了物权法律关系。

（二）民事法律行为的特征

1. 法律行为是一种法律事实

法律行为的成立，引起当事人追求的法律后果，即发生、变更或者终止法律关系。因此，法律行为是一种法律事实。法律事实分为法定法律事实和意定法律事实，适格的法律行为（有效的法律行为）是意定法律事实。

法律事实 { 事件
          { 行为（合法行为与违法行为）

2. 实施法律行为是为了发生私法（民法）上的效果

法律行为是私行为，即以私人的意志即可发生法律效果。

法律效果从法律关系的角度看，即法律行为致使民事法律关系产生、变更或者消灭。

3. 法律行为以意思表示为要素

法律行为是表示行为，须为意思表示才能发生法律效果。比如，合同的成立须经过要约和承诺两个意思表示的结合。又如授予代理权，只有内心活动是不够的，须向代理人或相对人表示出来。

二、民事法律行为的类型

（一）单方法律行为、双方法律行为与共同法律行为

《民法总则》第134条规定："民事法律行为可以基于双方或者多方的意思表示一致成立，也可以基于单方的意思表示成立。法人、非法人组织依照法律或者章程规定的议事方式和表决程序作出决议的，该决议行为成立。"民事法律行为分为双方法律行为、共同法律行为（多方法律行为）和单方法律行为。

1. 单方法律行为

单方法律行为也称为单方行为、单独行为，是指由一方的意思表示（单独为意思表示）就可成立的法律行为。

（1）单方法律行为的特点。

单方法律行为只有一个意思表示，由一方决定法律关系。例如，单方通知相对人抵销（行使抵销权）是一种单方法律行为（一个意思表示），合意抵销是双方法律行为（两个意思表示取得一致）。

单方行为可以发生债权法上的效果（如解除合同、抵销债务），也可以发生物权法上的效果（如动产抛弃）。

（2）单方法律行为的类型。

单方法律行为的类型，有创设相对法律关系的行为和变更、消灭既存相对法律关系的行为。

立遗嘱、代理权的授予、发布悬赏广告等是创设相对法律关系的行为。

变更、消灭既存相对法律关系的单方法律行为，是行使形成权的行为，包括抵销债务、免除债务、对效力未定行为的追认、单方解除合同等。

变动绝对法律关系的行为也可以是单方法律行为，如动产的抛弃是单方法律行为。

问：大股东甲为乙公司的法定代表人，能否通知公司抵销自己的债务？出资义务能否抵销？

答：（1）因抵销是单方法律行为，因此不管甲是不是公司的股东，是不是公司的法定代表人，其都可以通知乙抵销自己的债务。

（2）股东出资义务也可以抵销，不以股东会会议通过为必要条件。股东出资未到位是对公司的债务，也是对其他股东的违约责任。但就出资债务，股东不能对其他股东的债务抵销，只能通知公司抵销。例如，甲对公司有100万元出资义务，按照章程约定应当在公司设立时实缴到公司账上，但甲一直未缴纳，后来甲借给公司300万元，甲可通知公司抵销100万元。须注意的是，抵销不会自动发生，须有抵销通知这个单方法律行为。甲是这个公司大股东和法定代表人，但不影响抵销的效力。因为这种抵销没有损害公司和公司债权人的利益，而是完成出资义务的行为。

甲也可以与公司合意抵销，即甲与公司签订抵销合同（双方法律行为）来抵销，因甲和公司是相互独立的主体，因此甲是公司法定代表人时，也不影响抵销合同的效力。

（3）股东对公司出资债务，也可以通过公司股东会决议（共同法律行为）的方式抵销。

(4) 实缴出资未到位，会导致股东的补充责任和连带责任。[1] 实务中要特别注意的是，抵销之后要做好公司的财账，以防止公司债权人对抵销的股东主张权利。注册资金的总额和实缴时间在市场监督管理机关是登记过的，不需办理变更登记。

2. 双方法律行为

双方法律行为，是双方当事人意思表示一致成立合同的行为，是两个意思表示对立的统一。

我们有时说，合同是双方、多方法律行为，有时说合同是债权债务法律关系，这是从不同角度而言的。

买卖与赠与都是双方行为，但前者是有偿的，后者是无偿的。

双方行为不限于债权合同，身份合同如收养合同，也是双方行为。

3. 共同法律行为

共同行为也称为协同行为。多方法律行为，是共同法律行为。共同法律行为与双方行为的不同之处在于：双方行为是由两个互相对立的意思表示合致而成的；而共同行为是由同一内容的多数（包括两个）非对立的意思表示合致而成的。例如，甲对乙发出要约："这个戒指，卖给你50元。"乙表示同意，两

---

[1]《最高人民法院关于适用〈中华人民共和国公司法〉若干问题的规定（三）》第13条第1、2款规定："股东未履行或者未全面履行出资义务，公司或者其他股东请求其向公司依法全面履行出资义务的，人民法院应予支持。公司债权人请求未履行或者未全面履行出资义务的股东在未出资本息范围内对公司债务不能清偿的部分承担补充赔偿责任的，人民法院应予支持；未履行或者未全面履行出资义务的股东已经承担上述责任，其他债权人提出相同请求的，人民法院不予支持。"第3款规定："股东在公司设立时未履行或者未全面履行出资义务，依照本条第一款或者第二款提起诉讼的原告，请求公司的发起人与被告股东承担连带责任的，人民法院应予支持；公司的发起人承担责任后，可以向被告股东追偿。"

个意思表示,方向相同,内容相同,是对立的统一,是双方法律行为。再如,甲、乙二人订立技术合作开发合同,两个意思表示内容相同、方向相同(非对立的),是共同法律行为,也是多方法律行为。

法人、非法人组织的决议(决议行为),是共同法律行为的一种,也是多方法律行为。决议行为的成立,分为"一致决"(全体一致同意)和"多数决","多数决"分为"人数多数决"和"资本多数决"。"多数决"又分为"绝对多数决"(2/3以上同意)和"简单多数决"(过半数)。采哪一种"决",具体要看法律、章程的规定。

共同行为的各当事人意思表示的内容是一致的,是非对立的,如"同意A当选董事"。常见的共同行为有:①订立合伙协议;②订立发起人协议;③选举董事、监事;④订立合并协议。

(二) 财产法律行为与身份法律行为

以行为发生的效果内容为标准,民事法律行为分为财产行为与身份行为。如订立债权合同(负担行为)是财产行为,抛弃动产所有权(处分行为)是财产行为;成立婚姻关系、收养关系是身份行为。财产行为引起财产法律关系,身份行为引起身份法律关系。身份关系的存在也可引起财产法律关系,如扶养请求权(财产给付法律关系)。

(三) 有偿法律行为与无偿法律行为

存在财产上对待给付的行为为有偿行为,买卖是最典型的有偿行为。不存在财产上对待给付的行为为无偿行为,赠与是最典型的无偿行为。借用、无息贷款、无偿委托、无偿保管等都是无偿行为。有偿行为是交易行为;无偿行为不是交易行为。对无偿行为有三个特别规则。

（1）实施无偿行为的债务人轻过失免责。[1]

（2）无偿合同的债务人有反悔权（毁约权）。在立法技术上有两种设计：第一种是将合同设计为诺成合同，而给债务人以任意撤销权；[2] 第二种是将合同设计为实践合同，债务人可以通过不交付动产来行使反悔权。[3]

（3）发生争议时，应当作对无偿行为人（债务人）有利的解释。如债权人主张是公斤，债务人主张是市斤，在没有交易习惯的情况下，应当解释为市斤。[4]

无偿行为是做好事的行为，是助人为乐的行为，法律有引导、巩固良好道德观念的使命，以上三个给予债务人法律优惠

---

[1] 例如：《合同法》第189条规定："因赠与人故意或者重大过失致使赠与的财产毁损、灭失的，赠与人应当承担损害赔偿责任。"第374条规定："保管期间，因保管人保管不善造成保管物毁损、灭失的，保管人应当承担损害赔偿责任，但保管是无偿的，保管人证明自己没有重大过失的，不承担损害赔偿责任。"第406条第1款规定："有偿的委托合同，因受托人的过错给委托人造成损失的，委托人可以要求赔偿损失。无偿的委托合同，因受托人的故意或者重大过失给委托人造成损失的，委托人可以要求赔偿损失。"《物权法》第111条规定："拾得人在遗失物送交有关部门前，有关部门在遗失物被领取前，应当妥善保管遗失物。因故意或者重大过失致使遗失物毁损、灭失的，应当承担民事责任。"《买卖合同解释》第6条规定："根据合同法第一百六十二条的规定，买受人拒绝接收多交部分标的物的，可以代为保管多交部分标的物。买受人主张出卖人负担代为保管期间的合理费用的，人民法院应予支持。买受人主张出卖人承担代为保管期间非因买受人故意或者重大过失造成的损失的，人民法院应予支持。"

[2] 《合同法》第192条规定："受赠人有下列情形之一的，赠与人可以撤销赠与：（一）严重侵害赠与人或者赠与人的近亲属；（二）对赠与人有扶养义务而不履行；（三）不履行赠与合同约定的义务。赠与人的撤销权，自知道或者应当知道撤销原因之日起一年内行使。"

[3] 《合同法》第210条规定："自然人之间的借款合同，自贷款人提供借款时生效。"第211条第1款规定："自然人之间的借款合同对支付利息没有约定或者约定不明确的，视为不支付利息。"自然人之间的借款合同就属于"民间借贷"，多为无偿合同。并不是所有的无偿合同的债务人都有反悔权，例如保证合同独立地看是无偿合同，但它附从于主合同，因而保证人没有反悔权。

[4] 有习惯的，从习惯。例如，昆明市人所说的"斤"是公斤。

的规则，就是为了落实这种使命。

（四）诺成性法律行为与实践性法律行为

诺成性行为是双方意思表示一致即可成立、生效的行为。实践性行为是除意思表示一致以外，还须交付标的物才能成立或生效的行为。诺成性行为，有助于交易的便捷。赠与虽然不是交易，但也是诺成性行为。实践性行为，当事人有反悔的余地。诺成性行为是法律行为的基本模式，实践性行为是特殊模式，须有法律的特别规定。借用合同、两个自然人之间的借款合同、保管合同、定金合同等是实践性行为。

法律对诺成性、实践性行为的规定，并非强制性规定。例如，《合同法》第210条规定："自然人之间的借款合同，自贷款人提供借款时生效。"据此，自然人之间的借款合同是实践合同，当事人把其约定为诺成合同并无不可。

问：实践和诺成，是合同的成立要件还是生效要件？

答：实践（行为）和诺成（行为），是合同的生效要件。实践合同的立法目的，是给债务人以反悔权。比如，自然人之间的借款合同，出借人可以通过不提供借款而反悔。

（五）要式法律行为与不要式法律行为

要式行为是须依法律规定或当事人约定的方式（形式要件、程序要件）实施的行为。或者说，要式行为是以某种方式作为行为成立或生效要件的。不要式行为则不要求特定的方式。要式的要求，是为了保护交易安全。不要式，则考虑到交易便捷。要式行为，须法律作出特别规定，或者当事人予以约定。要式，可以分为法定的要式和约定的要式。如抵押合同、质押合同、保证合同、定金合同、6个月以上的定期租赁合同、融资租赁合同、建设工程合同、技术转让合同、技术开发合同、保险合同、地役权合同、设立遗嘱等是要式行为，赠与合同、自然人之间的借款合同等是不要式行为。

《民法总则》第135条规定："民事法律行为可以采用书面形式、口头形式或者其他形式；法律、行政法规规定或者当事人约定采用特定形式的，应当采用特定形式。"法律行为是意思表示行为，须外在的形式予以表现。外在的形式包括书面形式、口头形式、混合形式等。法律规定的"要式"虽为要件，但并非都是强行性规定，有的可以排除适用。

（六）处分法律行为与负担法律行为

在财产行为中，依照行为的内容和效力的不同，可以区分成处分行为和负担行为。

1. 处分行为

处分行为，是指直接发生权利变动效果的行为。处分行为可以分为有权处分（包括授权处分）和无权处分。无权处分，是无处分权人以自己的名义，就标的物而为处分的行为。无权处分，分为无偿无权处分和有偿无权处分。有偿无权处分的善意相对人，可以善意取得标的物的所有权。

问：甲扔掉一台旧电视，是什么行为？

答：动产抛弃是法律行为，不是事实行为。具体来说，是处分法律行为，它引起的物权变动，使有主物变成了无主物。

2. 负担行为

负担行为，是指以发生债权、债务为其内容的行为。订立债权合同是负担行为的一种。例如：订立买卖合同，双方均负担债务；订立赠与合同，赠与人负担债务。负担行为与债权行为，是对同一行为从不同角度的表述。

(七) 有因法律行为与无因法律行为

原因又称法律原因、给付原因，是指财产给付的目的。财产行为以是否得与原因相分离，分为有因行为和无因行为。有因行为与无因行为是对财产行为的分类，不可套用在其他行为上。区别的意义主要针对无因行为，无因行为的原因（行为）不存在，该行为本身仍然独立有效。

（1）有因行为，也称为要因行为，是以原因为条件的行为，即原因与行为不可分离的行为。

债权行为（负担行为）原则上是有因行为，行为与其原因在法律上不可分离。但也有例外，比如，虽然票据行为是债权行为，但属于无因行为。

（2）无因行为，是不以原因（行为）为条件的行为。对于无因行为，原因和行为可以分离。考查无因行为，实际上要考查两个行为之间的效力关系。无因行为，在原因行为不存在（不成立、无效、被撤销等）时，行为仍然可以有效。

◎ 原因行为和给付行为效力的分离

（1）张某赠与李某5万元。张某是限制行为能力人，实施了与其年龄、智力不相适应的行为。李某取得5万元现金（实物货币）后，张某的监护人能否以张某对5万元现金享有所有权为由请求返还？

解：张某与李某的赠与合同是原因行为，其未获得追认而未生效，但不妨碍李某获得这5万元现金的所有权，交付现金作为给付行为，是无因行为。由于赠与合同不生效力，张某与李某之间形成不当得利法律关系，李某应当将"自己的"5万元钱还给张某。

顺便指出，货币（实物）的"占有与所有同一"是一般情况，不是绝对的。如王丙将盗窃的货币藏于某一隐秘地点，他并未因占有取得所有。

（2）甲方依据合同的约定向乙方支付了1万元货款，该合同因欺诈被法院判决撤销（原因行为不存在）。

解：1万元货款的给付行为仍然有效，即乙方仍然取得1万元货款的所有权。但因合同被撤销，乙方取得1万元货款丧失了依据，应将1万元货款按不当得利制度予以返还。此时甲方的返还请求权不是物权请求权（因转移所有权的行为已经生效），而是债权请求权。

三、民事法律行为的效力模型

效力模型是对民事法律行为效力的格式化（标准化、类型化）状态，分为以下几种：成立但未生效的法律行为，效力待定的法律行为、可撤销的法律行为、无效法律行为、有效法律行为。还有一种表述，叫"未成立的法律行为"或"法律行为未成立"，未成立，法律行为根本不存在。可以简洁地说，"不成立"与"不存在"是画等号的。

（一）民事法律行为的成立与未成立

满足成立要件，法律行为成立，反之不成立（不存在）。

1. 法律行为成立的共通要件

民事法律行为的成立要件，是决定其存在的要件。所谓"共通要件"，是指一切法律行为须具备的要件。学说上认为"共通要件"包括：当事人、标的和意思表示。意思表示被认为是法律行为的核心要素，因为法律行为是通过为意思表示实施的。

2. 民事法律行为成立的特别要件

（1）对实践性行为，交付标的物为特别要件。如保管合同，在交付标的物的时候，合同才成立。

（2）对要式行为，方式之实现为特别要件。如6个月以上的定期租赁合同，书面形式是其要件。要式，包括外在形式要件和程序性要件。

（二）民事法律行为成立的效力

1. 法律行为成立与生效的时间

"民事法律行为自成立时生效，但是法律另有规定或者当事人另有约定的除外"（民总136条第1款）。法律行为成立与生效一般在一个时间点上，但也有分离的情况，例如，附生效条件的合同，在双方达成合意时成立，在条件成就时生效。

2. 法律行为成立与不成立的效果

（1）法律行为成立，形成法律关系，具有法律约束力。

法律行为依法成立后，即具有约束力。"行为人非依法律规定或者未经对方同意，不得擅自变更或者解除民事法律行为"（民总136条第2款）。

法律行为成立，才能成立当事人追求的法律关系（意定法律关系）。比如，双方法律行为成立，产生合同法律关系。

问：合同成立但未生效，后来合同生效了，是有两个效力吗？

答：立法已经采纳了"成立"与"生效"相区分的观点，其实，"成立"有成立的效力，"生效"有生效的效力。比如，一个附生效条件的买卖合同，在成立后、生效前，已经发生法律效力了，任何一方不得破坏它，这种效力称为"形式拘束力"，当条件成就以后，发生了给付效力，出卖人应当交付标的物并移转标的物的所有权，买受人应当支付价款，这种效力称为"实质拘束力"，条件成就后，"形式拘束力"与"实质拘束力"并存。当事人欲建立相对法律关系，法律行为成立则相对法律关系成立，该法律关系在当事人之间具有"拘束力"，嗣后法律行为的生效要件成就，则又产生了给付效力，这个给付效力表现了当事人实施法律行为的目的。

（2）法律行为未成立，不成立法律关系。

法律行为不成立，自不能成立当事人追求的法律关系，比如，双方法律行为不成立，不产生合同法律关系。

问：一方主张法律关系成立，另一方主张不成立，举证责任是如何分配的？

答：主张成立，就是主张法律关系存在，主张不成立，就是主张法律关系不存在。由主张成立的一方，对导致成立的法律事实的存在承担举证责任。《民事诉讼法解释》第91条规定："人民法院应当依照下列原则确定举证证明责任的承担，但法律另有规定的除外：（一）主张法律关系存在的当事人，应当对产生该法律关系的基本事实承担举证证明责任；（二）主张法律关系变更、消灭或者权利受到妨害的当事人，应当对该法律关系变更、消灭或者权利受到妨害的基本事实承担举证证明责任。"例如，甲起诉乙，要求履行甲、乙签订的房屋买卖合同。合同书上的签字，不是乙的亲笔签字。乙表示没有签订过这份买卖合同，合同书的私人名章自己从未见过。本案应当由原告甲举证乙使用了该私人名章签订了合同（证明合同法律关系成立），否则应驳回甲的诉讼请求。

（三）效力待定的法律行为

效力待定的术语也是有缺陷的，不能准确反映民事法律行为的效力状态。其实，效力待定的民事法律行为也是有一定效果、有一定法律意义的。效力待定，只是当事人追求的效果的效力待定。

问：1月1日，甲代理乙与第三人丙签订买卖一台扩音器的合同。甲是无权代理人、丙是善意相对人。当事人实施的行为，有什么法律效果？

答：①本案乙与丙之间没有成立买卖合同法律关系，但二者之间成立了"合同前法律关系"，这就是甲与丙行为的效力。任何权利都处在法律关系之中，被代理人乙的追认权（简单形成权）、第三人丙的撤销权（简单形成权），都是"合同前法律关系"中的权利。②若乙追认了买卖合同（实质是追认甲的代理行为），追认通知2月1日到达，则该通知（单方法律行为）本应在2月1日生效，追认的效力溯及既往，买卖合同（双方法律行为）自1月1日生效。③若在乙追认前，丙撤销了自己的意思表示，则合同前法律关系消灭。

（四）可撤销的法律行为

可撤销的法律行为，是成立、有效但可撤销的法律行为。撤销以后自始无效。有人称可撤销法律行为是相对无效的法律行为，"相对无效"的说法不准确，人为地搞了一个模糊状态。

可撤销的原因，是当事人意思表示有瑕疵（见民总147～151条）。撤销的原因与无效的原因并存时，按无效处理，原因可以竞合，效力不能竞合。

撤销权由受害人或承受不利后果的一方享有。撤销权是形成诉权，须提起诉讼，由法院作出撤销的判决。

问：对成立但尚未生效的合同，可以请求人民法院撤销吗？

答：成立但尚未生效的合同，具有形式拘束力，可以请求人民法院判决撤销。比如，甲以欺诈手段与乙订立了一个附生效条件的合同。在条件成就之前，乙可以起诉，请求撤销该合同。

（五）无效法律行为

无效法律行为不发生当事人追求的后果（不形成意定法律关系），但可以发生法定后果（形成法定法律关系）。发生法定后果的无效法律行为，是法定法律事实。

无效民事法律行为自始无效。《民法总则》第 155 条规定："无效的或者被撤销的民事法律行为自始没有法律约束力。"无效法律行为不能转化为有效法律行为，是确定无效、自始无效、绝对无效。

法律行为未成立与无效法律行为是有区别的，但实务上经常混用，应当注意区分。

（六）有效法律行为

有效法律行为，符合成立要件和生效要件，发生了当事人追求的效果。有效法律行为是意定法律事实。

专题十八　意思表示的要素、类型及意思表示的撤回、撤销

引言

《民法总则》在第六章专节规定了意思表示，这是前所未有的。

意思表示是指当事人将企图发生一定私法上效果的意思表示于外部的行为。意思表示人称为表意人。意思表示要素，是意思表示存在、成立的要件。在司法实务中，人们习惯于判断意思表示有效还是无效，而往往不考虑它是否存在、是否成立。

意思表示的类型，是按不同标准对意思表示予以分类。类型化研究是民事研究的一个重要方法，有鸟瞰的效果。

隋彭生：律师民法业务思维（三）《民法总则》隋谈

一、意思表示的要素

（一）意思表示的主、客观要素

意思表示由两个要素构成：第一个是内心意思，此要素为意思表示的主观要件，是表意人内心对民事效果的追求；第二个是外部表示，此要素为意思表示的客观要件。意思藏之于心，不能发生效力，须表示于外部，须以说、写等方式表现出来，或者以某种行为（如履行合同的行为）表现出来，即需要有表示行为。有表示行为，他人才可以识别、认识。内心意思和外部表示合为一体，构成意思表示。

默示的意思表示，也是有表示行为的。不过，默示意思表示中的沉默，表示行为是法律的拟制（参见民总140条第2款）。

（二）表示无意识

没有内心意思，只有表示行为的外形或外观，称为表示无意识。表示无意识，不构成意思表示。

◎ **有承诺的外观，但无承诺的内心意思，合同不能成立**

甲公司到某小区居委会用电子测压仪免费给小区居民测试血压，在离居委会门口约30米的地方，放了一块白板。上面写道："免费测试完毕之后，在意见簿签名的，为同意购买电子测压仪一台。"白板上还注明了电子测压仪的价格、折扣等。张乙等并未阅读白板上的文字，用电子测压仪测试血压以后，觉得效果不错，出门时公司工作人员请张乙等在意见簿签名，张乙等就签了名。后来甲公司请张乙等付款，张乙等以从未同意购买为由予以拒绝。

解：白板上的文字，为要约，在意见簿签名，则为承诺

(同意的意思表示）。张乙等未看到要约，他们在意见簿上签名，有承诺的外观，但无承诺的内心意思，属于表示无意识，合同（双方法律行为）不能成立。

（三）既无内心意思，又无表示行为的情形

既无内心意思，又无表示行为的情形，意思表示不存在，当然不可能发生效力，实务中有认识上的死角。原因之一，是不了解"一个处分行为，有一个意思表示"的规则。

◎ 没有意思表示，就不存在重大误解

张甲将自己父亲留下的一个四合院卖给了李乙，卖价较高，但李乙考虑将来可能拆迁，就一口答应了。四合院交付并过户登记给李乙后，李乙开始装修，在院子里挖出一个坛子，里面装满了贵重首饰，预估价值和房价差不多。消息传开，3年后终于传到张甲的耳中。双方发生争议，张甲的律师以重大误解为由要求撤销房屋买卖合同。李乙的律师问张甲："买房子的时候你不知道院子里埋藏首饰，你如何证明首饰归你所有？"张甲说："'文革'时我父亲怕抄家，曾将财产东塞西藏，此坛贵重首饰应是我父亲当时埋藏的。"李乙的律师说："张甲无权主张权利，即不能以重大误解为由主张撤销合同，因为其不能证明首饰归自己所有。"

解：（1）张甲的律师主张以重大误解为由撤销合同，观点是不正确的。因重大误解签订的合同，与其他合同一样，成立了合意，即双方的意思表示取得了一致。重大误解，只不过是有瑕疵的意思表示。本案张甲并不知道首饰的存在，不可能就首饰为意思表示。具体地说，对首饰的处分，既不存在意思表示的主观要件（没有内心意思），也不存在客观要素（没有表示

行为)。没有意思表示就不存在重大误解,也不存在撤销意思表示的问题。

(2)对两个以上互相独立的物的处分,须有两个以上处分的意思表示,本案对四合院和一坛首饰应有两个处分的意思表示。坛子里面的首饰,每一个都是特定物,但它们由一个坛子"包装"在一起,应视为一个物。

(3)李乙的律师的观点不正确。在出卖前,首饰由张甲占有,尽管张甲不知道坛子的存在(心素不是占有成立的要件)。依占有权利推定,首饰归张甲所有。这里的占有权利推定,是对出卖前占有(过去的占有)的权利推定。张甲对占有的财产,无须证明自己的继受取得,这种证明责任在罗马法被称为"魔鬼证明"而最终被抛弃。

(4)《物权法》第114条规定:"拾得漂流物、发现埋藏物或者隐藏物的,参照拾得遗失物的有关规定。文物保护法等法律另有规定的,依照其规定。"第107条第1句规定:"所有权人或者其他权利人有权追回遗失物。"本案的一坛首饰为埋藏物,张甲有权追回。

(5)重大误解涉及人的认识,在诉讼中很难证明,且有3个月和5年除斥期间的限制。[1] 换一个角度,采用意思表示不具有主观要件(即意思表示不存在)的理由,则简便得多,也不受请求撤销法律行为的除斥期间的限制。

---

[1]《民法总则》第152条规定:"有下列情形之一的,撤销权消灭:(一)当事人自知道或者应当知道撤销事由之日起一年内、重大误解的当事人自知道或者应当知道撤销事由之日起三个月内没有行使撤销权;(二)当事人受胁迫,自胁迫行为终止之日起一年内没有行使撤销权;(三)当事人知道撤销事由后明确表示或者以自己的行为表明放弃撤销权。当事人自民事法律行为发生之日起五年内没有行使撤销权的,撤销权消灭。"

二、意思表示的类型

（一）有相对人的意思表示与无相对人的意思表示

1. 有相对人的意思表示

（1）概说。

有相对人的意思表示，是指须相对人了解或送达给相对人才能生效的意思表示，如要约、承诺、行使形成权的行为等。

◎ 向第三人为免除债务的意思表示，不发生免除的效力

甲借给乙10万元，之后甲给第三人丙写信，表示与乙的关系不错，要放弃该10万元债权。后甲起诉乙，要求乙偿还借款。在诉讼中，乙得知甲曾给丙写过这封信，就主张自己的债务已经消灭。

解：乙的债务不消灭。免除债务是有相对人的意思表示，须向相对人（债务人乙）为免除债务的意思表示，向第三人为免除的意思表示，不发生消灭该债务的效力。

问：相对人是无行为能力人，向其为意思表示，何时生效？

答：向无行为能力人为意思表示，意思表示为法定代理人了解或到达法定代理人时，才能生效。例如，法定代理人张甲以被监护人张乙的名义与出卖人李丙签订了买卖一套二手房的合同，到期未支付价金，李丙催告履行无效后，才能通知解除买卖合同。李丙的催告履行的通知和解除买卖合同的通知，均须送达张乙的法定代理人张甲，才能生效。张乙是合同主体，法定代理人张甲是合同签订主体，为避免或减少争议，催告履行的通知书和解除合同的通知书，要列明买受人张乙和法定代理人张甲两个人。

（2）有相对人的意思表示，分为对话意思表示和非对话意

思表示。

第一，对话意思表示，是指当事人能直接交换意见的意思表示。以当面交谈、哑语、打电话、在线视频、打旗语等方式作出的意思表示，是对话意思表示。"以对话方式作出的意思表示，相对人知道其内容时生效"（民总 137 条第 1 款）。即对话意思表示采了解主义。比如，甲给乙打电话提出要约，乙了解要约内容后，要约生效。如果甲说的是外语或地方方言，乙不知所云，要约不能生效。

第二，非对话意思表示，是指当事人不能直接交换意见的意思表示。以信件、邮件、数据电文等方式作出的意思表示，为非对话意思表示。非对话意思表示采到达主义。所谓到达，是指意思表示进入相对人可支配的范围（可控制的范围），是指置于相对人可随时了解其内容的客观状态。比如，甲公司以寄信的方式向乙公司催还货款，乙公司传达室或法定代表人的秘书收到了信件，就算送达，至于乙公司法定代表人是否看到了、隔了多长时间看到，都不影响送达的成立及其中断诉讼时效的效力。

"以非对话方式作出的意思表示，到达相对人时生效。以非对话方式作出的采用数据电文形式的意思表示，相对人指定特定系统接收数据电文的，该数据电文进入该特定系统时生效；未指定特定系统的，相对人知道或者应当知道该数据电文进入其系统时生效。当事人对采用数据电文形式的意思表示的生效时间另有约定的，按照其约定"（民总 137 条第 2 款）。非对话意思表示中，以数据电文方式为意思表示，分为相对人指定特定系统和未指定特定系统两种情况。

问：打电话为意思表示，采了解主义还是采到达主义？

答：我们习惯笼统地说，打电话为了解主义，即在相对人了解意思表示内容时生效。但有时电话不是相对人所接。比如，甲给乙家中打电话（座机），提出订立合同的要约，乙未在家，乙的妻子接的电话，这时应采到达主义，即要约传达到乙时生效。乙的妻子是"使者"（传达人）。

◎ 以数据电文方式为意思表示的效力

（1）甲与乙签订了赠与合同，赠与人甲对受赠人乙有任意撤销权。甲按乙留下的邮箱地址（指定的特定系统）给其发了一封电子邮件，通知其撤销赠与，该撤销通知在进入对方系统时（邮件发送成功时）为送达，送达后生效。

（2）丙有A和B两个电子邮箱地址，A地址约三年没有使用，B地址近三年一直在使用，丙未向丁指定过特定系统。丁对丙有6万元货款债权和10万元承揽费债务。2月1日，丁给丙的A地址用电子邮件发了抵销6万元债务的通知。同月10日，丁收到丙两天前快递的书面《债权转让通知书》，载明丙对丁的10万元承揽费债权已经转让给戊，要丁向戊偿还该10万元。丁主张：已经抵销了6万元，只有4万元债权转让有效，自己向戊偿还4万元即可。丙说未收到抵销通知，债权转让有效。

解：丙的A地址，约三年没有使用，对丁的抵销通知，丙不知或不应知，应认定未发生抵销效果，10万元债权转让有效。

（3）债权人己用手机短信向债务人庚催交欠款。后己起诉庚，要求归还欠款，被告庚主张已经超过诉讼时效，己说手机短信已经中断了诉讼时效，庚的手机上虽然有短信，但其说没有指定特定系统，也没有看到手机上有短信。

解：对手机上的信息，庚知道或者应当知道，诉讼时效中断。

（4）张甲有电子邮箱、传真、手机微信、手机短信等多个联系方式,但是没有给李乙指定具体用哪个联系方式。5月1日,李乙用手机短信给张甲发出要约,写明要约有效期为10天。同月20日,张甲回信表示承诺,李乙表示反对。张甲解释回复迟延的原因是:"手机虽然天天用,但经常忘记打开。"合同是否成立?

解: 张甲没有给李乙指定特定系统,自述没有看到手机上有短信,要约在张甲应当知道该数据电文进入其系统时(手机信息发送成功时)生效,即要约应当在5月1日生效,要约的有效期到5月11日截止。超过有效期的承诺无效,合同不能成立。

(3)有相对人的意思表示,包括行使形成权的意思表示、催告、异议、对自己产生拘束力的意思表示等。

第一,行使形成权的行为是单方法律行为。行使形成权的意思表示如解除合同的通知、抵销债务的通知等,此类意思表示的效力取决于一方,无须取得相对人的同意。

第二,催告,是催促相对人为一定行为。催告也发生一定法律效果,即是说,催告也是一种法律事实。例如,甲方到期不履行合同,乙方向其发出通知,要求其履行。这种催告往往是解除合同的前置性程序。[1]甲与限制行为能力人乙订立了效力待定的合同,甲可以催告乙的法定代理人予以追认,到期不追认的后果,就是合同最终确定的不生效。[2]

---

[1]《合同法》第94条规定:"有下列情形之一的,当事人可以解除合同:……(三)当事人一方迟延履行主要债务,经催告后在合理期限内仍未履行;……"

[2]《民法总则》第145条规定:"限制民事行为能力人实施的纯获利益的民事法律行为或者与其年龄、智力、精神健康状况相适应的民事法律行为有效;实施的其他民事法律行为经法定代理人同意或者追认后有效。相对人可以催告法定代理人自收到通知之日起一个月内予以追认。法定代理人未作表示的,视为拒绝追认。民事法律行为被追认前,善意相对人有撤销的权利。撤销应当以通知的方式作出。"

问：起诉要求判决相对人履行债务，民事起诉状经法院送达相对人，后又撤诉，诉状送达能否产生中断诉讼时效的效果？

答：《民法总则》第 195 条规定了中断诉讼时效的四种情形，其中第 1 项是权利人向义务人提出履行请求，第 3 项是权利人提起诉讼或者申请仲裁。原告起诉后又撤销的，实务中认为，民事起诉状已经送达，应认定诉讼时效中断。如果起诉后未交诉讼费，被视为撤诉的，因没有民事起诉状的送达，不认为诉讼时效中断。

第三，异议是有相对人的意思表示。如《合同法解释（二）》第 24 条规定："当事人对合同法第九十六条、第九十九条规定的合同解除或者债务抵销虽有异议，但在约定的异议期限届满后才提出异议并向人民法院起诉的，人民法院不予支持；当事人没有约定异议期间，在解除合同或者债务抵销通知到达之日起三个月以后才向人民法院起诉的，人民法院不予支持。"《最高人民法院关于审理城镇房屋租赁合同纠纷案件具体应用法律若干问题的解释》第 16 条第 1 款规定："出租人知道或者应当知道承租人转租，但在六个月内未提出异议，其以承租人未经同意为由请求解除合同或者认定转租合同无效的，人民法院不予支持。"

第四，对自己产生拘束力的意思表示，如要约与承诺。要约送达后，对要约人产生形式拘束力，在相对人承诺后，对要约人产生实质拘束力。要约生效后，受要约人成立承诺权，承诺的意思表示，既是行使意定形成权的行为，也是对自己产生拘束力的意思表示。

第五，其他。如《最高人民法院关于审理城镇房屋租赁合同纠纷案件具体应用法律若干问题的解释》第 23 条规定："出租人委托拍卖人拍卖租赁房屋，应当在拍卖 5 日前通知承租人。承租人未参加拍卖的，人民法院应当认定承租人放弃优先购买权。"

2. 无相对人的意思表示

无相对人的意思表示，是指无须送达给他人即可生效的意思表示，如设立遗嘱、动产的抛弃等。

单方行为分为有相对人的意思表示行为和无相对人的意思表示行为。"无相对人的意思表示，表示完成时生效。法律另有规定的，依照其规定"（民总 138 条）。无相对人的意思表示，因其无相对人，不发生相对人受领意思表示的问题，即不发生何时送达相对人或相对人何时了解的问题。故无相对人的意思表示在成立时（意思表示完成时）生效。

例如，动产抛弃是单方法律行为中无相对人的意思表示。动产抛弃的主观要件是有抛弃之意思；客观要件是抛弃占有。那么，动产抛弃作为无相对人的意思表示，在抛弃占有时，具备意思表示的主客观要件，即在抛弃占有时为意思表示完成。

再如，遗嘱的生效不以送达相对人为要件，属于无相对人的意思表示，在遗嘱作出后，即有一定的约束力，但确定遗产继承、遗赠的遗嘱，于遗嘱人死亡之时始发生财产移转效力。

3. 共同意思表示与有相对人、无相对人意思表示的区分

共同意思表示不同于有相对人的意思表示，也不同于无相对人的意思表示。分两类情况说明：

其一，共同作出有相对人的意思表示。例如，甲乙夫妻二人向丙共同借了一笔款，甲乙二人的意思表示是平行的、一致的，这是共同意思表示。《最高人民法院关于审理涉及夫妻债务纠纷案件适用法律有关问题的解释》第 1 条规定："夫妻双方共同签字或者夫妻一方事后追认等共同意思表示所负的债务，应

当认定为夫妻共同债务。"这就是说，两个以上共同意思表示人，是"共进共退"的。比如，甲、乙把共有的一匹赛马出卖给丙，甲、乙对货款是共同债权人、连带债权人，对标的物的瑕疵，共同承担担保责任、连带责任。

其二，共同作出无相对人的意思表示。例如，夫妻二人共同立了一份遗嘱，在遗嘱中确定了财产的范围，指定了遗嘱继承人。该遗嘱称为共同遗嘱，是无相对人的意思表示。

（二）对特定人的意思表示与对不特定人的意思表示

（1）对特定人的意思表示，是指须以特定人为相对人的意思表示。例如，承诺只能针对要约人进行。

（2）对不特定人的意思表示，相对人为不特定的人，例如，要约邀请可以是对特定人作出的意思表示，也可以是对不特定的人作出的意思表示。

"以公告方式作出的意思表示，公告发布时生效"（民总139条）。以公告方式作出的意思表示，是对不特定人的意思表示。例如，悬赏广告是一种广告方式，在公布（公之于众）时发生效力，而不是在制作完成时发生效力。

以公告方式作出的意思表示，也可以附条件、附期限。例如，某公司以广告方式表明开展附赠式有奖销售活动，同时在广告中注明有奖销售的开始时间和结束时间（附始期和终期）。

（三）明示意思表示与默示意思表示

"行为人可以明示或者默示作出意思表示"（民总140条第1款）。即意思表示分为明示和默示两种。明示是以言辞（口头语言、文字等）表达意思的方式，身体语言也可以构成明示的意思表示。默示是以特定的行为表达意思的方式。默示的意思表示分为积极行为的意思表示和消极行为的意思表示。

积极行为又称为作为，积极行为的意思表示，是由积极行为推知意思表示。

消极行为又称为不作为或沉默,也有人称为单纯的沉默。例如,对无权代理人签订的买卖合同,被代理人可以发货的行为对无权代理行为进行追认,这是以默示中的积极行为进行追认。再如,甲、乙之间形成交易习惯,每次甲发出要约,乙到期不回复即为承诺,这是以默示中沉默的方式(消极行为)对要约进行承诺。

默示的意思表示,有的是有相对人的意思表示,有的是无相对人的意思表示,前者如受要约人对要约以默示方式的承诺,后者如动产的抛弃。

沉默是默示的一种。"沉默只有在有法律规定、当事人约定或者符合当事人之间的交易习惯时,才可以视为意思表示"(民总140条第2款)。沉默视为意思表示生效有三种情况:一是有法律规定;二是当事人有约定;三是符合当事人之间的交易习惯。

◎ 沉默视为意思表示的情形

(1) 甲与乙签订了一份租赁合同,乙是限制行为能力人,该合同与乙的年龄、智力状况不相适应,是效力待定的合同。甲向乙的法定代理人丙发出催告通知,问其是否追认该合同。丙收到通知后保持沉默,达一个月。

解: 对限制行为能力人实施的效力待定的民事法律行为,《民法总则》在第145条第2款中规定:"相对人可以催告法定代理人自收到通知之日起一个月内予以追认。法定代理人未作表示的,视为拒绝追认。"丙保持沉默满一个月,视为有拒绝追认的意思表示。本案租赁合同自始确定的不生效。

(2) 甲、乙在预约中约定,甲收到乙订立本约的要约后20

天未答复的,视为承诺,本约成立。甲收到乙的要约后,一直未回复(保持沉默),已满20天。

解:对预约的履行,是成立本约,成立本约一般要经过要约与承诺的程序。本案视甲有同意成立本约的意思表示(以默示的方式承诺)。

(3)甲、乙有长期的贸易合作关系,甲向乙发出的出卖煤炭的卖方订单(出卖煤炭的要约),内容都是固定的,上面注明:"乙收到本订单后在30个工作日内未回复的,视为同意购买。"甲每次发出的订单,乙都未明示答复,过了30天,甲便向乙发货,双方已经形成交易习惯。一次甲向乙发出订单,经过30天乙未回复,甲即发货,乙表示双方未成立合同,拒绝接受货物。

解:按交易习惯,经过30天乙未答复,视为以默示方式为承诺的意思表示,双方的买卖合同成立、生效。

三、意思表示的撤回和撤销

(一)意思表示的撤回

意思表示的撤回是阻止意思表示生效的行为。"行为人可以撤回意思表示。撤回意思表示的通知应当在意思表示到达相对人前或者与意思表示同时到达相对人"(民总141条)。

撤回与撤销都是有相对人的意思表示,但它们有明显区别:撤销的客体(意思表示),已经生效;撤回的客体(意思表示),尚未生效。即是说,可以撤回的意思表示,尚未依意思表示发生法律关系;可以撤销以及不能撤销的意思表示,已经依意思表示发生了法律关系。

(二)意思表示的撤销

《民法总则》没有对意思表示的撤销作一般规定。从原理上看,意思表示的撤销,是撤销已经生效的意思表示,故须法律设有特别规定,当事人才能撤销。

◎ 征求错字给予奖励的悬赏广告能否撤销

张甲出了一本书,一是为了宣传,二是出于自信,他在微博上发了一则博文,公开宣称:"谁在我这本书中挑出一个错字,我奖励其1万元。"该博文是一个悬赏广告。后来有人向张甲指出,该书错字不少。张甲心想得不偿失,欲取消该悬赏广告。张甲咨询学法律的李乙。李乙说:"你的这个悬赏广告,既不能撤回,也不能撤销。《民法总则》第139条规定:'以公告方式作出的意思表示,公告发布时生效。'公告发布时生效,即否定了撤回的可能,因为撤销是撤回尚未生效的意思表示,对生效的意思表示的撤销,须有法律规定。目前对公告方式的意思表示,没有撤销的规定,因此你的悬赏广告,也不能撤销。"

解:张甲的博文是悬赏广告,笔者认为,该悬赏广告符合要约的条件。但很多人认为悬赏广告是单方法律行为,不是要约。这里要采用技术手段解决问题。《合同法》第15条第2款规定:"商业广告的内容符合要约规定的,视为要约。"民法允许参照适用。参照上述规定,可将悬赏广告视为要约。

《合同法》第18条规定:"要约可以撤销。撤销要约的通知应当在受要约人发出承诺通知之前到达受要约人。"第19条规定:"有下列情形之一的,要约不得撤销:(一)要约人确定了承诺期限或者以其他形式明示要约不可撤销;(二)受要约人有理由认为要约是不可撤销的,并已经为履行合同作了准备工作。"据此,张甲可以撤销自己的悬赏广告。

专题十九　意思表示的解释

引言

法律行为是意思表示行为。可以说，审理案件的过程，就是意思表示解释的过程。意思表示的解释，对确定当事人之间的权利义务关系，至为重要。

一、意思表示解释概述

（一）意思表示解释的含义和意义

意思表示解释是当事人对意思表示内容理解不一致时或者表达意思表示的条款有矛盾时，有权机关对意思表示真实含义的确认。有权机关是指人民法院和仲裁机关。

意思表示解释，也包括意思表示有无（是否存在）的解释。

狭义的意思表示解释是阐释性解释，与合同的补充性解释有所区别。[1]《合同法》对格式条款解释的规定，属于阐释性解释。[2] 本文介绍的是《民法总则》规定的阐释性解释。

（二）意思表示解释的客体

法律解释的客体是法律，意思表示解释的客体是意思表示。

意思表示，包括明示意思表示和默示意思表示。意思表示的解释，不仅要看当事人说了什么，还要看当事人做了什么。

---

[1]《合同法》第61条就补充性解释规定："合同生效后，当事人就质量、价款或者报酬、履行地点等内容没有约定或者约定不明确的，可以协议补充；不能达成补充协议的，按照合同有关条款或者交易习惯确定。"

[2]《合同法》第41条就格式条款的解释规定："对格式条款的理解发生争议的，应当按照通常理解予以解释。对格式条款有两种以上解释的，应当作出不利于提供格式条款一方的解释。格式条款和非格式条款不一致的，应当采用非格式条款。"

比如，甲、乙约定，甲送给乙一套100万元的房子，结果甲给了乙100万元，赠与的自然是100万元。

意思表示解释与合同解释不同。合同是双方法律行为，也有多方法律行为。意思表示的解释，包括对合同行为的解释，也包括对其他意思表示行为的解释。

（三）有相对人的意思表示的解释与无相对人的意思表示的解释

意思表示的解释，区分为有相对人的意思表示解释与无相对人的意思表示解释。有相对人的意思表示解释，包括对双方法律行为、多方法律行为的解释。单方法律行为，分为有相对人的法律行为和无相对人的法律行为两种。前者，如解除合同的通知、抵销债务的通知、免除债务的通知等；后者如设立遗嘱、动产的抛弃等。对有相对人的单方法律行为的解释，也是对有相对人的意思表示的解释。

意思表示解释的学说，主要有意思说和表示说。意思说又称为意思主义，表示说又称为表示主义。意思说主张：在解释意思表示时，着重考虑行为人的内心意思，解释的目的在于探求当事人的真意。表示说认为：意思表示行为的本质不是当事人的内心意思，而是当事人的表示意思。当事人的内心意思不必为意思表示的成立要件，而以外部表示之意思即足以认定成立，在表示意思与内心意思不一致的情况下，以外部表示为准，以保护相对人的信赖利益。

依《民法总则》，有相对人的意思表示的解释，倾向于表示说（表示主义），以保护相对人信赖利益和交易安全。无相对人的意思表示的解释，倾向于意思说（意思主义），须探究当事人的真实意思。

二、有相对人的意思表示的解释

《民法总则》第 142 条第 1 款规定:"有相对人的意思表示的解释,应当按照所使用的词句,结合相关条款、行为的性质和目的、习惯以及诚信原则,确定意思表示的含义。"有相对人的意思表示的解释规则、原则,包括文义解释规则、整体解释规则、按行为性质和目的解释规则、按习惯解释规则及诚信原则。不能把解释规则与解释原则混为一谈。有人归纳了很多解释原则,实际是把解释规则上升为原则。

(一)文义解释规则

文义解释是指依据意思表示语句(包括书面文字和口头语言)的通常含义进行解释。对意思表示应当首先进行文义解释,即文义解释是解释意思表示的起点。文义解释是意思表示解释的基础,如果脱离了文义,也就失去了解释意思的客观标准。

1. 按通常含义解释

当事人对书面文件的词、句、条款理解不一致时,在没有特殊商业背景的情况下,应按通常的字面含义即一般公众理解的含义和价值判断进行解释。对于商业上惯用的词句,应按有关行为通常赋予它们的意义予以解释。对口头语言的解释,与书面文件解释的道理相同。

2. 特殊用语优于一般用语

意思表示对事物的描述既有特殊用语又有一般用语的,如无其他证据,应先按特殊用语解释,即认定特殊用语的效力。一般而言,特殊用语所包含、反映的意思比一般用语更为具体、更为准确。适用此规则解释合同时,应当同时考虑整体解释的规则。特殊用语对于一般用语,具有限制性。比如,一份合同书,写了甲向乙购买水泥,又写了购买某某标号水泥,自应以某某标号水泥为准。

3. 对"等"的限制解释

词句中经常会使用"等"字。"等"有"等内等"和"等外等"。"甲乙丙丁等四人"的表述为"等内等",因为四个人都表述出来了。"甲乙丙等四人"的表述为"等外等",第四个人没有表述出来。对"等"作限制解释,是指对"等外等"作限制解释。

◎ 限制解释,限制在某一类型

甲(发包人)与乙(承包人)签订了建设工程合同,由乙为甲建造一座桥梁。该合同就一笔专款写道:"甲提供该笔款项,用于购买钢筋、木材、水泥等。"后来,乙不但用这笔专款购买了钢筋、木材、水泥,还购买了40台小彩电给施工工人使用。甲指责乙用款不当,乙辩解说:"这40台彩电就是'等'里面的,即'等'包括彩电。"

解:此案的"等",可以适用文义解释规则、目的解释规则。①文义解释:钢筋、木材、水泥是建材,因此"等"是钢筋、木材、水泥以外的建材,这是对"等外等"的限制解释。②目的解释:合同的目的是乙为甲建造桥梁,购买小彩电与合同目的的实现没有直接关系,故"等"不包括彩电。③综上,本案中的"等",不包括彩电。

(二)整体解释规则

整体解释又称体系解释,是指对有争议的条款、语句解释时,要考察其与整体的关系,不能拘泥于只言片语。意思表示的条款、语句得互相解释,以确定每一条款、语句从整个行为所获得的意义。如果不把有争议的条款或词句与上下文和其他有关联的条款联系起来考察,而是孤立地去探究它的一般意思或可能具有的意思，则很容易走入歧途。例如，对同一合同关系，如果由多种文书（合同书、信件、电传、确认书等）组成，应合并解释，不可以偏概全。

◎ 解释双务合同，要看对待给付（两项给付）的性质，即需要分析两个单一法律关系

张甲向李乙借款10万元，借款一年，年利率为24%；张甲把一套一居室交给李乙居住，租金每月5000元。双方还约定：借款利息与房租冲抵。本案合同是借款合同，还是租赁合同？是不是不定期租赁？

解：因为按整体解释，张甲与李乙之间的合同不是借款合同，也不是租赁合同，更不是不定期租赁。本案合同是广义上的互易合同。

（1）因为房租是消费借贷（贷款）的对价。即是互为对价的两个单一法律关系。即本案合同的两个单一法律关系不是孤立存在的，是作为一个整体存在的。本案合同是双务合同。

（2）双方不是买卖，也不是狭义的互易。狭义的互易是以货换货。双方不是以货币作为一方对价的，这种双务合同在性质上应为互易。既然是互易，就不宜把租赁的单一法律关系单独解释为不定期租赁。若是不定期租赁，张甲就有了单方解除权。

（3）本案李乙对房屋使用权的时间，应解释为一年。张甲到期未履行完毕债务，使用权随之顺延。

（三）按行为性质和目的解释规则

1. 意思表示的解释不能脱离行为的性质

行为性质可以从多方面来看，比如，是有偿行为，还是无偿行为，是给付财产的合同，还是提供劳务的合同，等等。行

为的性质不同,权利义务自有所不同。例如,无偿合同应作对债务人一方有利的解释或作对债务人义务最轻的解释。有偿合同双方互负义务(存在对待给付),解释的时候要平衡双方的利益。

◎ 作有利于赠与人的解释

甲(赠与人)与乙(受赠人)签订了一份赠与合同,赠与数目用阿拉伯数字书写。乙主张赠与30 000元,甲主张开头不是"3",是"2",即赠与的是20 000元。

解: 在无法区分是"3"还是"2"的前提下,应当作有利于债务人(赠与人是债务人)的解释,即应当解释为赠与20 000元。

2. 按行为目的解释规则

意思表示的解释时,应当考虑当事人的行为目的,当事人使用的文字、语句或某个条款可以作两种解释时,应采用最符合行为目的的解释;目的解释的结果可以用来印证文义解释、整体解释的结果。

按行为目的解释规则对合同的解释具有特殊意义。

其一,合同的目的包括双方共同的目的和双方各自的目的。如一份钢材买卖合同,卖方的目的是取得价款,买方的目的是取得钢材的所有权。这些都是合同解释需要考虑的要素。买方购买钢材是自用,还是囤积居奇,是动机,不是目的。

问: 对金钱之债约定的违约金,能否解释为不履行的违约金?

答: 不能。金钱之债不发生履行不能的情形,按目的解释,对金钱之债约定的违约金,是对迟延履行造成的损失或损害赔偿金（违约金是预定的赔偿金）。对金钱之债，只能约定迟延违约金，不能约定不履行的违约金。

◎ 按目的解释，本案房款已经转为民间借贷

甲卖给乙一套二手房屋，签订合同后，乙按约向甲支付了100万元购房款，但甲既不向乙交付房屋，又不办理过户登记手续。乙找甲协商，双方又签订了"补充协议"，约定："乙不再要房。自签订补充协议之日起15日内，甲向乙退还100万元，到期不退还，按年利率40%支付利息。"到期甲未向乙退还购房款，乙向甲主张100万元及迟延利息。甲则主张40%的利息在性质上属于违约金，请求法院按《合同法》第114条的规定予以降低，或者参照《最高人民法院关于审理民间借贷案件适用法律若干问题的规定》的规定确认超过24%的部分为无效。乙说，由于不能转让房屋，而房屋大幅度升值，约定的高利息是对不能转让房屋丧失期待利益的补偿。

解："甲向乙退还100万元，到期不退还，按年利率40%支付利息"，按文义解释和目的解释，应解释为"到期不退还房价，转化为民间借贷"。因此，不宜按《合同法》第114条的规定予以调整，应适用对利息的有关规定。《最高人民法院关于审理民间借贷案件适用法律若干问题的规定》第26条规定："借贷双方约定的利率未超过年利率24%，出借人请求借款人按照约定的利率支付利息的，人民法院应予支持。借贷双方约定的利率超过年利率36%，超过部分的利息约定无效。借款人请求出借人返还已支付的超过年利率36%部分的利息的，人民法院应予支持。"据此，年利率24%至年利率36%，并非无效，而是不予以支持。本案应当判决返还本金并按年利率24%返还利息。

隋彭生：律师民法业务思维（三）《民法总则》隋读

◎ 定金罚则以外的"罚款"，按目的解释应为违约金

张甲卖给李乙一套房屋，合同约定："房屋价金为100万元。买受人李乙交付定金20万元，若到期（60天内）李乙不交付房款，张甲有权解除房屋买卖合同，则李乙应当再交付给张甲20万元定金。"合同签订之后，李乙即交付了定金20万元，但到期未支付房款。张甲通知李乙解除合同，除"没收"了已经交付的20万元外，还要求李乙再交付20万元。李乙置之不理，张甲提起诉讼。被告李乙的代理律师"层层递退"，设置了三层防线（三个层次的抗辩）：第一，张甲通知解除合同前，没有催告，解除无效，要求继续履行合同；第二，定金不能超过合同标的额的20%，如果李乙再支付20万元，等于定金为合同标的额的40%，因此"再交付20万元"的约定无效；第三，定金合同是实践合同，因此定金合同生效的只是20万元，请求再交付20万元无法律根据。

解：（1）《合同法》第93条第2款规定："当事人可以约定一方解除合同的条件。解除合同的条件成就时，解除权人可以解除合同。"张甲与李乙的房屋买卖合同，是附解除权的合同，不是附解除条件的合同。在解除条件（随意条件）成就时，合同并不自动解除，而需要张甲行使解除权。附解除权的合同，解除权不要求现行催告，张甲的解除通知有效，双方的合同自始失去效力。

（2）定金不能超过合同标的额的20%，也就是说，适用定金罚则的结果，不能超过合同标的额的20%。如果李乙再支付20万元（相当于罚款），则违反法律规定。按目的解释，适用定金罚则后20万元，是针对违约行为，应解释为违约金。《合同法》第116条规定："当事人既约定违约金，又约定定金的，

一方违约时,对方可以选择适用违约金或者定金条款。"张甲"没收"20万元定金后,不能要求再适用违约金。

(3)《买卖合同解释》第28条规定:"买卖合同约定的定金不足以弥补一方违约造成的损失,对方请求赔偿超过定金部分的损失的,人民法院可以并处,但定金和损失赔偿的数额总和不应高于因违约造成的损失。"定金与违约金不能合并适用,但可以与赔偿金合并适用。违约金相对于赔偿金的优势,在于请求违约金,不必对损失举证,而请求赔偿金,应当对损失举证。本案张甲在适用定金罚则后,又要求支付赔偿金的,应当就损失的多少举证。

其二,按行为目的解释还适用于采用两种以上文字订立合同产生争议的情形。《合同法》第125条第2款规定:"合同文本采用两种以上文字订立并约定具有同等效力的,对各文本使用的词句推定具有相同含义。各文本使用的词句不一致的,应当根据合同目的予以解释。"

其三,当合同可作有效解释,也可作无效解释以及可作成立解释,也可作不成立解释时,从按行为目的解释的规则出发,应当将合同解释为有效的合同或者成立的合同。如果作无效、未成立的解释,不符合当事人订立合同的愿望和追求。从宏观来看,无效、未成立的合同过多,也是交易失败的过多,不符合市场经济效率的要求。

(四)按习惯解释规则

习惯分为生活习惯和交易习惯。对双方和多方法律行为,主要按交易习惯进行解释。

交易习惯是人们在长期反复实践基础上形成的,在某一地域、某一行业或某类交易中普遍采用的做法、方法,交易习惯实际上也是一种规则。当事人对合同条款的理解不一致或条款之间发生矛盾时，应当考虑当事人交易的背景，考察交易背景中实际为当事人所依据的交易习惯。《合同法解释（二）》第7条规定："下列情形，不违反法律、行政法规强制性规定的，人民法院可以认定为合同法所称'交易习惯'：（一）在交易行为当地或者某一领域、某一行业通常采用并为交易对方订立合同时所知道或者应当知道的做法；（二）当事人双方经常使用的习惯做法。对于交易习惯，由提出主张的一方当事人承担举证责任。"

◎ 当习惯解释与文义解释发生矛盾时，采按习惯作出的解释

（1）某日，陕西烧饼店开张了。大红标语写道："开张当天，买二送一。"刘某买了三个，要求烧饼店送一个半。烧饼店老板说："没有这样送过，只能送一个。"

（2）甲为客户装修房屋，揽到活以后，就在乙处买材料。一天上午，甲与乙电话约定，甲购买乙的装修木板50张。关于交货时间，双方口头约定"马上交付"。第二天，乙派人送货，甲拒收并要追究乙的违约责任。甲的理由是："'马上交付'是订立合同的当时交付，上午达成协议，应当上午交付。"乙反对的理由是："双方是长期交易伙伴，每次约定'马上交付'，都是最迟第二天下班前交付，双方已经形成了交易习惯。所以，自己的交货并未迟延。"

解：（1）老板是按交易习惯进行解释，刘某的解释是文义解释。本案应采老板的解释。本案，老板不必就习惯的存在举证，因为该习惯是一种普遍认同的生活常识，也是众所周知的事实。

（2）甲的解释是文义解释，乙的解释是按交易习惯解释。若乙能证明交易习惯的存在，则应采乙的解释。

三、无相对人的意思表示的解释

《民法总则》第 142 条第 2 款规定:"无相对人的意思表示的解释,不能完全拘泥于所使用的词句,而应当结合相关条款、行为的性质和目的、习惯以及诚信原则,确定行为人的真实意思。"无相对人的意思表示的解释规则、原则,包括文义解释规则、整体解释规则、行为性质和目的解释规则、按习惯解释规则及诚信原则。

探究当事人的真意,不能完全拘泥于当事人所使用的词句。例如,某甲的遗嘱是无相对人的意思表示,其自书遗嘱文字表达不够规范,文义不够确定,此时应探究某甲的真实意思,不应死套文字,即是说,真意解释,可以在一定程度上脱离文义。

◎ 按目的解释确定文义

(1) 李老头妻子早亡,李老头有个人财产 120 多万元。李老头在自书遗嘱中写道:"考虑到老三没有工作,给老三 60 万元,其余财产平均分配。"李老头西归之后,三个儿子发生争议。李老大、李老二主张,给老三 60 万元,剩下的 60 多万元,应由二人平均分配。李老三主张,剩下的 60 多万元,应由三人平均分配。李老三的律师指出:根据《继承法》第 27 条第 5 项的规定,遗嘱未处分的遗产,按法定继承办理。[1] 故剩下 60 多万元,应由三个人平分。

(2) 李老头妻子早亡,李老头有个人财产 118 万元。李老

---

[1] 我国《继承法》第 27 条规定:"有下列情形之一的,遗产中的有关部分按照法定继承办理:(一)遗嘱继承人放弃继承或者受遗赠人放弃受遗赠的;(二)遗嘱继承人丧失继承权的;(三)遗嘱继承人、受遗赠人先于遗嘱人死亡的;(四)遗嘱无效部分所涉及的遗产;(五)遗嘱未处分的遗产。"

头在自书遗嘱中写道:"考虑到老三没有工作,给老三40万元,其余财产平均分配。"李老头西归之后,三个儿子发生争议。李老大、李老二主张,给老三40万元,剩下的78万元,应由他们二人平均分配。李老三主张,剩下的78万元,应由三人平均分配。李老大、李老二的律师指出:"从行文习惯和表达习惯来说,李老头不会两次计算(重复计算)给李老三的财产,而是先计算李老三,再计算李老大、李老二,有先后次序关系。且给李老三40万元,已属于多分。剩下的78万元,应由李老大、李老二平均分配。"

解:(1)①李老头在遗嘱当中对全部个人财产(120多万元)作了处分,因此不能适用《继承法》第27条。本案属于意思表示解释问题。即"平均分配"应解释为在二人之间平均分配,还是应解释为在三人之间平均分配。②按目的解释是确定当事人真实意思的重要途径。李老头立遗嘱的目的就是要打破三个儿子对遗产的平均分配,给没有工作的李老三以特殊照顾。120多万元的财产,给李老三60万元(近一半),已经实现或足以实现立遗嘱的目的。如果解释为在三人之间平分,则违反了公平原则和诚实信用原则。探究当事人的真实意思不拘泥于文字,遗嘱没有写清楚,不影响真意的确定。本案的"平均分配",应解释为在李老大和李老二之间平均分配。

(2)①李老大、李老二律师的解释,属于文义解释,其解释不无道理。②李老头立遗嘱的目的就是要打破三个儿子对遗产的平均分配,给没有工作的李老三以特殊照顾。如果解释给李老三40万元,剩下的78万元,由李老大、李老二二人平均分配,则三人是基本平均分配,与遗嘱的目的不符。按目的解释,应为给李老三40万元,剩下的78万元,由三人平均分配。③目的解释与文义不一致时,应采目的解释。

◎ 意思表示的解释，包括意思表示有无（是否存在）的解释

中午张甲外出，想顺便扔掉家中的旧纸箱，见厨房架子上有一黑塑料袋，以为是妻子要扔掉的垃圾，就把黑塑料袋放到旧纸箱里一起扔到楼下的垃圾箱旁。下午张妻下班回家，发现黑塑料袋子3700元买的翡翠项链被张甲扔掉。查看小区物业录像，发现被李乙捡走。李乙拒绝归还，称自己因先占取得翡翠项链的所有权。张甲咨询法律人士王丙，王丙说："动产抛弃是单方法律行为，你可以重大误解为由请求撤销。"

解：①动产的抛弃，是单方法律行为，是无相对人的意思表示。意思表示具有主客观要件。动产抛弃，一须抛弃占有，二须有抛弃（所有权）之意思。对翡翠项链，张甲有抛弃占有的行为（具备意思表示的客观要件），但没有抛弃（所有权）的意思，故不构成（不存在）抛弃的单方法律行为。虽然李乙占有翡翠项链，但项链所有权仍归张甲夫妇。②有意思表示，才能主张意思表示重大误解，张甲就抛弃翡翠项链，没有意思表示，故不能按重大误解处理。另外，主张重大误解，须承担举证责任。对价值3700元买的翡翠项链，张甲主张自己没有抛弃之意思，按日常生活经验法则就可确认，不必举证。

四、意思表示解释应当遵循诚实信用原则

诚实信用原则是有相对人的意思表示和无相对人的意思表示解释应当共同遵循的原则。诚实信用原则是解释规则的指导性原则，它们不是并列的关系。对有争议词句、条款等进行解释，有具体解释规则时，应在诚实信用原则指导下进行解释，不能直接适用诚实信用原则。无具体解释规则时，才能直接适用诚实信用原则解释。解释的结果违反原则的，说明解释发生

了错误。

按诚实信用原则解释意思表示，要求以善意为出发点，以公平为结果。诚实信用的原则要求解释的结果不得显失公平；对当事人的书面语言、口头语言和行为，从善良的角度，推定它的应有之意，而不能仅仅根据当事人的主张之意。公平和意思自治，都是法律的价值取向。两者发生矛盾时，一般来说，公平应当服从于自愿。但对合同解释来说，情况稍微特殊。在需要进行合同解释的场合，条款意义不明或互相矛盾或欠缺条款，此时不宜按推定出的"真意"来限制公平原则的适用，而要把追求公平解释为当事人的真意。

公平实际上是诚实信用所追求的结果。公平要求当事人取得的利益、承担的风险大体相当，合同的解释，要兼顾双方利益。

◎ 有利于纯粹债权人的解释

2000年3月5日，养鸡专业户李某卖给同村农民张某100只刚刚孵化的良种小鸡。双方约定小鸡长大后给付价款。同年4月初，小鸡因鸡瘟全部死亡。5月初，李某找张某索要价款，张某以小鸡未长大为由拒绝付款。李某聘请律师起诉张某，张某亦聘请法律工作者代为应诉。

解：李某与张某之间的合同是附条件的合同还是附期限的合同，属于意思表示解释的问题。依诚实信用原则，此案应作有利于债权人的解释，以达到公平的结果。李某已经付出了财产，是纯粹的债权人，如果不能获得对价，则有失公平。就本案来看，若解释为附条件的合同，李某就不能获得对价，这就违反了诚实信用原则、公平原则，说明解释发生了错误。不可抗力不能免除对价，鸡瘟即便是不可抗力，也不能免除张某付款的义务。

◎ **依诚实信用原则，解释的结果应当公平**

张甲与李乙的借款合同中写明"一分利"。有的法官认为："自然人之间的借款合同对支付利息没有约定或者约定不明确的，视为不支付利息。"请问：①是视为不支付利息，还是解释"一分利的利率"？②"一分利的利率"，年利率是多少？

解：①有利息的借款合同是有偿合同，反之是无偿合同。"对支付利息没有约定或者约定不明确的"是对有偿、无偿没有约定，或者对有偿、无偿约定不明确。因约定了利率，本案应解释为有偿（有息）借款合同，否则不公平，有违诚实信用原则。②"一分利"，是月息1%，即年利率为12%（1%×12），此解释是按交易习惯作出的解释。如果把"一分利"解释为年利率10%，一是不符合交易习惯（月息不是整数），二是解释的结果有违诚实信用原则。

专题二十　民事法律行为的效力

引言

民事法律行为生效，应具备实质要件和形式要件。这里只谈实质要件。

无效事由、效力待定事由、可撤销事由可以发生竞合。事由竞合不等同于效力竞合。

应注意区分无效和部分无效。

以虚假意思表示实施的民事法律行为，当事人均无受意思表示拘束的意旨，因而是无效的，但它隐藏的民事法律行为，可能有效，也可能无效。

律师承接合同纠纷案件，首先要判断合同的效力。法官审理合同纠纷案件，一般也对合同的效力进行正面表述。

一、民事法律行为生效的实质要件

民事法律行为生效，发生行为人追求的效果，即按当事人的意愿形成（发生、变更、消灭）民事法律关系。《民法总则》第143条规定："具备下列条件的民事法律行为有效：（一）行为人具有相应的民事行为能力；（二）意思表示真实；（三）不违反法律、行政法规的强制性规定，不违背公序良俗。"上述规定，实际是对法律行为生效的实质要件的规定。以上三个要件，要求同时具备。

（一）行为人具有相应的民事行为能力

行为能力，在严格意义上是实施法律行为的能力。

1. 自然人

（1）无行为能力人一律不能实施法律行为。

（2）限制行为能力人可以实施与自己的年龄、智力、精神状况相适应的民事法律行为。是否相适应，需要就个案进行判断。

（3）完全行为能力人可以实施任何法律行为。这是从行为能力（意思能力）的角度来讲的。

2. 法人

法人实施法律行为，也应有相应的行为能力。例如，有的营利法人可以从事金融业务（有相应的权利能力和行为能力），有的不能从事金融业务（不具有相应的权利能力和行为能力）。

（二）意思表示真实

意思表示成立的主观要件，是存在内心意思；客观要件，是存在表示行为。意思表示真实，指表示行为是内心意思的真实反映。意思表示不真实,即意思表示有瑕疵。意思表示有瑕疵,是表意人内心意思与外在表示不衔接、有矛盾。比如,甲因乙的欺诈为意思表示,是甲的意思表示有瑕疵,是甲的内心意思与外在表示存在矛盾、存在问题,不能认为乙实施了欺诈行为,就是乙的意思表示有瑕疵。

意思表示有瑕疵,包括内心意思与表示不一致及意思表示不自由。

意思与表示不一致包括:①故意的意思与表示不一致,比如《民法总则》第 146 条规定的以虚假意思表示实施的民事法律行为。②非故意的内心意思与表示不一致。比如,因重大误解订立合同。

意思表示不自由包括:因胁迫、欺诈、危难被乘及被利用缺乏判断力等情形。

对意思表示有瑕疵,视具体情况,采用认定无效或予以撤销的方式处理。

(三)不违反法律、行政法规的强制性规定,不违背公序良俗

法律、行政法规的规定(规范)分为强制性规定和任意性规定。对任意性规定,当事人可以选择适用,也可以排除适用。对强制性规定,则不得排除适用。

公共秩序和善良风俗(公序良俗)是维系社会共同生活的一般规范。法律、行政法规对公序良俗予以保护,但可能不周延,故将其单列出来,以弥补法律的不足,违反公序良俗的法律行为无效。

合法性是对民事法律行为的基本要求,对违反效力性强制性规定的,认定法律行为无效。

对于民法非强制性规定,采取"约定大于法定的规则",即可以排除对这类规则的适用。比如,法律规定接受定金的一方

不履行合同的,应当双倍返还定金。当事人约定一点五倍返还、三倍返还等,并无不可。再如,当事人可以把实践合同约定为诺成合同,可以把诺成合同约定为实践合同,等等。

二、无效民事法律行为

(一) 无效民事法律行为概述

1. 无效民事法律行为的含义

无效民事法律行为,是指法律行为虽然已经成立,不具备民事法律行为生效的要件,因而自始不能产生行为人预期后果的法律行为。

法律行为,由当事人通过意思表示设定后果(创设法律效果),无效行为自不能发生当事人追求的后果。

无效民事法律行为自始无效。《民法总则》第155条规定:"无效的或者被撤销的民事法律行为自始没有法律约束力。"无效民事法律行为不能转化为有效民事法律行为,是确定无效、自始无效、绝对无效。

无效法律行为包括无效单方法律行为(如无效遗嘱)、无效双方法律行为(如无效买卖合同)、无效多方法律行为(如无效表决行为)。

2. 无效法律行为与相关行为的区别

(1) 无效民事法律行为不同于可撤销的民事行为,可撤销的法律行为是有效但可撤销,撤销后自始无效。无效行为不存在撤销的问题,依我国法律,无效行为与可撤销行为不能发生竞合。

(2) 无效民事法律行为不同于效力待定的民事行为,效力待定的行为是可追认的行为,是通过追认生效的行为,无效行为是确定无效、绝对无效,不能追认。

(3) 无效民事法律行为与可撤销的民事法律行为、效力待定的民事法律行为的原因（事由）不同。可撤销的行为撤销之后、效力待定的行为确定不生效后，三者的财产后果是相同的。

3. 事由竞合时的处理

无效事由、效力待定事由、可撤销事由可以发生竞合。事由竞合不等同于效力竞合。

（1）三种事由竞合时，按无效的规则处理。若按效力待定处理，当事人就可以追认使其生效，这显然是不能允许的。若按可撤销处理，等于承认民事法律行为有效，从而规避了法律，这也是不能允许的。

（2）无效事由与效力待定竞合时，按无效的规则处理。无效行为不允许当事人追认；因为无效，也不存在善意当事人撤销的问题。

（3）无效事由与可撤销事由竞合时，按无效处理。

（4）效力待定与可撤销两种事由竞合时，按效力待定处理，如果按照可撤销处理，就会剥夺权利人追认和拒绝追认的权利，也会剥夺善意相对人的撤销权。比如，无权代理人甲以乙的名义以欺诈的手段与善意的丙签订了合同，如果认定为可撤销的合同，就剥夺了被代理人乙的追认权和拒绝追认权，也剥夺了丙的撤销权。

问：甲以欺诈的手段将一批假冒香烟卖给限制行为能力人乙，从乙的年龄、智力状况来看，乙对行为的性质和后果不能认识。买卖合同效力如何？

答：假冒香烟是禁止流通物，买卖假冒香烟是合同无效事由；限制行为能力人乙对行为的性质和后果不能认识，是效力待定事由；欺诈是可撤销事由。本案只能适用无效规则，即应确认合同无效；效力待定的合同通过追认可以转化为有效合同，故本案合同不能认定为效力待定；可撤销的合同是有效合同，

隋彭生：律师民法业务思维（三）《民法总则》随谈

本案合同不能认定为可撤销的合同。

（二）无效事由

1. 无民事行为能力人实施的法律行为无效

《民法总则》第144条规定："无民事行为能力人实施的民事法律行为无效。"这就是说，无民事行为能力人只能实施事实行为，不能实施法律行为。即便是纯获得利益的法律行为，无行为能力人也不能实施，只能由其法定代理人代理实施。这会与实践发生一些矛盾，比如，8周岁以下的未成年人和无行为能力人的成年人，可能事实上发生一些消费行为，比如购买零食、乘坐公共汽车等。无行为能力人进行一些小微交易或接受小额的赠与（如家长的朋友在过节的时候给的小额压岁钱），按照一般观念是有效的，在法理上也应解释为有效。只是哪种解释更合理的问题。不管哪种解释，不得将无民事行为能力人解释为或视为有民事行为能力。

精神病人有三类：第一类是无行为能力人。第二类是间歇精神病人，未发病时有行为能力，发病期间无行为能力，故在发病期间实施的法律行为，应当认定无效。第三类是"半精神病人"，尚未完全丧失行为能力，属于限制行为能力人。

平时正常，一时陷入神志不清的状态，其所实施的民事法律行为，应当认定无效。

问：醉酒的人签订的合同是否有效？完全民事行为能力人对自己饮酒的后果能够预见吧？对醉酒状态下实施的行为，《侵权责任法》《刑法》有何不同规定？

答：①这要看醉酒的程度。签订合同双方当事人都要为意思表示，如果醉酒导致当事人暂时丧失意思能力，在醉酒期间签订合同自然无效。②完全民事行为能力人对自己饮酒的后果能够预见，只能说其在饮酒前没有丧失意思能力，与其在丧失意思能力时签订合同，是两回事。③《侵权责任法》第33条规定："完全民事行为能力人对自己的行为暂时没有意识或者失去控制造成他人损害有过错的，应当承担侵权责任；没有过错的，根据行为人的经济状况对受害人适当补偿。完全民事行为能力人因醉酒、滥用麻醉药品或者精神药品对自己的行为暂时没有意识或者失去控制造成他人损害的，应当承担侵权责任。"《刑法》第18条第4款规定："醉酒的人犯罪，应当负刑事责任。"原理在于，当事人的原因行为是自由的，对结果行为要负责任，这与民事法律行为相比，采用了不同的立法政策，不能套用。

问：丧失民事行为能力前签订的合同效力是否受影响？

答：要看签订合同时的行为能力，签订合同以后变成无行为能力人，签订合同的行为，其效力并不受影响，合同主体也不会发生变化。比如，张甲（承租人）与李乙（出租人）签订了20年的租赁合同，履行至第10年，张甲因患精神疾病变成无行为能力人，李乙并不因此获得合同解除权。如果张甲到期不交租金，李乙催告履行无效后，才能通知解除租赁合同。无行为能力人，由法定代理人代为意思表示、代受意思表示，李乙的催告履行的通知和解除租赁合同的通知，均须送达张甲的法定代理人。

2. 违反效力性强制性规定和公序良俗的民事法律行为无效

"违反法律、行政法规的强制性规定的民事法律行为无效，但是该强制性规定不导致该民事法律行为无效的除外。违背公序良俗的民事法律行为无效"（民总153条）。

（1）违反效力性强制性规定的民事法律行为无效。

法律由全国人大和全国人大常委会颁布，行政法规由国务院颁布，不包括国务院部门规章、地方政府规章及地方法规。

强制性规定，又称为强行性规范，是任意性规范的对称。关于权利能力、行为能力的规定，关于保护国家利益、社会公共利益的规定等，是强制性规范。

违反效力性强制性规范，私法效果不得保留；违反管理性强制性规范，私法效果可以保留。

民法强制性规范是公法"侵入"私法的法现象，它的作用包括维护公法效果（维护公法利益）和干预私法效果（干预当事人追求的效果）两个方面。管理性强制性规范，重点在保护公法利益，允许保留私法效果，即不否认私法效果的效力；效力性强制性规范，则不但直接保护公法利益，也通过干预私法效果来保护公法利益，所谓干预私法利益就是要取缔私法效果，否认私法效果的效力。

公法利益包括国家利益、社会公共秩序（包括市场秩序）、善良风俗等。

◎ 违反管理性强制性规定和违反效力性强制性规定，效果不同

（1）《物权法》第191条第2款规定："抵押期间，抵押人未经抵押权人同意，不得转让抵押财产，但受让人代为清偿债务消灭抵押权的除外。"

解： 该条从形式上看，是强制性规定，是管理性强制性规定还是效力性强制性规定，只能从实质上区分。该条出于保护交易安全的目的，规定抵押的财产不得转让，是对市场的公法管理，但当事人已经转让的，没有必要取缔私法效果。比如，甲将一套房屋抵押给乙，登记后乙成立抵押权，之后甲将房屋出卖给丁，甲、丁的买卖合同效力（私法效果）得保留，因为即便丁取得该房屋的所有权，也不会影响到乙的抵押权，抵押

权具有追及性，其抵押权并不消灭。

（2）《合同法解释（一）》第10条规定："当事人超越经营范围订立合同，人民法院不因此认定合同无效。但违反国家限制经营、特许经营以及法律、行政法规禁止经营规定的除外。"

解：其中，国家限制经营、特许经营、禁止经营的规定，是效力性强制性规定，若违反必须对私法效果予以取缔，否则将危害社会公共利益。

（2）违背公序良俗的民事法律行为无效。

强制性规范保护公序良俗，但不可能面面俱到，故须把对公序良俗的保护单列出来，作为无效的事由。

问：①张男与李女约定，由张男包养李女3年，到期张男送李女房屋一套。协议效力如何？②王男（已婚）为解除与第三人赵女长期的不正常的性关系，签订了和解协议，答应给付赵女金钱，是否违反善良风俗？

答：①张男与李女的协议违反了善良风俗。善良风俗是社会公共利益的一种表现。"包二奶"的协议无效。②通过给付金钱的手段建立婚外性关系，是违反善良风俗的，通过给付金钱的手段解除这种不正常的性关系，不违反善良风俗。和解协议是在基础法律关系之上成立的新的法律关系。这类和解协议，可以成为有效合同。

3. 恶意串通，损害他人合法权益的民事法律行为无效

《民法总则》第154条规定："行为人与相对人恶意串通，损害他人合法权益的民事法律行为无效。""他人"的合法权益，包括自然人、法人和非法人组织的合法权益，自然也包括国家

的权益（国家是一种特殊的法人）。

恶意串通的当事人具有共同故意，具有协调一致的行为。例如，采取恶意串通的方式（投标人与招标人恶意串通或投标人之间恶意串通）中标，中标为无效。

双方当事人都有故意，但是没有共同的故意（故意的内容不一致，追求的目的不相同），不构成恶意串通。

◎ 恶意串通，双方故意的内容是一致的

（1）甲对乙有巨额债务，估计乙可能起诉并请求对自己的财产强制执行。为逃避强制执行，甲与丙签订一份买卖合同，约定将甲最值钱的一套房屋卖给丙并办理了过户登记手续。为防止丙将房屋据为自有，甲又要求丙写了一份房屋为甲所有的"证明"，并表明自己（丙）是代持人。

解：甲、丙互相故意的双方行为，双方故意的内容是一致的，构成恶意串通行为，该买卖合同无效。房屋仍归甲所有，不妨碍乙请求强制执行。

（2）甲欠乙 1000 万元，其除了一所房屋，没有值钱的东西，甲以 700 万元的价格将房屋卖给丙。丙第一知道此是明显低价的买卖，第二知道此买卖将有害于甲的债权人。甲与丙之间的合同是否因恶意串通而无效？

解：不构成恶意串通，因为甲与丙故意的内容不同，丙的故意是图便宜。《合同法》第 74 条第 1 款规定："因债务人放弃其到期债权或者无偿转让财产，对债权人造成损害的，债权人可以请求人民法院撤销债务人的行为。债务人以明显不合理的低价转让财产，对债权人造成损害，并且受让人知道该情形的，债权人也可以请求人民法院撤销债务人的行为。"乙只能依此请求撤销甲与丙的买卖行为。

(三) 无效法律行为的转换

1. 无效法律行为转换的含义

无效法律行为的转换，是指无效法律行为具备其他法律行为的要件，当事人也希望按其他法律行为生效，则认定其他法律行为有效。法律行为不符合"此"要件，但符合"彼"要件时，可按照"彼"要件生效，由"此"转换为"彼"。无效法律行为的转换，是意思表示解释的结果，称为"解释上的转换"。"其他法律行为"（彼），称为替代法律行为。

◎ 不构成用益物权，但构成用益债权

甲看中乙的一条毛驴，双方约定，甲有偿使用乙的毛驴一年，甲、乙约定了使用费，还引用《物权法》第117条的规定，将甲对毛驴的使用权约定为用益物权。双方的合同效力如何？

解：《物权法》第117条规定："用益物权人对他人所有的不动产或者动产，依法享有占有、使用和收益的权利。"这是为以后将动产规定为用益物权预留的立法空间，按现行立法，所有的用益物权都是不动产用益物权，没有动产用益物权。甲与乙将有偿使用毛驴约定为用益物权，违反了物权法定的原则，是无效的。

考察双方当事人实施法律行为的目的，甲是为了获得使用权，乙是为了获得金钱，如果他们知道将合同写为用益物权无效，就不会这样写。因此，应将甲、乙有偿使用毛驴解释为租赁合同，将甲的使用权解释为用益债权。这种解释的作业，就是无效法律行为的转换。

问：当事人约定动产承租人有优先购买权且约定其性质是物权，与当事人将房屋承租人的优先购买权约定为物权有何

不同？

答：①当事人约定动产承租人有物权性的优先购买权，违反了物权法定原则中种类法定的要求，无效。但可认定优先购买权作为债权存在，这是无效法律行为的转换。②房屋承租人的优先购买权是法定的权利，性质上是债权，约定为物权，是无效的，但不影响其作为债权存在。这种约定不存在"转换"的问题。

2. 认定转换应注意的两个问题

（1）当事人的行为须存在无效的情形，如果没有这种情形，也就没有转换的必要。同时，当事人的行为，须同时具备其他法律行为（替代行为）的要件。必须注意的是，并不是存在无效法律行为及其他法律行为（替代行为）两个行为，而是对同一行为作有效解释。即从一个角度看是无效的，从另一个角度看是有效的。

◎ 不符合自书遗嘱的要件，但具备口头遗嘱的要件，按口头遗嘱生效

张甲所乘轮船触礁，即将沉没，他写了一张纸条，注明所有个人财产（遗产）仅由婚外生子李乙继承，同舱共四位旅客，其他三人亲眼看到他书写的内容。张甲将纸条封在一个小二锅头酒瓶里，交给同舱旅客王丙，嘱："如我死，请交李乙。"张甲在事故中死亡，王丙和另一位同舱旅客赵丁获救。李乙持条请求继承张甲的遗产，张甲妻周戊称纸条没有张甲的签名，不符合自书遗嘱的要件，无效。

解：《继承法》第17条第2款规定："自书遗嘱由遗嘱人亲笔书写，签名，注明年、月、日。"第5款规定："遗嘱人在危急情况下，可以立口头遗嘱。口头遗嘱应当有两个以上见证人

在场见证。危急情况解除后，遗嘱人能够用书面或者录音形式立遗嘱的，所立的口头遗嘱无效。"遗嘱是要式法律行为，张甲的纸条，不符合自书遗嘱的要件，但符合口头遗嘱的要件，应按口头遗嘱生效。或许有人问：口头遗嘱是立遗嘱人"说"，见证人"听"，而本案是"写"，见证人"听"，是否影响口头遗嘱的效力？这只是传递信息的方式不同而已，不影响对当事人真实意思的判断。就像聋哑人也可以以手势语言立口头遗嘱一样。这种"瑕疵"，不会影响口头遗嘱的成立和效力。

（2）转换须对当事人的意思进行解释，即应推定当事人有按其他法律行为生效的意思，或者说，应推定其他法律行为亦符合当事人的意思。单就合同而言，可作有效、无效两种解释时，应作有效的解释。

问：甲、乙签订合同后，甲预期重大违约，乙通知甲撤销合同。乙并无撤销权而有解除权，参照上述"不构成用益物权，但构成用益债权"一例，无效的撤销行为应转换为有效的解除行为吧？

答：上述"不构成用益物权，但构成用益债权"一例，用益物权与承租权（用益债权），是同一合同（同一行为）的两个不同的效果，故而去除无效的效果，保留有效的效果。本案乙并无撤销权，撤销也好，解除也好，只有使合同失去效力的同一效果，故只是采用一般的意思表示解释的方法，将乙的通知解释为解除的意思表示，即不采用转换的意思表示解释方法。理论上认为"解释优于转换"，其实，转换也是一种意思表示的解释。同一行为，因要件的不同，产生两种不同的效果，才需要转换的解释。

三、以虚假意思表示实施的民事法律行为的效力

《民法总则》第146条规定:"行为人与相对人以虚假的意思表示实施的民事法律行为无效。以虚假的意思表示隐藏的民事法律行为的效力,依照有关法律规定处理。"

(1) 虚假意思表示,也称为虚伪表示。这里所说的虚假意思表示,是双方行为,故也称为双方虚假意思表示、通谋虚伪意思表示。

(2) 虚假意思表示中,隐藏真实法律行为,称为隐藏行为。隐藏行为的效力,须具体分析,可能有效,也可能无效。

◎ 隐藏的行为,可能有效,也可能无效

(1) 甲有二子,欲将房屋赠送给小儿子乙,怕大儿子丙翻脸,就与乙签订了该房屋的买卖合同,办理了过户手续,用以掩盖赠与的事实。后丙发现真相,主张房屋所有权移转无效。

解: 本案房屋买卖合同是虚假意思表示,应认定无效。应认定赠与有效,即应认定依赠与房屋所有权移转给了乙。

(2) 张甲卖给李乙一所二手房,双方在签订的书面合同中约定价款200万元,为规避税收,在房屋中介的协助下,网签的合同房价为110万元。之后,房屋价格飞涨,张甲不想出卖该房,就起诉李乙,以网签违法为由,要求确认双方的买卖合同无效,张甲还提出,要把已经收取的200万元退给李乙。

解: 表面上看来,网签的合同,是虚假的意思表示,也是违反效力性强制性规定的行为,应为无效。实际上是网签的价格条款,是虚假的意思表示,是违反效力性强制性规定的行为,该条款无效。双方签订的书面合同,是隐藏的意思表示,是当事人的真实意思表示,是有效的。

（3）恶意串通订立的合同与虚假意思表示合同的区别是：①前者不一定有隐藏行为，若有隐藏行为一定无效；后者必有隐藏行为，且隐藏行为可能有效，也可能无效。②前者损害第三人的利益，后者不一定损害第三人的利益。

四、民事法律行为的部分无效

（一）部分无效概述

"民事法律行为部分无效，不影响其他部分效力的，其他部分仍然有效"（民总 156 条）。民事法律行为是按照行为人的意愿形成（发生、变更、消灭）法律关系的法律事实。法律行为无效，行为人的形成法律关系的意愿完全不能实现；法律行为部分无效，当事人的意愿部分能够实现。

在数个给付存在牵连关系或者同一给付性质上不可分割时，民事法律的无效，只能是全部无效，不可能是部分无效。

（二）部分无效的情形

1. 存在不具有牵连关系的数个给付，可发生部分无效的情形

比如，张甲设立遗嘱，言明一所房屋、一辆电动车由儿子张乙继承，但电动车是从王丙处借来的，张甲误当作了自己的财产。该遗嘱部分有效，部分无效。虽然是一份遗嘱（一个单方法律行为），但却有两个给付，这两个给付不具有牵连关系，故可以部分无效。再如，李甲设立遗嘱，言明一所房屋由儿子李乙继承，李甲去世后，法院发现该房屋是李甲与妻子共有的房屋，这是一个可以分割的给付。该遗嘱部分有效、部分无效。法院可以先确定份额，再判决李乙继承相应的份额。

由于双务合同两个给付（双方的义务）的牵连性，一方的给付无效，另一方的给付必然无效。比如，甲与乙签订金融业务合同，甲违反国家特许经营的规定，其给付无效，乙给付金钱的约定也必然无效。

2. 在给付可分割、财产可区分时，可发生部分无效的情形

（1）在给付可分割时，可发生部分无效的情形。

例如，一份合同给付合法但定金超标（超过20%），超过的部分无效。再如，一份租赁合同除租期超长（超过20年）外，其他内容合法，则租期超过20年的部分无效。

问：民间借贷的利率超过36%，借款人是否需要起诉，请求法院确认无效？

答：利息之债是可分之债，无论是否经过法院判决，超过36%的部分都无效。出借人请求偿还利息，借款人可以以超过36%的部分无效为由进行抗辩，也可以主动提起确认之诉，请求法院认定超过36%的部分无效。[1]

有些给付在履行上虽然可以分割，在性质上不因分割而有所变化，则整个行为无效。例如，甲作坊将用工业原料做的有毒粉条卖给食品超市，由于给付违法，合同无效，不存在部分无效的问题。

（2）在财产可区分时，可发生部分无效的情形。

例如，张男立了一份遗嘱，将其与妻子李女的共有财产都写进遗嘱。不能认为该遗嘱全部无效，应认定处分他人财产的部分无效。

3. 在合同同时存在实体条款和程序性条款的情况下，可发生部分无效的情形

例如，甲与乙签订了建设工程合同，约定了仲裁条款。由

---

[1]《最高人民法院关于审理民间借贷案件适用法律若干问题的规定》第26条第2款规定："借贷双方约定的利率超过年利率36%，超过部分的利息约定无效。借款人请求出借人返还已支付的超过年利率36%部分的利息的，人民法院应予支持。"

于甲缺少相应的资质，该合同实体部分无效，但仲裁条款有效。实体条款也称为实体合同，是相对法律关系中的给付；程序性条款也称为程序合同，是当事人约定的解决争议的条款，不是给付关系。实体部分违法，不等于程序部分违法。

再如，《民事诉讼法解释》第31条规定："经营者使用格式条款与消费者订立管辖协议，未采取合理方式提请消费者注意，消费者主张管辖协议无效的，人民法院应予支持。"该格式条款的无效，并不影响合同其他条款的效力，属于部分无效的情形。

（三）合同中格式条款无效及免责条款无效

格式条款是当事人为了重复使用而预先拟定，并在订立合同时未与对方协商的条款。合同中格式条款无效的，有时导致合同无效，有时导致合同部分无效。

免责条款是当事人约定的，事先免除或减轻一方当事人责任的条款。免责条款有的是格式条款，有的不是格式条款。免责条款无效，一般是合同的部分无效。

应当指出的是，免责条款（包括格式免责条款）并非都无效，违反效力性强制性规定的才无效。

五、无效的效果

无效法律行为不能发生当事人追求的效果，但可依法产生法定财产法律关系。"民事法律行为无效、被撤销或者确定不发生效力后，行为人因该行为取得的财产，应当予以返还；不能返还或者没有必要返还的，应当折价补偿。有过错的一方应当赔偿对方由此所受到的损失；各方都有过错的，应当各自承担相应的责任。法律另有规定的，依照其规定"（民总157条）。条文中的"确定不发生效力"，是指效力待定的行为，被拒绝追认和善意相对人撤销意思表示而自始不生效、确定地不生效。

隋彭生：律师民法业务思维（三）《民法总则》隋读

无效法律行为产生的债，是法定之债。

(一) 返还财产

返还财产分为单方返还和双方返还。是依不当得利（债权请求权）返还，还是依物权请求权返还，应当具体分析。例如，甲与乙签订了货物买卖合同，甲依合同交付给乙 50 万元货款，后双方因履行发生争议，诉至法院，合同被判决无效。乙获得的货款自始没有法律依据，甲请求乙返还货款，是依不当得利请求返还。再如，甲卖给乙一所房屋，交付使用后办理过户登记前，发现合同为无效合同，甲仍对该房屋享有所有权，其返还请求权是物权请求权。

问：张甲（教授）病重，外甥李乙在医院照顾他。张甲立了自书遗嘱，言明个人名下的一套房屋死后归李乙，犹豫再三，未在遗嘱上签名。一日张甲突然死亡，依遗嘱张甲的儿子张丙（唯一的法定继承人）把房子交给了李乙。后来发现，遗嘱上按的指印（指模）是张甲的，签名是李乙伪造的。当事人的财产关系如何？

答：①《继承法》第 17 条第 2 款规定："自书遗嘱由遗嘱人亲笔书写，签名，注明年、月、日。"遗嘱是要式法律行为，本案自书遗嘱没有张甲的亲笔签名，是无效的民事法律行为。②张甲没有变动物权的意思，本案也不存在物权变动的合意，不能用物权变动的无因性理论将房屋的所有权解释为归李乙，即不能解释为张丙依债权请求权请求所有权人李乙返还。张丙是房屋的所有权人，其请求李乙返还原物（占有回复请求权），是物权请求权。

(二) 折价补偿

法律对无效民事法律行为后果的处理，采取灵活的方法。

当事人取得的财产不能返还或者没有必要返还的，应当折价补偿。不能返还，包括返还的事实不能和返还的法律不能，前者如购买的物已经消费，后者如购买的物被第三人合法取得。没有必要返还，主要是指在经济上没有必要，比如，某物买受人正在使用，返还以后不能使出卖人增加利益，反而无谓地增加了买受人的损失，采用折价补偿的方式处理，则两得其便。

（三）赔偿损失

损害赔偿责任是一种过错责任，对成立和履行无效法律行为造成的损失，有过错的一方应当赔偿损失。对一方的损失，双方都有过错的，应当适用过错相抵的规则。因法律行为无效赔偿的范围，仍适用全部赔偿规则。

专题二十一　限制行为能力人实施的法律行为

引言

限制行为能力人之"限制"，是指其独立实施法律行为受限制，其实施的法律行为，可能有效，也可能是效力待定。对于效力待定，法定代理人有追认权，善意相对人有撤销权。

有些行为，限制行为能力人不得实施，法定代理人也不得代理实施。

一、《民法总则》的规定

《民法总则》第19条规定："八周岁以上的未成年人为限制民事行为能力人，实施民事法律行为由其法定代理人代理或者经其法定代理人同意、追认，但是可以独立实施纯获利益的民事法律行为或者与其年龄、智力相适应的民事法律行为。"第22条规定："不能完全辨认自己行为的成年人为限制民事行为能力人,实施民事法律行为由其法定代理人代理或者经其法定代理人同意、追认,但是可以独立实施纯获利益的民事法律行为或者与其智力、精神健康状况相适应的民事法律行为。"第 23 条规定:"无民事行为能力人、限制民事行为能力人的监护人是其法定代理人。"第 145 条规定:"限制民事行为能力人实施的纯获利益的民事法律行为或者与其年龄、智力、精神健康状况相适应的民事法律行为有效;实施的其他民事法律行为经法定代理人同意或者追认后有效。相对人可以催告法定代理人自收到通知之日起一个月内予以追认。法定代理人未作表示的,视为拒绝追认。民事法律行为被追认前,善意相对人有撤销的权利。撤销应当以通知的方式作出。"限制行为能力人实施的民事法律行为有的有效,有的效力待定,当然也会存在无效的情形。

◎ 保护限制行为能力人的利益,优先于保护交易安全

春节过后,13 岁的女儿拿 5000 元压岁钱,购买了一部手机。其母发现发票要求退货、退款。手机店经营者认为,他们不可能去判断每位消费者的年龄,不同意退款。两方的利益怎样协调?

解:①保护限制行为能力人的利益,优先于保护交易安全。此案,13 岁的孩子实施的法律行为与其行为能力不相适应,交易(买卖手机的合同)应为效力待定,其母要求退货、退款,是拒绝追认的行为,则该合同转化为无效。手机经营者不知消费者的年龄,是善意的相对人,该善意并不能使合同变成有效合同。②限制行为能力人经常用家长(监护人)的钱消费,保护限制行为能力人的利益,自然会延伸到保护监护人的利益。

二、限制行为能力人可以（独立）实施与不能实施的民事法律行为

（一）限制行为能力人可以独立实施的民事法律行为

限制行为能力人可以实施的民事法律行为分为两种：第一种是纯获利益的；第二种是与其年龄、智力、精神健康状况相适应的。这两种行为自无须法定代理人（监护人）的同意或追认。

（1）"纯获利益"，是指限制行为能力人既不承担对价性义务，也不承担非对价性义务。比如，不附义务的赠与，受赠人是纯获利益的；无息借款，虽然不需要支付利息，但承担还款义务，不属于纯获利益。

问：13岁的少年借了10万元，没有利息，借款合同效力如何？

答：无息借款是无偿合同，不属于纯获利益。借款合同效力待定，若监护人（法定代理人）拒绝追认，则转化为无效。

（2）与限制行为能力人的行为能力是否相适应，需要具体问题具体分析。例如，在北京一个十五六周岁的少年，买一双四五百元的球鞋，可认为与其行为能力是相适应的，在贫困地区一般应认为与行为人的行为能力是不相适应的。

（二）限制行为能力人不得实施的法律行为

这里所说的限制行为能力人不得实施的法律行为，是指限制行为能力人不得独立实施，法定代理人也不得代理实施的行为。比如，《继承法》第22条第1款规定："无行为能力人或者限制行为能力人所立的遗嘱无效。"自然，法定代理人也不得代理立遗嘱。

问：结婚的"资格"是行为能力，还是权利能力？

答：结婚的"资格"不能解释为权利能力，否则违反权利能力人人平等的原则。自然人满18周岁为完全行为能力人，但男年满22岁，女年满20岁才能结婚，这是一种特殊的行为能力。我国实行契约婚，结婚是双方法律行为、身份法律行为，限制行为能力人不得实施，法定代理人自然也不得代理实施。

问：我国台湾地区"民法"第78条规定："限制行为能力人未得法定代理人之允许，所为之单独行为，无效。"上述规定，对我国大陆，可否作为法理解释相关现象？

答：需具体问题具体分析。比如，动产的抛弃是单方法律行为（单独行为），限制行为能力人抛弃价值不高的动产，并无不可。

三、限制行为能力人实施的欠缺能力的民事法律行为

（一）概述

1. 法定代理人的同意与追认

限制行为能力人实施的与其年龄、智力、精神健康状况不相适应的民事法律行为，也称为欠缺能力的行为，在效果上属于效力待定。

对欠缺能力的行为，经法定代理人同意或者追认的为有效。同意和追认为单方法律行为。《民法总则》将法定代理的同意与追认相区分。法定代理人在被监护人实施法律行为之前和实施之时允许的为同意；事后允许、承认的，为追认。以法定代理人的同意或追认决定行为的效力，是为了保护限制行为能力人的利益。

问：13岁张甲当着父亲张乙的面，给网上直播的主播用手机转账1万元（欠缺行为能力），张乙看见全过程，没有表态，

打赏1万元的行为是否效力待定？

答：①转账1万元的行为虽然欠缺行为能力，但张乙看见全过程，没有表示反对，是默许行为，构成内部授权，这个授权自然不是授予代理权，而是授予限制行为能力人实施法律行为的权限。这个观点的障碍似乎在《民法总则》第140条："行为人可以明示或者默示作出意思表示。沉默只有在有法律规定、当事人约定或者符合当事人之间的交易习惯时，才可以视为意思表示。"依据该条，张乙的默许（沉默），会受到质疑。法定代理人与被监护人之间虽然是平等的民事主体，但存在监护关系，包括对被监护人生活、行为的监督管理关系，即双方之间的关系有特殊性。《民法总则》第10条规定："处理民事纠纷，应当依照法律；法律没有规定的，可以适用习惯，但是不得违背公序良俗。"此条的习惯，包括交易习惯，也包括生活习惯，当着"家长"的面实施某种行为，是被相对人认可的，这肯定是生活习惯。也就是说，按生活习惯张乙对张甲的打赏是同意的，不应以《民法总则》第140条为据否认张乙的同意。②也可直接依据诚实信用原则，认定张乙同意被监护人张甲的打赏行为。③综上，张甲的打赏行为有效，不是效力待定。

2. 法定代理人对特定财产处分的事先允许

法定代理人允许限制行为能力人处分特定的财产，限制行为能力人，就该财产有处分之行为能力，这称为"行为能力的扩张"。例如，广州张甲15岁的孩子张乙到北京上学，张甲每年给其汇款6万元，由其在就学、生活方面自主支配，张乙的支配行为原则上都是有效的。春节期间，李丙让自己12岁小孩逛庙会，给他1000元随便花，小孩的消费行为原则上都是有效的。

3. 限制行为能力人转化为完全行为能力人后的追认

限制行为能力人成为完全行为能力人后（限制原因消灭

后），对自己原先实施的法律行为的追认，与法定代理人的追认具有同一效力。

问：张甲过18岁生日前，将价值数万元的电脑送给同学李乙，几天后，张甲的父亲张丙得知此事，要求李乙将电脑退还给张甲。此时张甲已满18周岁。李乙应否退还？

答：张甲与李乙的赠与合同，若与张甲的行为能力不相适应，则为效力待定，张甲满18周岁后，张甲的监护人、法定代理人的资格自动消灭，其无权要求李乙将电脑退还给张甲。张甲可以对自己过去效力待定的行为予以追认或拒绝追认。

4. 限制行为能力人使用诈术（欺诈），行为的效力

限制行为能力人用诈术（采用欺诈的手段）使相对人相信其为有行为能力人或已得法定代理人的允许，在我国台湾地区"民法"，认为其法律行为为有效。这称为行为强制有效。我国《民法总则》未作此规定，在法理上亦不应认定为有效，对欠缺行为能力的，仍应认定为效力待定。

问：限制行为能力人甲用假身份证证明自己已经年满18周岁，与乙订立了合同。其后，相对人乙和甲的监护人丙了解真相后，可采取什么措施？

答：①乙是善意的相对人。依据《民法总则》第145条的规定，在甲追认前，乙可以行使撤销权来摆脱合同。②丙可以追认，也可以拒绝追认。

（二）法定代理人的追认权

法定代理人的追认权是简单形成权。法定代理人追认后，该行为自始有效。追认，一般以通知的方式行使，限制行为能力人经法定代理人同意实际履行义务的行为，亦可构成追认。

行使追认权的行为是单方法律行为、不要式法律行为。

追认权的反面，是拒绝追认权。法定代理人拒绝追认的，该民事法律行为自始不生效、确定地不生效。

（三）相对人请求法定代理人追认的催告

对欠缺行为能力的行为，相对人可以催告法定代理人自收到通知之日起一个月内予以追认。到期法定代理人未作表示的，视为拒绝追认。催告的制度设计，主要是保护相对人，有尽早确定法律关系之功效。

（1）"一个月"，是法定最短期间。催告人可以单方决定延长，比如，要求法定代理人在收到通知两个月内答复，法定代理人在两个月内可以拒绝追认或者追认，在两个月内没有答复的，视为拒绝追认。拒绝追认的，限制行为能力人效力待定的行为，转化为无效（确定地不生效）。

（2）法定代理人的"未作表示"，是默示中的沉默（消极行为），默示中积极行为，可以构成追认，比如法定代理人接到催告通知后，代限制行为能力人履行，则构成追认。

（3）接到催告后的追认，是有相对人的意思表示，应当向相对人为追认的意思表示。

（四）善意相对人的撤销权

效力待定的民事法律行为被追认前，善意相对人有撤销的权利，恶意相对人没有撤销权。撤销，是撤销已经生效的意思表示，是通过撤销自己生效的意思表示，来撤销合意。已经履行约定义务的，不影响撤销权的行使。

"善意"，是不知情，不知道相对人没有相应的行为能力。相对人即便有过失，也不影响其善意的成立。

撤销权是简单形成权。撤销应当以通知的方式作出，通知是明示的方式。善意相对人行使撤销权后，该民事法律行为自始不生效、确定地不生效。

在善意相对人撤销前，法定代理人的追认和拒绝追认，都消灭善意相对人的撤销权。

◎ 善意相对人的撤销有效

14岁的张甲是集邮爱好者，李乙通过网络向张甲发出要约，要按市价（1.3万元）卖给其一张猴票（纪念邮票），张甲表示同意，将历年积攒的1.3万元通过网络转给李乙，李乙将邮票寄给张甲。张甲不能认识合同的性质和后果，其与李乙成立的口头合同是效力待定的合同。李乙看张甲发来的照片，以为他是成年人，李乙是善意相对人。后张甲的父亲与李乙联系，表示是否追认该买卖合同还要考虑，在张甲的父亲犹豫期间，李乙通知其撤销合同。撤销是否有效？

解：撤销有效。①李乙的意思表示（要约）有效，张甲的意思表示效力待定，故张甲与李乙的合意（买卖合同）效力待定。李乙通过撤销自己的意思表示（要约），撤销了效力待定的合同。②本案如果是张甲发出要约，李乙为承诺，李乙则可以通过撤销自己的承诺的意思表示，使效力待定的合同确定地不生效。③撤销与撤回不同，撤销，是撤销生效的意思表示；撤回，是阻止意思表示生效。撤销效力待定的行为的本质，是撤销表意人一方生效的意思表示。

◎ 对效力待定行为，不存在法定代理人撤销的问题，只存在追认或者拒绝追认的问题

13岁男孩迷上了"鬼步舞"，在网上认识了一位主播并拜其为师。主播称可以教他跳舞，但必须打赏。男孩瞒着家人偷偷打赏主播2万多元。有人认为，男孩是限制行为能力人，其

"打赏"主播2万多元的行为,其父母可主张撤销。也有人认为,限制民事行为能力人在进行网络交易时,因相对人无法判断其行为能力,为保护交易安全,其行为应当有效。

解:①撤销权是善意相对人的。男孩的打赏行为,是效力待定行为,不存在父母(法定代理人)撤销的问题,而只是存在追认或者拒绝追认的问题。②限制行为能力人的相对人分为善意和恶意两种,善意相对人只有撤销权,并无使合同生效的权利。若男孩的父母拒绝追认,打赏行为确定地不生效(由效力待定转化为无效)。

问:限制行为能力人作为赠与人与他人签订了与其行为能力不相适应的赠与合同,法定代理人可以撤销赠与合同吗?

答:撤销是针对有效行为。对赠与合同的撤销,也是撤销有效赠与合同。限制行为能力人与他人成立的与其行为能力不相适应的赠与合同,是效力待定的合同,不存在撤销的问题。法定代理人可以通过积极的拒绝承认和消极的不予以承认,使赠与合同确定地自始无效。

专题二十二 可撤销的民事法律行为

引言

可撤销民事法律行为是有效但可撤销的行为,与无效、效力待定的民事法律行为有重要区别。撤销的原因,是当事人意思表示瑕疵。

对律师来说,准确判断是否构成"可撤销",是至关重要的。最见功力的,是对重大误解的认定。

隋彭生：律师民法业务思维（三）《民法总则》随谈

一、可撤销民事法律行为的界定

可撤销的民事法律行为，是指虽然成立，但由于当事人的意思表示有瑕疵，经向法院或仲裁机构请求可以消灭其效力的行为。

单独法律行为（也称为单方法律行为，简称为单独行为、单方行为）、双方法律行为（简称为双方行为）、共同法律行为（简称为共同行为）都可以被撤销。若是合同被撤销，不影响合同中独立存在的有关解决争议方法的条款（如仲裁条款、法院管辖条款）的效力。

民事法律行为是当事人为意思表示成立的行为，若意思表示有瑕疵，法律给予救济。可撤销民事法律行为，包括基于重大误解实施的民事法律行为、因欺诈实施的民事法律行为、因胁迫实施的民事法律行为、因危困被乘等原因实施的自始显失公平的民事法律行为。上述行为都是意思表示有瑕疵的行为。

可撤销的民事法律行为是有效行为，对有效行为才有撤销的必要。有学者说，可撤销的行为是相对无效的行为，这是说，撤销以后转化为无效。这种说法容易引人误解。

民事法律行为是形成（发生、变更、消灭）民事法律关系的一种法律事实。撤销民事法律行为，也同时撤销了该行为形成的法律关系。

问：合同解除后又发现撤销事由，能否诉请撤销该合同？

答：①如果合同解除是自始解除（合同自始失去效力），则不可以再撤销。解除表面上是解除合同法律关系，实际上是通过解除当事人成立合同的法律行为来解除（消灭）合同法律关系。对当事人的法律行为，不能二次消灭。仅从法律关系的角度讲，已经不存在的法律关系无法撤销。对无法再撤销的，要考察提起侵权之诉的可能。②如果是面向将来的解除，已经履行的部分继续保留，发现撤销事由后，对保留的部分还可以撤销。

问：撤销权能移转吗？

答：撤销权是专属于受害人的权利，不能单独移转，但可因权利义务的继受而移转。比如，甲以欺诈的手段与乙订立了合同，之后，乙经甲的同意，将合同的权利义务转让给了丙（意定承受），在丙履行合同期间，其发现了甲欺诈乙的事实，丙有权诉请撤销合同。受害人原来是乙，后来是丙，乙一直蒙在鼓里，这不影响其受害人的地位。再如，A以欺诈的手段与B订立了合同，在履行期间，B死亡，其合同权利义务由其子C继受（法定继受），等C知道真相后，有权请求撤销，此时C是受害人。

二、可撤销民事法律行为的类型

（一）重大误解

1. 重大误解的含义

重大误解，是指当事人因对行为性质、主体、标的物等产生错误认识，致使该行为结果与自己的意思相悖，并造成重大不利后果的情形。重大误解，是意思表示有错误，属于意思表示有瑕疵的情形。

基于重大误解产生的行为，主要是合同行为，共同行为和单独行为也可构成重大误解。比如，动产抛弃为单方法律行为，可以重大误解为由撤销。

"基于重大误解实施的民事法律行为，行为人有权请求人民法院或者仲裁机构予以撤销"（民总147条）。该条过于粗疏，最大的缺陷，是没有规定表意人的过失对构成可撤销是否产生影响。

问：张甲在青岛一家大排档吃饭，菜单上写着海捕大虾 38 元，结账时发现，38 元不是一份，而是一只。蒜蓉大虾一份吃了 1520 元。这种情况下，可以重大误解或欺诈为由主张撤销吗？

答：①应用意思表示解释规则来解决，即解释为 38 元一份，不能解释为 38 元一个。②在民事纠纷处理上，解释规则优先于可撤销的规则，即是说，能够用解释排除重大不利的后果或明显不公平的后果的话，应当采用解释规则。本案将海捕大虾解释为 38 元一份，是对消费者的保护，是对市场的保护，并不排除商家欺诈的故意，对商家仍可进行行政处罚。

2. 构成重大误解的要件

（1）行为人主观上存在重大认识错误，其认识与事实相距较远。当事人对重要的事项产生了错误认识，可以认为是重大错误认识。

（2）因重大误解实施的行为给行为人造成重大不利后果。"重大不利后果"，一般实质造成较大损失。该后果不一定已经发生，比如因重大误解订立了合同，在造成较大损失之前、之后都可请求撤销。

因重大误解实施的行为实际上是两个"重大"。一个是重大认识错误，一个是重大不利后果。

问：甲、乙双方订立运输合同，乙方为甲方运送西瓜，甲方误以为乙方用加长卡车运输，而乙方是想用普通卡车运输。当事人是否构成重大误解？

答：当事人的误解属于无关紧要的误解，不影响合同的效力。无关紧要的误解，不会造成显失公平的后果，也不影响合同目的的实现。不影响合同目的的误解，不会使当事人增加过多的负担。

（3）行为人的错误认识与重大不利后果有因果关系。

（4）行为的结果与行为人内心意思相悖，即意思与意思表示不一致（意思表示有瑕疵）。当事人不愿承担对误解的风险。当事人自愿承担了误解的风险，当然不能按照重大误解的规则进行救济。

◎ 赌石之赌

甲、乙就一块"赌石"约定买卖价款3万元。双方都知道石头可能有玉的成分，也可能没有。①甲受领后，切开石头，一无所获。甲以重大误解为由请求撤销合同。②甲受领后，切开石头，发现玉石价值30万元。乙以重大误解为由请求撤销合同。

解：双方都自愿承担了误解的风险，不存在意思表示有瑕疵的情形，因而都不得以重大误解为由请求撤销合同。

3. 意思表示错误的类型及重大误解的构成

意思表示错误，也称为法律行为错误。包括意思表示内容错误、表示行为错误。符合条件的动机上的错误，视为意思表示内容错误。意思表示错误符合上述要件，才能认定为重大误解。

（1）意思表示内容错误。

意思表示内容错误，虽然当事人"表示其所欲表示"，但与表意人的真正追求不符。比如说，甲内心认定正在播放节目的主播是乙，是自己梦寐以求的白马王子，就通过网络给乙打赏了1万元。实际上当日主播换了一个相像的人。甲内心想的是乙，也表示给乙打赏，但实际搞错了。从内心的认定（"所欲"）开始，就搞错了。

意思表示内容错误包括：

第一，对相对人的认识错误（当事人错误）。

◎ 对同一性的认识错误与对"身份"的认识错误，属于意思表示内容错误

（1）甲回乡创业，其老师嘱其多关照乙，甲误认丙为乙，与丙签订了半卖半送的合同。

解：甲是对相对人同一性的认识错误，属于意思表示内容错误，构成重大误解，可以撤销合同。

（2）张甲有两套房子，自己住小的，大的送给儿子张乙，张甲说："有房子才好找对象！"房子过户给张乙后，张甲发现张乙不是自己亲生的，想要回房子。是否因道德义务的赠与而不能撤销？

解：张甲是对"身份"的认识错误。其一，张甲属于意思表示内容错误，构成重大误解，可以撤销赠与。其二，道德义务的赠与、经过公证的赠与，不影响其成为可撤销的合同。从已知条件来看，不构成道德义务的赠与。

（3）张小伙在北京打拼事业，未结婚，也没有女朋友。张母命张小伙必须在春节前将女朋友带回家。母命难违，张小伙花钱请大学生李小妹冒充女朋友。张母见李小妹眉清目秀，举止得体，给了其5万元见面礼。后张小伙向李小妹要这5万元，李小妹拒绝。此案应当如何处理？

解：有五种观点：其一，赠与有效，应维持其效力。其二，李小妹构成欺诈，按可撤销的合同处理。其三，李小妹没有骗取钱财的故意，应按照重大误解处理。其四，按彩礼处理。其五，按附条件赠与处理。笔者认为，由于对"身份"的认识错

误,构成重大误解,张母可以请求撤销赠与合同。

第二,对标的物的认识错误。对标的物的种类或品种、质量、规格、数量、价值或价格等的错误认识,使行为的后果与自己的意思相悖,并造成较大损失的,属于对标的物的认识错误。

问:张甲看到家串门的李乙喜欢瓷器,就送给李乙一个瓷碗,说:"现代工艺,你看花纹多漂亮!"后来,一位专家告诉张甲:"这个瓷碗是清朝的,价值10万元。"现张甲想要回瓷碗,是否可以?以什么理由?

答:①对价值的误解,是意思表示内容错误。本案构成重大误解,张甲可以请求撤销赠与合同,要回瓷碗。②并非对价值的误解都构成重大误解,比如,在自由市场的地摊上以较低的价格"捡漏",一般不能认定构成重大误解。

第三,对行为性质的认识错误。需要指出两点:其一,对双方法律行为(合同)来说,对行为的性质认识错误,一般是导致合同不成立。例如,张甲欲出卖给同村李乙一匹马,李乙以为张甲要送给自己,张甲没在家,李乙就将该马牵回了家。二人之间,既不成立赠与合同,也不成立买卖合同,因为对这两种合同,都没有达成合意,无适用重大误解规则的余地。其二,合同的名称用错了,一般也不构成重大误解。比如,当事人将承揽合同写成买卖合同,双方的权利义务并无实质变化,没有重大不利后果,解释为承揽合同即可。

(2)表示行为错误。

表示行为错误,是当事人"误表示非其所欲",即内心想的没错,但表达错了。即"所欲",没有错;"表示",错了。比如误写、误说。当事人如果知道错了，就不会这样做了。比如，甲想通过微信给乙转 1000 元压岁钱，后来发现自己实际转了 10 000 元。

◎ 标价错误，是否构成重大误解

甲制鞋公司在网上发布公告，每双球鞋一元钱，这种球鞋，市场价是 300 多元，消费者以为是促销，纷纷购买，但甲制鞋公司拒绝销售，说是自己的电子系统出了故障。甲制鞋公司能否以重大误解为由撤销自己的标价？

如果甲制鞋公司向乙公司发出订单（要约），电子系统出了故障，将每双 280 元的批发价，自动生成每双 28 元。乙公司将承诺送达甲制鞋公司。后甲制鞋公司发现错误，请求撤销，应否支持甲制鞋公司的请求。

解：（1）其一，如果甲制鞋公司的系统确实出了故障，则为表示行为错误，但不应认定为重大误解而予以撤销。从已知条件来看，甲制鞋公司是因自己的过失产生了意思表示的错误，如果允许撤销，则破坏了人们对市场的信赖。《民法总则》就重大误解的构成与过失的关系，未作规定，这里引入诚实信用原则，作为判断的指导和基准。其二，对不特定人发出的特定商品的标价，视为要约，甲制鞋公司可以依《合同法》撤销要约的规定，撤销标价。但消费者送达承诺的，则构成有效合同，应当予以保护。

（2）乙公司作为商事主体，知道或者应当知道甲制鞋公司报价错误（产生错误的原因不一定知道），没有信赖利益可供保护，应认定甲制鞋公司构成重大误解。第一例报价错误，受众是消费者，在适用法律的时候要考虑"倾斜原则"，对本案的乙公司则无倾斜保护的必要。

◎ 因乌龙指成交的证券交易，是否属于重大误解[1]

2016年12月16日，北京兴源投资管理有限责任公司（以下简称"兴源公司"）以每股430元，真实意愿价格4.3元100倍的价格，向上海合之力投资管理有限公司（以下简称"上海合之力"）、深圳市恒泰九州投资合伙企业（以下简称"深圳恒泰"）合计买入1万股北京信中利投资股份有限公司股票（以下简称"信中利股票"）。兴源公司以重大误解为由主张撤销交易，因协商未果，先后在沪深两地法院提起诉讼。

2016年12月19日，兴源公司向"新三板"运营机构全国股转公司发送了《交易操作过程说明》，对因自己公司操作不当引发的乌龙指一事作了详细说明：

2016年12月16日13时，全国中小股份交易系统开始交易，兴源公司法定代表人王先生作为当天的操盘人员开始操作股票交易。

13点00分48秒，王先生首次出价，拟以4.20元/股的价格买入信中利股票2万股。13点01分11秒，王先生再次出价，拟以4.30元/股的价格买入信中利股票1万股。说明称，因王先生自身患有一定眼部疾病，加之尚未完全从午休状态中恢复过来，在第二次操作报价时，误将原计划出价的4.30元/股输为430元/股，出价后王先生并未发现错误。

13点02分34秒，王先生撤回了以4.20元/股价格购买信中利股票2万股的委托。13点03分02秒，王先生再次出价，拟以4.20元/股的价格买入信中利股票1万股。委托指令发出

---

[1] 案情引自王治国："高出原价100倍买入1万股股票，15秒损失400多万"，载《人民法院报》2018年1月16日第3版。

后,王先生发现第二次出价的错误,但此时已经以430元/股的价格购入信中利股票1万股。

当天交易结束后,根据新三板交易系统披露的信息,兴源公司已经通过协议定价的方式,以430元/股的价格分别向上海合之力买入信中利股票6000股,向深圳恒泰买入信中利股票4000股。由于该笔交易自错误协议定价委托买入到成交仅用了15秒的时间,王先生虽及时发现委托有误,但已无法撤销。

兴源公司认为,这两笔交易的成交价格并非其真实意思表示,2017年4月7日,兴源公司首先在浦东法院将上海合之力告上法庭。

在民事起诉状中,兴源公司提出了两项诉讼请求:一是判令撤销原、被告双方于2016年12月16日13时01分24秒成交的编号为20310号的股票交易合同;二是判令被告返还原告股票购买价款258万元。

审理中,法院就合同撤销的后果向双方释明后,原告提出,愿以不超过合同标的258万元的20%,即51.6万元,作为损失赔偿给被告;原告不返还被告6000股信中利股票,可按信中利股票停牌前19.15元/股的价格,支付给被告相应折价款,并赔偿被告交易税费4450.5元。三项合计63.535万元。

主审法官认为,本案有两个争议焦点:第一,原告以430元/股价格买入涉案6000股信中利股票是否构成重大误解;第二,涉案交易合同能否撤销。

原告认为,其发出的430元/股的买入指令并非其真实意思表示,系意思表示错误,有权请求法院撤销。

被告则认为,全国股转公司认可交易的合法性,应优先适用《证券法》第120条规定,撤销系争交易合同则违反了证券交易的交易结果恒定原则。另外，不排除原告故意输入430元/股价格的可能，原告存在故意或重大过失，不应按照误解处理，交易价格未超出投资者认知范围，操作风险是交易风险的一部分，原告应对自己的交易行为负责。

后经法院调解，2017年11月30日，原、被告双方达成了调解协议：被告上海合之力向原告兴源公司支付180.6万元，涉案的6000股信中利股票归原告所有。

解：原告兴源公司属于表示行为错误，其虽然有过失（非重大过失），仍应认定构成重大误解。如调解不成功，应当按重大误解予以撤销或变更。有两点需要说明：其一，表意人虽然有轻过失（一般过失），应不妨碍其意思表示构成重大误解。其二，我国《民法总则》对可撤销的民事法律行为虽然没有规定变更，但依诚实信用原则，法院仍可以判决变更。

问：怎样理解误载不害真意与表示行为错误的关系？

答：误载不害真意，也称为误言不害真意，是意思表示的解释规则。解释规则的适用优先于错误认定规则。误载或误言的后果，没有撼动或改变权利义务关系，通过解释消除当事人之误即可。比如，当事人签订的和解协议把还钱时间写成20019年，解释为2019年即可，没有必要撤销和解协议。

（3）动机上的错误。

动机是实施法律行为的原因，动机上的错误，一般不构成重大误解。因为动机藏之于心，相对人无从了解，应由错误者自己承担风险，否则就危害了交易安全。

一方过失性误述，不构成欺诈，但促使相对人作出决策（形成动因），则相对人的错误，视为意思表示内容错误，可认定构成重大误解。

双方动机上的错误，可构成重大误解。例如，出卖人和买受人都认为出卖人的房屋很快就成为学区房，双方各自根据自己的信息源形成动因，最终以学区房的高价成交，则可视为意思表示内容错误，认定合同是因重大误解成立的合同。

(二) 欺诈

1. 欺诈概述

欺诈，是故意隐瞒事实真相或作虚假表述使人陷入错误而为意思表示的行为。"一方以欺诈手段，使对方在违背真实意思的情况下实施的民事法律行为，受欺诈方有权请求人民法院或者仲裁机构予以撤销"（民总148条）。

（1）欺诈的成立，不要求显失公平的后果。

（2）一方当事人故意告知对方虚假情况，或者故意掩盖真实情况，是以作为的方式欺诈。明知对方陷入重大错误而为意思表示，仍然与对方成立民事法律行为，可构成不作为方式的欺诈。

问：①张甲进入宠物店，见一小土猫，哇地叫了一声："这斗牛犬真可爱！"遂按标价与宠物店成交。宠物店老板明知张甲的错误不揭示。②乙公司的业务人员参观了丙公司的一号仓库后，给丙公司发出的要约是："购买一号仓库的C型机械。"而一号仓库的机械是D型机械，C型和D型机械都是生产洗衣粉的机械，但日产量有很大差别。丙公司知道乙公司搞错了，怕交易泡汤，没有向乙公司揭示，直接作了承诺。③以上两例是否构成欺诈？

答：构成欺诈。张甲和乙公司都不是真实的意思表示。

（3）只有受欺诈方（受害人）才有权请求人民法院或者仲裁机构予以撤销。

（4）欺诈是一种民事侵权行为，受欺诈人可以请求欺诈人承担侵权责任。

◎ 欺诈能否适用过错相抵规则

甲欺诈了乙，法官认为，被欺诈人乙不慎重，没有履行必要的注意义务，对欺诈造成的乙的损失，判决甲承担主要责任，乙承担次要责任。对否？

解： 判决是不正确的，应当判决甲承担全部责任。①最关键的一句话是：乙的不慎重，与被欺诈没有相当因果关系。②法官适用了过错相抵规则。乙的不慎重尚未构成法律上的注意义务，法律上对自己利益的注意义务，是不真正义务，须法律有规定才能构成责任。比如，《合同法》第119条规定："当事人一方违约后，对方应当采取适当措施防止损失的扩大；没有采取适当措施致使损失扩大的，不得就扩大的损失要求赔偿。"一方的行为作为既成事实，造成损失之后，另一方不履行减损义务（不真正义务）才是过错行为，才能适用过错相抵规则。而本案被欺诈人乙并无过错行为，法官适用过错相抵规则是不正确的。

◎ 能否对机器欺诈——民法与刑法的对接

张甲开小轿车拉客，每次过高速公路收费站都逃费，他的伎俩是将自己的车紧贴着前边的车，收费站的电子系统不能识别，以为只过了一辆车，历时一年多，才被发现。如果甲构成犯罪，罪名是什么？

解： 如果甲构成犯罪，罪名是欺诈，很多人认为是盗窃罪不是欺诈罪，理由是对机器不能构成欺诈。本案是对人的欺诈，不是对机器的欺诈。在收费站设置专门通道和预设的用以识别的电子系统，是要约行为，要约是一种意思表示。意思表示的作出和送达（生效），是可以有时间间隔的。比如，1日作出要约，4日送达。预设通道和电子系统，是意思实现的一种方式，也是附条件的给付。给付是人的给付，不是机器的给付。你驾车通过时，从ETC卡上扣钱，这是你的对待给付，我的对待给付是允许你通过。张甲将自己的车紧贴着前边的车，收费站的电子系统不能识别，允许张甲通过（给付财产），是欺诈收费人的行为。

还可以举一个例子：甲用假币在自动售货机上"买了"一瓶水，甲不是盗窃行为，而是诈骗行为。售货机机主的给付行为（履行行为），也是其预设的意思表示（交付是法律行为）。甲用自制的钥匙私取一瓶水，才是盗窃。

问：趁朋友熟睡之机，用其手机，以微信红包的方式，给自己转了200元后，将手机放回去。是欺诈，还是盗窃？

答：其朋友没有意思表示，没有处分行为，故而不是欺诈。是盗窃。

2. 第三人的欺诈

对于合同来说，分为相对人的欺诈和第三人的欺诈。"第三人实施欺诈行为，使一方在违背真实意思的情况下实施的民事法律行为，对方知道或者应当知道该欺诈行为的，受欺诈方有权请求人民法院或者仲裁机构予以撤销"（民总149条）。第三人欺诈，被欺诈人的相对人是恶意时，行为始得撤销。比如，甲与乙签订合同，是由于第三人丙对甲的欺诈，须乙知道或者应当知道丙的欺诈行为，甲才能成立撤销权，乙实际亦为欺诈人。

(三) 胁迫

(1) 胁迫，是指一方或第三人采用违法手段，威胁对方，对方因恐惧而实施民事行为。《民法总则》第 150 条规定："一方或者第三人以胁迫手段，使对方在违背真实意思的情况下实施的民事法律行为，受胁迫方有权请求人民法院或者仲裁机构予以撤销。"以给自然人及其亲友的生命健康、荣誉、名誉、财产等造成损害或者以给法人的荣誉、名誉、财产等造成损害为要挟，迫使对方作出违背其真实的意思表示的，可以认定为胁迫行为。

(2) 胁迫是一种违法的威胁。违法，包括手段违法和目的违法。合法的威胁不构成胁迫，例如，甲以起诉相要挟（手段不违法），迫使乙及时还清欠款（目的不违法）就不构成胁迫。

(3) 胁迫状态可以在一定的"时间段"（期间）持续。

(4) 第三人的胁迫，被胁迫人的相对人不知情（不知道或者不应当知道），不影响被胁迫人成立撤销权。这与第三人欺诈不同（见民总 149 条）。

问：狗贩子看到爱狗人士走过来，就挑衅地拿大铁夹子夹住狗的脖子，大喊："买不买，不买我就夹死它。"狗挤出惨叫声。爱狗人士含泪买下。假设狗贩子要价故意提高了一倍，买卖合同效力如何？未要高价，买卖合同效力如何？

答：对狗施以残害手段对爱狗人士进行精神上的强制，构成胁迫。买卖合同为可撤销的合同。胁迫不要求显失公平的结果，故是否要高价，不影响胁迫的成立。

问：如果采用暴力手段，拿着别人的手指捺手印、盖章等，行为是否属于可撤销？

答：被胁迫一方也有意思表示，采用暴力手段，拿着别人的手指捺手印、盖章等，属于"绝对强制"或"人身强制"，受害人没有意思表示不能按可撤销行为处理，应当认定行为不成立或者按无效处理。

问：张甲吃了乙公司销售的香肠，发现里面有两根长长的猪毛，就对乙公司说："赔我1万元，不赔我就向新闻界披露。"张甲对乙公司是否构成民法上的胁迫？是否构成犯罪？

答：不构成胁迫，向新闻界披露，手段不违法。要求赔偿一万元，属于要价（要约），虽然较高，尚不构成目的违法，就像起诉请求巨额赔偿一样，一般不应认定为目的违法。民法上不构成胁迫，自也不能构成与之相关的犯罪。

问：甲以胁迫或欺诈的手段让乙借给自己10万元钱，借款合同效力如何？若已提供借款，应如何处理？

答：①若甲与乙之间的合同是实践合同，在没有提供借款之前该合同与其他合同（没有欺诈、胁迫的合同）一样，尚未生效，不采用撤销的方式处理；该10万元交付后，借款合同生效，可以撤销。②若甲与乙之间的合同为诺成合同，无论是否提供借款均为有效但可撤销的合同。

（四）自始显失公平

1. 自始显失公平的含义

民事法律行为自始显失公平，是一方当事人利用对方的危困、缺乏判断能力等处境，致使民事法律行为在当事人之间产生权利义务从一开始就明显不对等的情形。"一方利用对方处于危困状态、缺乏判断能力等情形，致使民事法律行为成立时显失公平的，受损害方有权请求人民法院或者仲裁机构予以撤销"（民总151条）。

自始显失公平，可发生于双方行为和共同行为，单方行为不存在显失公平的问题。交易（有偿）行为可能显失公平，无偿行为（如无偿合同）不存在显失公平的问题。自始显失公平区别于嗣后显失公平，行为成立时公平，但发生了新的法律事实造成显失公平的，为嗣后显失公平。嗣后显失公平可按情势变更的规则处理。

2. 导致自始显失公平的原因

导致自始显失公平的原因，一是乘人之危；二是利用相对人缺乏判断能力等处境。

（1）乘人之危。

乘人之危，是指一方当事人乘对方处于危难处境之机，为牟取不正当利益，迫使对方违背其真实意愿实施法律行为。乘人之危的目的，是追求不公平的后果。乘人之危要求利用对方的危难处境，胁迫不要求利用对方的危难处境。

（2）利用相对人缺乏判断能力等处境。

利用相对人缺乏判断能力等处境，是指利用相对人没有经验、缺乏相关知识等，也包括利用优势地位对相对人施加不正当影响。比如，经营者对消费者、教师对学生、律师对当事人施加不正当影响。因不正当影响而订立合同，应认为意思表示有瑕疵。

◎ 不具备意思表示有瑕疵的主观要件，不构成显失公平

（1）张甲的房子市价1000万元，自愿以500万元的价格卖给邻居李乙，过户登记后，李乙很少到张甲处走动。张甲提起诉讼，以显失公平为由，请求把房价变更为1000万元。李乙以张甲意思表示无瑕疵进行抗辩。请问：应如何处理？为什么？

解：双方的合同是半卖半送的合同。自由即公平，自愿即公正。张甲的意思表示无瑕疵，无权请求变更或撤销合同，应驳回张甲的诉讼请求。

（2）张甲去世，留有房屋一套，属其子张乙、张丙、张丁、张戊共同共有。在分割共有财产时，四人都想要这套房屋。全

体一致决定"价高者得",即谁出价高,房子归谁。张乙出价200万元、张丙出价400万元、张丁出价500万元、张戊出价800万元。即决定将房屋给张戊,张戊出价800万元,四个人平分,即张戊补给其他继承人每人200万元。8个月后,张乙等经反复核实,发现房屋价值1000万元以上,张乙、张丙、张丁起诉张戊,以显失公平为由,请求撤销房屋折价分割协议。

解:房屋折价分割协议,是多方法律行为,当事人各方意思表示无瑕疵,即不具备意思表示有瑕疵的主观要件,不得以显失公平为由撤销。

三、对可撤销民事法律行为的救济

(一)撤销权的性质

对可撤销民事法律行为的撤销权,是形成诉权,不能以通知的方式行使,须诉求法院或仲裁机构撤销。此种诉讼,称为形成之诉,法院作出的判决,称为形成判决。

与形成诉权对应的是简单形成权(单纯形成权),行使简单形成权,通知相对人即发生效力,比如享有解除权(简单形成权)的甲方发出的解除通知,送达乙方后合同即归于解除。

◎ 能否通知欺诈人撤销合同

甲以欺诈的手段与乙订立了买卖合同,之后乙发现甲的欺诈行为,遂通知甲撤销合同,甲未表达意见。有学者认为,因甲未提出异议,则直接发生撤销的后果。

解:撤销权是形成诉权,不是简单形成权,故不能以通知相对人的方式行使。乙通知甲撤销合同,甲未表达意见,不能产生撤销合同的后果。有两种情况需要说明:①乙通知甲撤销合同,甲表示同意,应解释为双方合意解除合同,乙的通知解释为要约,甲的同意解释为承诺。②本案乙也不能直接通知甲解除合同,因为甲订立合同的欺诈,是撤销事由,不是解除事由。

(二) 享有撤销权的主体

撤销权由承受不利后果的一方或受害人享有。具体来说,重大误解,由基于重大误解实施法律行为的当事人享有(可能是一方享有,也可能双方都享有);欺诈,由受欺诈方享有;胁迫,由受胁迫方享有;自始显失公平,由处于危困状态或缺乏判断力等弱势状态一方享有。

问: 第三人是否享有撤销权?

答: 不享有。比如,甲冒充是乙(著名画家)的弟弟与丙签订了一份买卖农产品的合同,丙并不需要这批农产品,但因非常崇拜乙,就签订了这份合同。丙是欺诈的受害人,对合同有撤销权;甲是欺诈人,没有撤销权。乙是姓名权被侵害的受害人,其作为合同当事人以外的第三人,对合同没有撤销权。

(三) 撤销的效果

1. 撤销以后自始无效,财产恢复原状态

行为被撤销后自始没有法律约束力,或者说自始无效。财产后果的处理与无效民事法律行为的处理相同。"民事法律行为无效、被撤销或者确定不发生效力后,行为人因该行为取得的财产,应当予以返还;不能返还或者没有必要返还的,应当折价补偿。有过错的一方应当赔偿对方由此所受到的损失;各方都有过错的,应当各自承担相应的责任。法律另有规定的,依照其规定"(民总157条)。

2. 撤销以后的诉讼时效计算问题

行为被撤销后,存在诉讼时效的起算问题。《最高人民法院关于审理民事案件适用诉讼时效制度若干问题的规定》（以下简称《诉讼时效规定》）第7条第3款规定："合同被撤销，返还财产、赔偿损失请求权的诉讼时效期间从合同被撤销之日起计算。"应注意的，这里是诉讼时效的"起算"（开始计算），而不是"中断"以后的重新计算。因为，合同被撤销后的返还财产、赔偿损失之债，是法定之债，不是合同之债，即是新的债；而中断只能发生在诉讼时效的进行过程之中。

◎ 撤销以后成立新的债权关系，受诉讼时效的限制

甲（买受人）起诉乙（出卖人），可以请求撤销买卖合同（一个诉），可以同时请求返还货款（两个诉，为复合之诉）。若甲只起诉撤销买卖合同，则自胜诉的判决生效之日起计算甲请求乙返还货款的3年诉讼时效。

解：此3年的计算为"开始"计算，不是中断后的"重新"计算。因为，请求返还货款的责任，是缔约责任，是法定之债，是新债。诉讼时效可以限制意定之债，也可以限制法定之债。

（四）可撤销民事法律行为的变更问题

对可撤销的民事法律行为，《民法通则》和《合同法》都规定了变更和撤销两种救济方法。《民法总则》只规定了撤销一种。不可回避的问题是，在《民法总则》生效后，当事人对可撤销的民事法律行为，能否请求变更？法院、仲裁机关是否有权予以变更？可撤销的民事行为撤销后自始无效，是为了恢复财产的原始状态。如果没有必要恢复原状，也没有可能恢复原状的，采取变更的方式处理为好。比如，甲购买乙的房屋，由于乙利用优势地位、利用甲缺少经验，造成价款显失公平，而甲想保留这套房屋，只是请求变更合同价款，对此是应当予以支

持的，否则当事人的权利得不到救济，违法行为反而受到保护。笔者的意见是，在《民法总则》生效后对可撤销的行为，受害人请求变更的实体法上的权利依然存在，仍然可以请求变更，法院、仲裁机关依据诚实信用原则仍然有权就当事人所请予以变更。

（五）合同撤销权与解除权的"并存"

可撤销合同仅是可撤销民事法律行为的一种；解除权是指对合同的解除权。对于可撤销的合同，当事人可能既享有合同撤销权，又享有解除权。在严格意义上，这种现象不属于竞合。二者的区别如下：

1. 性质不同

对可撤销合同的撤销权与对其他法律行为的撤销权一样，是形成诉权，而合同解除权是简单形成权（也称为单纯形成权）。形成诉权须经法院或仲裁机关行使，合同解除权是一方以通知对方的方式行使。

2. 产生的原因不同

产生的原因不同，即致撤销权与解除权成立的法律事实不同。

对法律行为（含合同）的撤销权，因一方意思表示有瑕疵而产生，撤销权是对意思表示有瑕疵的一方的法律救济的措施，意思表示有瑕疵的一方享有撤销权。对合同的撤销权，一般是由于一方重大违约而产生，[1] 是对被违约人的救济，被违约人享有撤销权。

3. 产生（成立）的阶段不同

导致意思表示有瑕疵的原因（欺诈、胁迫等），发生在民事

---

[1]《合同法》第94条规定："有下列情形之一的，当事人可以解除合同：（一）因不可抗力致使不能实现合同目的；（二）在履行期限届满之前，当事人一方明确表示或者以自己的行为表明不履行主要债务；（三）当事人一方迟延履行主要债务，经催告后在合理期限内仍未履行；（四）当事人一方迟延履行债务或者有其他违约行为致使不能实现合同目的；（五）法律规定的其他情形。"

法律行为（含合同）成立时或成立前，而合同撤销权，发生在合同成立生效时，与合同的成立生效如影随形。如果合同不成立生效，即使一方有欺诈、胁迫等行为，也不可能成立撤销权。一方的重大违约等事由，发生在合同成立生效之后，即合同解除权的产生在合同成立生效之后。

4. 对权利行使的期间限制不同

对撤销权的行使，《民法总则》用除斥期间予以限制。限制撤销权的除斥期间是法定期间，是效力性强制性规定。对解除权限制的期间，分为法定期间和意定期间。如《合同法》第95条规定："法律规定或者当事人约定解除权行使期限，期限届满当事人不行使的，该权利消灭。法律没有规定或者当事人没有约定解除权行使期限，经对方催告后在合理期限内不行使的，该权利消灭。"上述法定和约定的"行使期限"，性质上属于除斥期间。

5. 两种权利行使的效果不同

合同撤销权的行使，使合同自始无效。解除权的行使，要看解除的合同给付状况，一是看何种给付，二是看履行的状况。

合同的给付分为一次性给付、循环给付和持续性给付（也称为继续性给付）。例如，甲卖给乙一套锅炉，是一次给付的合同。如果解除，不论是否履行，合同自始失去效力（溯及既往的解除）。次如，甲卖给乙10万吨煤炭，分十次发货，是循环给付的合同。对种类物，分两次以上履行，为循环给付。循环给付合同的解除效力，具体问题具体分析。[1] 再如，甲把一套

---

[1]《合同法》第166条规定："出卖人分批交付标的物的，出卖人对其中一批标的物不交付或者交付不符合约定，致使该批标的物不能实现合同目的的，买受人可以就该批标的物解除。出卖人不交付其中一批标的物或者交付不符合约定，致使今后其他各批标的物的交付不能实现合同目的的，买受人可以就该批以及今后其他各批标的物解除。买受人如果就其中一批标的物解除，该批标的物与其他各批标的物相互依存的，可以就已经交付和未交付的各批标的物解除。"

房屋出租给乙,该租赁合同是持续性给付的合同,其解除不溯及既往,已经履行的部分继续有效,没有履行的部分失去效力。

(六)撤销权的消灭

撤销权不能永久存续。"有下列情形之一的,撤销权消灭:(一)当事人自知道或者应当知道撤销事由之日起一年内、重大误解的当事人自知道或者应当知道撤销事由之日起三个月内没有行使撤销权;(二)当事人受胁迫,自胁迫行为终止之日起一年内没有行使撤销权;(三)当事人知道撤销事由后明确表示或者以自己的行为表明放弃撤销权"(民总152条第1款)。

1. 撤销权在除斥期间届满后消灭

对撤销权限制的期间为除斥期间,不能中止、中断和延长。除斥期间届满,撤销权消灭。该除斥期间分为一般期间、特殊期间和最长期间。与诉讼时效是否届满法院不能主动审查不同,除斥期间是否届满,法院应主动审查。

(1)对撤销权限制的一般除斥期间为1年。

除重大误解外,适用1年的特殊除斥期间。该1年的起算除胁迫外,适用主观标准(自知道或者应当知道撤销事由之日起计算)。胁迫适用客观标准(自胁迫行为终止之日起计算),受胁迫人从一开始就知道胁迫的事实,但其精神处于被控制状态时,难以行使撤销权。

(2)对撤销权限制的特殊除斥期间为3个月。

重大误解的当事人自知道或者应当知道撤销事由之日起3个月内没有行使撤销权,撤销权消灭。适用的是主观标准。重大误解的认定较为复杂,时间长了,难以认定。

(3)撤销权行使的5年"最长期间"。

"当事人自民事法律行为发生之日起五年内没有行使撤销权的,撤销权消灭"(民总152条第2款)。该5年亦为除斥期间,是请求撤销的"最长时间",起算标准是客观标准。"1年"和"3个月"均在5年内计算。

问:甲与乙在2018年1月10日签订了一份技术合同,甲在2022年12月1日才知道重大误解的事由,甲应在何年何月何日前起诉?

答:①至2023年1月10日届满5年,撤销权须在2023年1月10日(含10日)前以起诉的方式主张。2023年3月1日满3个月,但甲须在2023年1月10日前起诉,甲实际没有3个月的时间。②1年除斥期间的适用,与3个月除斥期间的适用道理相同,也要在5年内计算。

◎ 权利被第三人继受的,不得重新计算除斥期间

甲以欺诈的手段与乙签订了合同。乙发现后郁闷而死。乙的合同权利义务由其子丙继受,乙在遗嘱中嘱咐丙与甲打官司。丙计算了一下时间,从乙发现欺诈的事实到自己看到遗嘱已经过了1年,此时丙没有撤销权。如果乙发现欺诈的事实半年后死亡,丙在剩余的半年内可以请求撤销。

解:可撤销行为的"3个月""1年""5年",都不能因为承受(转让、继承)而中断,即不能重新计算。

问:诉请撤销民事法律行为又撤诉,除斥期间能重新计算吗?

答:不能。比如,甲在2017年12月5日发现了相对人乙欺诈的事实,在2018年2月5日起诉,2018年4月请求撤销,法院裁定允许撤诉。甲如再起诉,应在2018年12月5日之前(含当日),否则过期。

(4) 除斥期间与诉讼时效。

除斥期间的规定，并不妨碍诉讼时效的适用。例如，甲以欺诈的手段与乙订立买卖合同，之后甲又违反合同。乙在知道撤销事由后 1 年内没有提请法院撤销，丧失了撤销权，但乙仍可追究甲的违约责任，这就要受诉讼时效的限制。这是因为，请求撤销与追究违约责任，是两个诉讼标的。

2. 撤销权在权利人明示放弃或默示放弃后消灭

(1) 享有撤销权的当事人知道撤销事由后明确表示放弃撤销权。例如，被欺诈的一方当事人在知道被欺诈的真相后，仍然向欺诈人表示要履行合同，这是明示放弃撤销权。

(2) 享有撤销权的当事人知道撤销事由后以自己的行为表明放弃撤销权。默示放弃包括：全部或一部分履行，对自己的履行提供担保，催促对方履行，主动受领对方的履行等。例如，被欺诈的一方是出卖人，在知道欺诈的真相后，按合同约定向对方发货，构成默示放弃撤销权。

3. 撤销权的行使与履行抗辩

享有撤销权的一方拒绝履行债务的，须在法定期限内向法院或仲裁机关提出撤销民事法律行为的请求。丧失撤销权而又拒绝履行债务的，构成违约责任。强调一句，撤销权虽未主张但未丧失时，可以行使履行抗辩权，这是针对权利瑕疵成立的履行抗辩权，待到合同撤销，违反合同的责任，自成无本之木。最终不主张抗辩权或权利过期的，则应当承担违约责任。

问：甲起诉乙，请求乙继续履行合同并承担迟延履行的违约责任。乙反诉请求撤销，理由是合同是因甲的胁迫签订的。自胁迫行为终止之日起计算已经过了 1 年，应当如何判决？

答：过了 1 年除斥期间，乙的撤销权消灭，应当驳回乙的诉求请求，应当判决乙继续履行合同并承担迟延履行的违约责任。

专题二十三　附条件与附期限的民事法律行为

引言

附条件与附期限，是为了控制法律行为的效力，是为了分配利益和不利益，是为了满足复杂生活的需要。

法律行为附条件、附期限，换一个角度看，也可以是给付附条件、附期限。如果局限于合同附条件、附期限，就限缩了它的意义。

律师审查合同或承办合同纠纷案件，应注意合同或给付是否附了条件，此点很重要。

一、附条件的民事法律行为

（一）附条件的含义

附条件，是指当事人设定或约定某种发生与否并不确定的将来的法律事实，控制民事法律行为效力的发生或消灭。

《民法总则》第158条规定："民事法律行为可以附条件，但是按照其性质不得附条件的除外。附生效条件的民事法律行为，自条件成就时生效。附解除条件的民事法律行为，自条件成就时失效。"单方法律行为、双方法律行为和共同法律行为都可以附条件。

（二）民事法律行为所附条件的特征

1. 须是当事人意定的事实

民事法律行为所附条件，须是当事人意定的事实，不可为"法定条件"。"意定的事实"是当事人通过意思表示确定的事实，包括一方当事人设定的事实，也包括双方或各方当事人约定的事实。例如，债务免除通知（单方法律行为）附条件，是债权人以单方设定的事实作为条件;合同附条件,是以当事人约定的事实作为条件。

法定条件是把法律的规定作为条件。把法定条件设为条件,就丧失了附条件的意义,因而法定条件是一种伪装条件。

伪装条件也称为假装条件、表见条件、不真正条件,只有条件的外形,没有条件的实质。

◎ 附法定条件,等于没有附条件

张甲立一份遗嘱,言道:"若我先于邻居李乙死亡,我个人所有的一架钢琴归他所有。"

解:遗嘱是死因行为,遗嘱人的给付发生效力,须其先死(法定条件)。《继承法》第 27 条规定:"有下列情形之一的,遗产中的有关部分按照法定继承办理:……(三)遗嘱继承人、受遗赠人先于遗嘱人死亡的;……"依照上述规定,立遗嘱人先死,遗嘱才能发生效力。张甲的遗嘱,实际是附了一个法定条件。附法定条件的,等于没有附条件,不影响遗嘱的效力。

2. 须属于将来发生的事实

民事法律行为所附条件,须属于将来发生的事实,不可为"既成条件"。既成条件是把既成事实(已经发生的事实)设定为条件。既成条件是一种伪装条件。

◎ 不知父亲已经死亡,约定的继承是否有效

甲、乙、丙、丁四兄弟姐妹 3 月 1 日订立协议,约定:由于大姐甲对父亲尽赡养义务较多(母亲早已去世),待父亲去世后,甲继承遗产 1/3,其余由乙、丙、丁平均继承。当甲、乙、丙、丁赶到家乡时,才得知父亲已于当年 2 月 28 日因意外事故

死亡。

解：甲、乙、丙、丁之间的协议表面来看，是"附条件的"。协议所附条件是既成条件（已经发生的事实作为条件），尽管立协议人不知情，不影响既成条件的存在。本案协议有效，但不属于附条件的合同，是一般的合同。

3. 须属于发生与否不能确定的事实

民事法律行为所附条件，须属于发生与否不能确定的事实，不可为"不能条件"。不能条件是把根本不能发生的事实，设定为条件。不能条件是一种伪装条件。例如，甲的遗嘱写道："如果长江倒流，我的遗产就归邻居乙所有。"该遗嘱所附条件是不能条件，条件不能发生是确定的。遗嘱无效，即行为本身无效。

◎ 房屋被法院查封，能否买卖

张甲的一套房屋被法院查封，法院在该套房屋上张贴了封条，也通知登记机关办理了登记手续。在查封后的第三天，张甲与李乙就这套房屋签订了买卖合同。李乙了解被查封的情况。双方约定："待能办理过户登记手续时，给李乙办理过户登记手续。"该买卖合同效力如何？

解：该买卖合同是给付（所有权移转）附条件的合同，没有无效事由，应认定为有效合同。房屋有解封的可能，买受人享有期待利益。如签订合同之后，房屋被法院拍卖，则买卖合同终止。

4. 须属于合法的事实

民事法律行为所附条件，须属于合法的事实，不可为"不法条件"。不法条件是把违法的事实设定为条件。比如，当事人不能约定以自杀为合同生效的条件或者为遗嘱生效的条件。不法条件是一种伪装条件。

◎ 不能以限制婚姻自由作为条件

甲（女）与乙（男）在离婚财产协议中约定，共有财产的 2/3 归乙，但乙离婚后不得与他人结婚。乙离婚后不久便与丙结婚。甲诉至法院，法官判决"乙离婚后不得与他人结婚"的约定无效。

解： 由于所附条件是不法条件，离婚财产协议无效，而不仅仅是所附条件无效。

（三）不得附条件的行为

1. 法律明文规定不得附条件的行为及按法律意旨不得附条件的行为

例如，《合同法》第 99 条第 2 款明文规定，抵销不得附条件。甲公司对乙公司发出抵销通知："你欠我 1000 万元货款，我欠你 3000 万元工程款，现通知贵司，若 3 个月内无人申请我公司破产，则抵销相应债权债务。"假如，该抵销通知有效，乙在条件成就前将其 1000 万元债权转让给丙，则丙的利益就会受到损害。

再如，《继承法》第 2 条规定："继承从被继承人死亡时开始。"第 5 条规定："继承开始后，按照法定继承办理；有遗嘱的，按照遗嘱继承或者遗赠办理；有遗赠扶养协议的，按照协议办理。"按上述规定之意旨，不能对遗嘱生效时间（发生继承的时间）附条件。但对遗嘱继承人和受遗赠人能否获得遗产，是可以附条件的。

2. 按法律行为性质不得附条件的行为

（1）身份行为不能附条件。一般认为，结婚、收养等身份法律行为不能附条件。附条件的民事法律行为，在条件成就时，自动生效或者自动解除。因此，身份行为附条件，可能发生强制剥夺人之自由的结果。

问：①甲与乙约定：如果乙年薪达到 10 万元，甲就与乙结婚。效力如何？②A 与 B 约定，如果 B 不结婚，A 就每月给 B 5000 元人民币。效力如何？

答：①因为是对结婚（身份行为）附条件，约定（合同）对甲、乙双方都没有法律约束力。即使乙达到了年薪 10 万元的标准，甲和乙也都可以拒绝结婚。②A 与 B 是附条件的赠与（附条件的财产给付），B 有选择的机会，并未排除 B 的婚姻自由，约定有效。

问：张男与李女签订离婚协议，约定 10 天后双方去办理离婚登记手续，协议中还有共有财产的分割以及张男出轨对李女予以精神损害赔偿的内容。该离婚协议是附生效条件的吗？

答：该协议对身份关系和财产关系作了约定，即包含了两种性质的法律关系。关于离婚部分的约定，如果解释为附条件的约定则与一般理论不符，所以从实务角度来说，解释为预约较好。身份关系不能强制履行，预约也是不能强制履行的。协议中的共有财产分割和精神损害赔偿，是附生效条件的，即以离婚为条件。

实务中，一些法官把包括财产内容的离婚协议当成单纯的身份关系来审理，这是一个误区。作为被告一方的代理律师，要考察对财产部分有无反诉的理由。

（2）行使形成权的行为不得附条件。行使形成权的行为是单方法律行为，以意思通知的方式行使。如果允许附条件，会使法律关系不稳定或者使相对人的地位不稳定，也会使第三人蒙受不测之损害。

(四）民事法律行为所附条件的类型
1. 生效条件与解除条件
生效条件也称为延缓条件、停止条件。附生效条件的民事法律行为，自条件成就时生效。附解除条件的民事法律行为，自条件成就时失效。

◎ **生效条件与解除条件的区分**

①甲、乙约定：如果甲的新式锅炉研制成功，就以每吨1800元的价格购买乙的某牌煤1000万吨。②丙、丁约定：若在3个月内丙的新式锅炉研制成功，丙、丁之间买卖煤炭的合同就归于解除。

解： ①甲、乙之间的约定，是附生效条件的约定。②丙、丁之间的约定，是附解除条件的约定。

◎ **合同可以附条件，合同的给付（标的）也可以附条件**

①甲公司与乙民政局约定，如果乙民政局所在县3年内发生了6级以上地震，甲公司赠送人民币4000万元。②甲公司与乙公司签订了买卖合同，约定甲交付的锅炉在约定保修期届满后，主要指标仍符合要求，乙增加10%的价款。

解： ①合同的标的是给付，当事人就赠与合同约定了生效条件，当合同不生效时，自不存在给付效力。②买卖锅炉的合同是（价款）给付附条件，买卖合同在成立时已经生效。双务合同有两个给付，可以对其中一个给付约定条件。

问： 附条件的赠与与附义务的赠与有区别吗？

答： ①附条件的赠与，是通过设定条件来决定赠与的合同的效力，附义务的赠与则是给受赠人设定非对价性的给付。例如，

隋彭生：律师民法业务思维（三）《民法总则》隋谈

赠与人甲与受赠人乙约定，甲送给乙一套打井设备，乙无偿给第三人丙打一眼机井，这是附义务的赠与。如果甲、乙约定，乙无偿给第三人丙打一眼机井后，甲送给乙一套打井设备，这就是附生效条件的赠与与附义务的赠与的竞合。②附条件的赠与，是赠与人为给付的单一法律关系。附义务的赠与合同，是复合法律关系，包括两个单一法律关系，一个是赠与人为给付的单一法律关系，还有一个是受赠人为给付的单一法律关系，两个给付的方向不同。③赠与合同是诺成合同，在双方达成合意时生效，但附生效条件的赠与在条件成就时才发生（给付）效力；而负义务的赠与，则双方达成合意时即生效。

问：附解除条件的合同与附解除权的合同有何不同？

答：《合同法》93条第2款就附解除权的合同规定："当事人可以约定一方解除合同的条件。解除合同的条件成就时，解除权人可以解除合同。"附解除条件的合同，条件成就时合同自动解除。附解除权的合同，条件成就当事人享有解除权，此时合同并不解除，须解除权人行使解除权，合同才解除。解除权人可以解除合同，也可以不解除合同。

2. 积极条件与消极条件

积极条件又称为肯定条件，是以所设定事实"发生"为内容的条件。消极条件又称为否定条件，是以所设定事实"不发生"为内容的条件。简单地说，前者以"发生"某事为条件；后者以"不发生"某事为条件。

◎ "发生"和"不发生"的事实，可以是事件，也可以是人的行为

张甲给李乙发了一封电子邮件，道："去年1月1日你从我这儿借的10万元钱，约定今年12月1日前偿还，现在我等着用

钱，如果你今年 6 月 1 日偿还本金（10 万元），利息我就不要了。"李乙未回信，却在 6 月 1 日用银行卡转给张甲 10 万元。张甲说："我的电子邮件是要约，你并未承诺，还应当支付利息。"一种观点认为，张甲的邮件是要约，李乙是以履行行为承诺的。

解：张甲的邮件不是要约，是附条件的（部分）债务免除行为，该行为是单方法律行为。所附条件为生效条件、积极条件、随意条件（随意条件见下文），条件成就与否，在于李乙的行为。李乙付款，条件成就，利息免除。

3. 偶成条件、随意条件、混合条件

（1）偶成条件以不取决于当事人、偶然发生的事实作为条件。如 "3 个月内发生地震，甲就购买乙的 1000 顶帐篷"。

（2）"随意" 是指随当事人之意思。随意条件的成就取决于当事人的意思。例如，双方当事人约定，以债务人的履行作为合同的生效条件或债务人的不履行为作为合同的解除条件。

◎ **和解协议可以附随意条件**

张甲把李乙打伤，应当赔偿 10 万元，二人约定，如果张甲在 3 天之内交付 8 万元，其余 2 万元就不要了。双方的约定是附条件的吗？

解：二人之间有两个法律关系。第一个是因张甲侵权形成的赔偿法律关系（法定法律关系），第二个是和解协议（意定法律关系）。第一个法律关系是和解协议的基础法律关系（也称为原法律关系）。和解协议是附随意条件、生效条件的合同。张甲 3 天交付 8 万元（条件成就），和解协议生效，基础法律关系消灭；张甲到期不交付 8 万元（条件不成就），则和解协议不生效，双方按基础法律关系解决争议。

问：有的法官"不认"随意条件，怎么办？

答：合同附随意条件是常见的现象。对随意条件的认可是理论上的共识，用它来解决、分析实务中的法律问题没有丝毫障碍。个别法官"不认"，没有什么好办法，在操作上只好尽量往法条上靠。比如，合同书一个条款规定了甲的义务，在另一个条款规定甲履行义务后产生乙的义务。这有一点复杂，一是附条件通常规定在一个条款之中，这里用两个条款分别予以规定，律师在审查中有时会忽略它们之间的关系，二是本案是给付附条件不是合同附条件，三是附的是随意条件。律师可以强调本合同所附，是《民法总则》第158条规定的生效条件。

（3）混合条件，是指条件的成就既有偶然的成分，也有随意的成分。例如甲、乙约定，若乙与丙结婚，甲就送乙一套住房。乙与丙结婚，须乙有结婚愿望（随意），还须有丙的愿望（偶成）。

◎ 和解协议可以附混合条件

张甲租给李乙一辆电动轮椅，租期一年。租到半年的时候，轮椅被偷。张甲与李乙达成口头和解协议："15天内找不到轮椅，李乙赔偿张甲1.6万元，租赁合同不再履行。"该和解协议所附条件，是生效条件，还是解除条件？是积极条件，还是消极条件？是随意条件，还是偶成条件，或是混合条件？

解：①本案有两个合同，第一个是租赁合同，第二个是和解协议，应针对和解协议回答问题。②和解协议所附条件是生效条件、消极条件、偶成条件。③和解协议若生效，租赁合同解除。也就是说，和解协议生效，是租赁合同解除的条件。④要注意的是，和解协议涉双层法律关系，本案一个是和解协议法律关系，一个是其基础法律关系（租赁法律关系）。

◎ 一方当事人的行为+其他事由＝混合条件

甲对乙说："如果你在3年内通过司法考试，我把自己住所旁边的一套房屋送给你（给付物已确定）。"乙同意。关于甲与乙的约定，是附随意条件，还是附偶成条件，抑或是附混合条件？

解：是附混合条件。因为，条件的成就，不仅需要乙的考试行为，还需要考试机关的考察。

（五）民事法律行为所附条件的成就、不成就与条件条款的解除

1. 条件的成就

条件的成就，是指作为条件的法律事实的发生，即不确定的事实已经成为确定的事实。比如，以地震为条件，地震发生了，条件就成就了。条件成就，形成（发生、变更、消灭）法律关系。

2. 条件的不成就

条件的不成就，是指作为条件的事实已经确定未发生或者不能发生。比如，甲与乙订立合同，约定，如果3个月内甲的儿子回国就业，甲就以年10万元的租金承租乙在白洋淀的别墅。"期限加条件"，是附条件的，不是附期限的。过了3个月，甲的儿子没有回国，条件确定未发生，则甲、乙的合同终止。如果甲、乙订立合同后的第十天，传来噩耗，甲的儿子因车祸死亡，3个月虽未届满，但条件演变为不能成就的条件，则合同提前终止。

3. 条件条款的解除

条件为当事人所设,当事人当然可以将条件解除。解除整个合同,设定条件的条款当然随之解除,也可以单独解除设定条件的条款。

◎ 双方一致的行为,可以解除条件条款

甲(出卖人)、乙(买受人)订立了一份书面买卖合同,合同最后一条规定:"本合同经公证后生效。"合同签订后,双方都未提办理公证的事情。甲到期发货,乙欣然受领。之后,乙又以未经公证合同未生效为由,请求退货。

解:约定办理公证,是本例买卖合同所附生效条件,该条件也是混合条件。

未办理公证,合同本不应生效,但一方履行,另一方受领,是以合意(双方一致的行为)解除了公证条款(设立条件的条款),买卖合同生效,乙退货理由不成立。

(六)民事法律行为所附条件对当事人的约束力

1. 当事人受期待权保护

期待权(希望权)以条件成就时取得利益为内容。与期待权对应的是期待义务,期待义务以条件成就而丧失利益为内容。

附条件的民事法律行为,尽管条件可能成就,也可能不成就,但当事人受期待权保护。当事人于条件成就与否未定之前,若有损害相对人因条件成就所应得利益的行为,应当承担损害赔偿责任。

期待权人在期待义务人侵害其期待权时,可以请求停止侵害。

2. 条件的成就和不成就的拟制

《民法总则》第159条规定:"附条件的民事法律行为,当

事人为自己的利益不正当地阻止条件成就的，视为条件已成就；不正当地促成条件成就的，视为条件不成就。"例如，甲与乙约定，如果乙一年内通过法律职业资格考试，就将一套房屋交付给乙无偿使用3年（用益赠与）。后乙通过作弊的手段通过了法律职业资格考试。本例应视为条件不成就，甲有权拒绝用益赠与。

二、附期限的民事法律行为

（一）附期限的含义

附期限，是指当事人选定将来的某一时间（法律事实），控制民事法律行为效力发生或消灭。《民法总则》第160条规定："民事法律行为可以附期限，但是按照其性质不得附期限的除外。附生效期限的民事法律行为，自期限届至时生效。附终止期限的民事法律行为，自期限届满时失效。"

（1）期限为将来确定发生的事实，即期限必然届至。

（2）期限分为始期和终期。一个法律行为，可以附始期，也可以附终期，还可以既附始期，又附终期。比如，一份合同，当事人可以约定该合同生效的时间，还可以同时约定该合同终止的时间。

（3）法律行为所附期限，可以定期，也可以不定期。例如，南方某地经常下雨。甲、乙双方约定，合同成立后的第一场大雨下后，甲卖给乙一套雨后登山设备，这个期限就是不定期的。因为必下大雨（期限必然届至），所以不是附条件的。

（二）期限的法律要件

（1）法律行为所附期限须是将来的时间（事实），已经流逝的时间（过去的时间）自不能作为所附期限。

（2）期限须对当事人有法律意义。如张某对李某说，200年以后我送你一辆自行车，该诺言并不发生效力。按照真意解释原则，张某并无赠送的意思。

（三）不得附期限的行为

1. 法律明确规定不得附期限的行为，或者按法律意旨不得附期限的行为

例如，对抵销，《合同法》第99条第2款明文规定不得附期限。

再如：《继承法》第2条规定："继承从被继承人死亡时开始。"第5条规定："继承开始后，按照法定继承办理；有遗嘱的，按照遗嘱继承或者遗赠办理；有遗赠扶养协议的，按照协议办理。"按上述规定之意旨，不能对遗嘱生效时间（发生继承的时间）附期限。

2. 按性质不得附期限的行为

结婚、收养等身份上的行为按性质不得附期限。抵销、撤销、解除、追认等行使形成权的单方法律行为，也属于按性质不得附期限的行为。形成权是依一方的意志形成（发生、变更、终止）法律关系的权利，如果允许附期限，则法律关系不稳定，会将相对人"吊在空里"，会危及交易安全。

问： 你谈到结婚不得附期限，有很多人约定，某年某月结婚，是不是附期限？

答： 结婚是产生婚姻关系的法律行为，在完成登记时产生婚姻，不得通过附期限对此进行限制，比如不得约定，登记后两个月发生夫妻关系。有很多人约定，某年某月结婚，这不是结婚附期限，而是婚约附期限。

（四）期限与条件的区别

期限为将来确定要发生的事实；而条件，将来可能发生，也可能不发生，是不确定的事实。期限是时间的流逝，条件包括事件和人的行为，作为条件事实，在一定的时间内发生或不

发生。

法律行为所附期限，是"既存情事不变的前提下的时间流逝"，即是在条件不变情况下的单纯的时间流逝。比如，当事人在合同中约定"3个月内发货""合同有效期10年""合同1个月后生效"，这是附期限的。

当事人设定或者约定在法律行为成立之后发生或不发生某个事实，或者某个时间发生或不发生某个事实，不是附期限，而是附条件，就实务中的情况来看，当事人约定的附条件，一般是时间+条件（=附条件）。

◎ 附期限（条件不变情况下的时间的流逝）与附条件（时间+条件）

（1）《公司法》第141条第1款规定："发起人持有的本公司股份，自公司成立之日起一年内不得转让。公司公开发行股份前已发行的股份，自公司股票在证券交易所上市交易之日起一年内不得转让。"某股份有限公司发起人甲与乙签订股份转让合同，约定受让人乙先支付转让费，届满一年后股份属于受让人乙。合同效力如何？

解：合同有效。本案合同是附期限的合同，所附期限是在既存情事不变的前提下，经过一年。本案不属于违法规避法律。

（2）人的死亡，是附期限的吗？比如：张甲把房屋出租给李乙后，又与王丙约定，如果李乙死亡，则该房屋出租给王丙。

解：①以某人的死亡，作为某种行为发生效力的限制，主导学说认为是附期限的，理由是：该人总是要死的，期限必然届至，故"该人死亡"只是一个期限，而条件可能成就，也可能不成就。实际上，这是理论上的一个误会。人死，并不是单纯的时间流逝,是在一定的时间中死亡,是条件+时间的表现,当事人(包括权利人、义务人、第三人)先死、后死的效果是不同的。②本案须李乙在租赁期间死亡,才算条件成就,才能再租给王丙。不是单纯的时间流逝。再者,把人之死亡作为期限,就排除了《民法总则》第159条(对"条件成就和不成就的拟制")的适用。

(3)《商品房买卖合同解释》第2条规定:"出卖人未取得商品房预售许可证明,与买受人订立的商品房预售合同,应当认定无效,但是在起诉前取得商品房预售许可证明的,可以认定有效。"开发商甲与买受人乙签订商品房预售合同。约定:"甲一年内取得商品房预售许可证明的,合同生效。"合同效力如何?

解: 本案合同是附条件的合同,不是无效合同。虽然约定了一年,但不是单纯的时间流逝,还约定了在一年内有别的事实发生。

(五)始期与终期

所附期限分为始期和终期。附生效期限的行为,自期限届至时生效。生效期限,称为始期。附终止期限的行为,自期限届满时失效,这种期限,称为终期。

例如:甲、乙双方2月1日签订合同,约定该合同自10月1日起生效,这是附始期的合同。甲、乙双方2月1日订立合同,约定该合同10月1日终止,这是附终期的合同。

(六)期限的效力

(1)期限(始期、终期)届至之前,行为不生预定之效力。比如,附始期的合同,期限届至之前不生效;附终期的合同,期限届满之前不终止。

(2)已经生效的行为,期限(终期)届至之时,行为当然失去效力（自动失去效力），当事人无须就行为的失效再为意思表示。例如，合同约定了终止期，到期合同自动失效。

（3）期限届至、届满的效力，不溯及既往。

第六部分 代理

专题二十四　代理的含义、要件、效果和类型

引言

代理，是代理实施法律行为、代理为意思表示。了解代理的类型，便于考察因代理形成的法律关系。

应当注意区分职务代理和平等主体之间的代理。

一、代理的含义、特征、要件和效果

（一）代理的含义、特征

1. 代理的含义

代理，是代理行为的简称，是代理人以被代理人（本人）的名义，向第三人为意思表示或受第三人意思表示，而直接对被代理人发生效力的行为。这里所说的代理行为是直接代理。代理人可由自然人、法人、非法人组织充任。

当事人在社会上活动，事必躬亲是不可能的，也是不必要的，意定代理扩张了私法自治，方便了人们的社会生活。对于无行为能力人、限制行为能力人，代理可以补充其能力的欠缺，使其能够正常地生存、生活、交易。

2. 代理的特征

（1）代理人须在授权的范围内进行民事活动。

（2）代理涉及三方当事人，一是被代理人（本人），二是代理人，三是第三人。例如，代理人甲以被代理人乙的名义与第三人丙签订合同，站在代理人甲的角度，丙为第三人，站在被代理人乙的角度，丙为相对人。

（3）代理人须以被代理人的名义进行民事活动。我们通常所说的代理，是直接代理，即代理人以被代理人的名义对外发生法律关系。如代理人张某代理甲公司与乙公司签订买卖合同。甲、乙公司是买卖合同的双方当事人。

（4）代理实施的行为是法律行为，事实行为不能代理。法律行为是表示行为，代理人须代理本人向相对人为意思表示。代理，可以是代理进行双方法律行为（如代理当事人订立合同）；也可以是代理进行单方法律行为（如代理当事人通知相对人解除合同）；还可以是代理共同法律行为，如代理股东出席股东大会进行表决，或者董事代理其他董事参加董事会会议的表决。

问：代理实施法律行为与代理为意思表示有何区别？

答：《民法总则》第133条指出："民事法律行为是民事主体通过意思表示设立、变更、终止民事法律关系的行为。"代理实施法律行为，可以说是代理为意思表示。

问：代理行为，代理人可以向相对人主动发出意思表示。那么受领相对人的意思表示，是代理行为吗？

答：代理分为主动代理和被动代理。主动代理是主动向第三人为意思表示，故也称为积极代理。被动代理是代理受领第三人的意思表示，故也称为消极代理。实施代理行为，是以被代理人的名义作出足以形成某种法律关系的决策，若代理人只是处于使者（传达人）的地位，那不是被动代理。比如，甲向乙发出律师函，发给了乙的代理人丙，丙转交给乙，丙只是使者。

（二）代理与相关现象

1. 代理与代表

（1）对于代理，代理行为的效果归属于被代理人；对于代表，代表行为视为被代表人的行为。

（2）代理，是代理实施法律行为；代表除了实施法律行为之外，尚可为事实行为，如法定代表人代表公司实施无因管理行为。

（3）代理人对外从事代理活动，要提供授权委托文件，代表人则无须提供这种文件，只要证明自己是代表人即可。

（4）代理人可以是一人（单独代理），也可以是数人（共同代理）；可以是自然人，也可以是法人、非法人组织。法人的法定代表人由一个自然人充任。

2. 委托代理合同、委托授权与代理

委托又称为委任，是委托合同的简称，委托是双方法律行为，委托代理合同是委托合同的一种，是代理权发生的基础法律关系之一。委托授权行为是单方法律行为。代理行为是指代理人以被代理人的名义实施法律行为。

问：张某委托李某买房子，答应给李某酬金1000元。李某的代理权在一个月内有效，在100万元以下，购买王某在某小区的三居室。本案有几个法律行为？

答：有三个：一是成立委托合同的行为（双方法律行为）；二是委托授权行为（单方法律行为）；三是李某以张某的名义与王某签订买卖合同的行为。

3. 代理与冒名

冒名是行为人假冒他人之名,与相对人订立合同。冒名不同于代理,冒名的行为人自己承担合同权利义务,而代理,是被代理人承担合同权利义务。

4. 代理与居间

居间人或为报告居间,或为媒介居间,均以自己的名义进行,并非代理人。居间人可以兼任代理人,但是,居间合同并非代理的基础法律关系。

5. 代理与使者

使者是传达委托人(表意人)意思表示的人,因而又称为传达人。传达人也可以受领意思表示,这种传达人称为接收传达人。传达人并不自为意思表示,而代理人可自为意思表示。对代理人要求行为能力;对使者不要求行为能力。

6. 代理与"代位"

这里所说的"代位",是指代他人之位行使权利,如《合同法》第73条规定的债权人代位权。代理是以他人名义,为了他人的利益;代位是以自己的名义,为了自己的利益。

(三)代理的法律要件

代理的法律要件,是指代理(行为)作为民事法律行为成立、生效的要件。

(1)代理人须有代理权。《民法总则》第163条规定:"代理包括委托代理和法定代理。委托代理人按照被代理人的委托行使代理权。法定代理人依照法律的规定行使代理权。"委托代理人的代理权,来源于委托人(被代理人)的授予,法定代理人的代理权,来源于法律规定。

(2)代理人须向第三人为意思表示(包括主动为意思表示和受意思表示)。代理人在授权范围内的意思表示,可以成立单方法律行为（如代理通知第三人解除合同），也可以成立双方法律行为（如委托代理人代理进行要约或者代理进行承诺）。

(3) 代理人向第三人为意思表示，须以本人名义为之。

问：一份合同，代理人以被代理人（自然人）的名义签字，没有签自己的名字，代理行为是否有效？

答：有效，有代理权即可。一般应列出被代理人的名字，再由代理人亲笔签上自己的名字。签字要当着相对人的面签，有公章的除外。

(4) 代理人须具备相应的行为能力。代理人与使者不同，代理人须为意思表示，因而代理人须具备相应的行为能力。

(5) 代理须为法律允许的行为。"依照法律规定、当事人约定或者民事法律行为的性质，应当由本人亲自实施的民事法律行为，不得代理"（民总161条第2款）。法律行为原则上均可以代理，但身份行为，如结婚、收养、立遗嘱等不得代理。在特殊情况下，离婚可以由监护人代理进行诉讼。[1]

（四）代理的法律效果

1. 代理行为的法律后果由被代理人承担

代理人以被代理人的名义对外为意思表示，对外建立法律关系，对外建立的法律关系的主体，是被代理人与其相对人。因此，法律关系的后果自然由被代理人承担。代理的法律后果，可能是享有利益，也可能是承担不利益（如义务、责任）。

---

[1]《最高人民法院关于适用〈中华人民共和国婚姻法〉若干问题的解释（三）》第8条规定："无民事行为能力人的配偶有虐待、遗弃等严重损害无民事行为能力一方的人身权利或者财产权益行为，其他有监护资格的人可以依照特别程序要求变更监护关系；变更后的监护人代理无民事行为能力一方提起离婚诉讼的，人民法院应予受理。"

2. 代理人意思表示的瑕疵及恶意的效果及于被代理人

代理人的意思表示有瑕疵,如代理人因被欺诈、被胁迫、错误等为意思表示,被代理人有无此事实,不影响对代理效力的认定。比如,甲的代理人乙被相对人丙欺诈,签订了合同,被代理人甲并不知此情事,则不影响合同为可撤销合同的属性,甲有撤销权。

代理人恶意的效果,及于被代理人,被代理人有无此事实,不影响对代理效力的认定。比如,代理人甲代理乙与出卖人丙签订买卖合同,甲知丙是无权处分,被代理人乙不知道,则乙不能善意取得。再如,代理人甲代理乙与第三人丙签订合同,甲知道限制行为能力人丙对订立的合同不具备相应的行为能力,被代理人乙并不知情,则乙对效力待定的合同无撤销权。

二、代理的类型

(一) 直接代理与间接代理

根据代理人以被代理人名义,还是以自己名义对外发生法律关系,可以把代理分为直接代理与间接代理。如无特别说明,一般所说的代理、严格意义的代理,是指直接代理。

1. 直接代理

直接代理,又称为显名代理,即代理人以被代理人名义进行的代理,使被代理人与第三人发生法律关系,代理的后果直接归属于被代理人。"代理人在代理权限内,以被代理人名义实施的民事法律行为,对被代理人发生效力"(民总162条)。

2. 间接代理

间接代理,又称为隐名代理,是代理人以自己的名义实施法律行为、发生法律关系。代理的后果,不能直接归属于被代理人,只能间接归属于被代理人。所谓"间接",是指代理后果先归属于代理人,再由代理人"移交"给被代理人。《合同法》

规定了间接代理。[1]

不论是直接代理还是间接代理，受托人完成的都是法律行为，不可能是事实行为。

受托人应为直接代理还是应为间接代理，要根据生活习惯、交易习惯。比如张某去逛商场，李某请他捎带给自己买一件衬衫。张某并无必要以李某的名义去买，而向售货员称："我买……"即可。如果以李某的名义去买，则合同的效力就会出现争议（因为没有授权证明）。

（二）委托代理与法定代理

1. 委托代理

委托代理是基于被代理人的委托而成立的代理。委托代理要基于双方当事人的意志，比如委托人与受托人（代理人）要成立委托（代理）合同，或者要成立其他基础法律关系。至于委托代理的授权行为，则在法理上被认为是单方法律行为。

委托（代理）合同的成立与委托授权可同时发生，也可以先成立委托（代理）合同，再对受托代理人具体授权。

问：授权委托书要写哪些内容？

---

[1]《合同法》第402条规定："受托人以自己的名义，在委托人的授权范围内与第三人订立的合同，第三人在订立合同时知道受托人与委托人之间的代理关系的，该合同直接约束委托人和第三人，但有确切证据证明该合同只约束受托人和第三人的除外。"第403条规定："受托人以自己的名义与第三人订立合同时，第三人不知道受托人与委托人之间的代理关系的，受托人因第三人的原因对委托人不履行义务，受托人应当向委托人披露第三人，委托人因此可以行使受托人对第三人的权利，但第三人与受托人订立合同时如果知道该委托人就不会订立合同的除外。受托人因委托人的原因对第三人不履行义务，受托人应当向第三人披露委托人，第三人因此可以选择受托人或者委托人作为相对人主张其权利，但第三人不得变更选定的相对人。委托人行使受托人对第三人的权利的，第三人可以向委托人主张其对受托人的抗辩。第三人选定委托人作为其相对人的，委托人可以向第三人主张其对受托人的抗辩以及受托人对第三人的抗辩。"

答：①第一，要写明被代理人、代理人是谁，是否写明第三人，视代理事项的具体情况而定。第二，要写明代理事项、代理权限，代理权限要明确，不能含糊。第三，要写明代理权的起止时间，也可附解除条件。②授权委托是被代理人的单方法律行为，须被代理人签字、盖章。在被代理人落款签章下面，要注明时间。本来授权委托书由被代理人一方签字、盖章即可，但为防止代理人擅自修改，可由双方签字、盖章，双方各持有一份或数份原件，也可将交给代理人的授权委托书拍照存档。

2. 法定代理

法定代理是直接依据法律规定而产生的代理。限制行为能力人和无行为能力人的监护人是其法定代理人，法定代理人是全权代理人，全权代理人的权限并非完全不受限制，如监护人（法定代理人）只能为被监护人（被代理人）的利益处分其财产。

（三）一般代理与特别代理

一般代理与特别代理是根据授权的事项和范围划分的。

1. 一般代理

一般代理也称为总括代理、概括代理，代理人对一切法律事务有代理权。例如，甲给代理人乙的授权委托书中写道："授权乙处理我商铺的一切事务。"此例是一种营业授权，对商铺营业上的事务，乙的代理都是有权代理，但转让商铺等行为，乙并未获得授权。

2. 特别代理

对代理权有所限定的，为特别代理，也称为特定代理、部分代理。特别代理包括种类代理和单一代理。

（1）种类代理是就某一类行为有代理权。比如，甲公司授权乙公司代理销售自己某小区的商品房。

（2）单一代理是就某一特定行为有代理权，比如张甲授权李乙销售自己在某小区的一套房屋。种类代理是代理实施某"一类行为"，单一代理是代理实施"某一"特定的行为。

3. 对一般代理与特别代理的关系有特别规定的，遵循其规定

如《民事诉讼法》第59条第2款规定："授权委托书必须记明委托事项和权限。诉讼代理人代为承认、放弃、变更诉讼请求，进行和解，提起反诉或者上诉，必须有委托人的特别授权。"《民事诉讼法解释》第89条第1款规定："当事人向人民法院提交的授权委托书，应当在开庭审理前送交人民法院。授权委托书仅写'全权代理'而无具体授权的，诉讼代理人无权代为承认、放弃、变更诉讼请求，进行和解，提出反诉或者提起上诉。"

（四）本代理与复代理

1. 本代理和复代理的含义

本代理，是由被代理人选任的代理人实施代理。本代理是复代理的对称，没有复代理，也就谈不上本代理。

复代理，也称为转委托代理，是由代理人根据复任权替被代理人选任复代理人（转委托的第三人）。复代理是一种多层代理。一般意义上的复代理，复代理人并非代理人的代理人，仍应以原被代理人的名义为代理行为。

问：法定代理人能否转委托代理（复代理）？比如，法定代理人张甲委托邻居李乙代理被监护人张丙购买房屋。

答：法定代理人可以委托他人代理被监护人办理事务，但严格来说，这不叫转委托（复代理），因为，有前一项委托，才能产生转委托代理（复代理）。张甲对李乙就是一般的委托。

2. 对复代理的规定

《民法总则》第169条规定:"代理人需要转委托第三人代理的,应当取得被代理人的同意或者追认。转委托代理经被代理人同意或者追认的,被代理人可以就代理事务直接指示转委托的第三人,代理人仅就第三人的选任以及对第三人的指示承担责任。转委托代理未经被代理人同意或者追认的,代理人应当对转委托的第三人的行为承担责任,但是在紧急情况下代理人为了维护被代理人的利益需要转委托第三人代理的除外。"

复代理,第一须有本代理的存在;第二须代理人有复任权。代理人拥有复任权,有三种情况:其一,被代理人事先同意转委托;其二,被代理人事后追认转委托;其三,在紧急情况下代理人为了维护被代理人的利益转委托,此种情况,应认定委托获得法定授权,不为无因管理。没有上述复任权,由代理人对转委托第三人的行为承担民事责任。

由于急病、通讯联络中断等特殊原因,委托代理人自己不能办理代理事项,又不能与被代理人及时取得联系,如不及时转委托他人代理,会给被代理人的利益造成损失或者扩大损失的,属于紧急情况。

3. 复代理的效力

合乎要求的复代理,发生以下效力:

（1）代理效果直接归于被代理人。

（2）转委托的第三人以被代理人的名义对外实施代理行为,被代理人可以就代理事务直接指示转委托的第三人（复任代理人）。

◎ **代理效果的归属,要看以谁的名义**

张三委托李四到外地的甲公司购买小轿车,李四经张三同意又委托当地的王五买该车,王五是以张三的名义订立买卖合同的,否则无法将轿车登记在张三的名下。

解: 复代理人以被代理人的名义对外发生关系,而不是以代理人的名义对外发生关系。张三是被代理人、李四是代理人,王五是复任代理人(转委托的第三人),张三与甲公司成立汽车买卖合同,张三是买受人,王五是其代理人,汽车买卖合同的权利义务由张三承担。

(3)对代理产生的不利益,代理人并不承担责任,其仅就第三人(复任代理人)的选任以及对第三人(复任代理人)的指示承担责任。例如,复任代理人由于不熟悉义务,其代理行为造成了被代理人的损失,代理人在选择复任代理人时有重大过失,代理人应当承担责任。再如,复任代理人的代理行为造成被代理人的损失,是由于代理人不正确的指示造成的,代理人(指示人)应当承担责任。

(五)单独代理与共同代理

按代理人是一人还是二人以上(含二人),代理可以分为单独代理和共同代理。

1. 单独代理

单独代理,是指代理权由一个代理人行使。但单独代理的被代理人可以是两人或两人以上。委托代理和法定代理,都可以单独代理。

2. 共同代理

共同代理,是指一个代理权由两个以上的代理人共同行使。一个人代理两个以上的被代理人,这不是共同代理。

"数人为同一代理事项的代理人的,应当共同行使代理权,但是当事人另有约定的除外"(民总166条)。这里的代理事项应作狭义理解,一个代理事项成立一个代理权。"当事人另有约定的除外",不是指共同代理人之间的约定,而是指被代理人与代理人之间的约定。当事人之间的约定,可包含着代理的授权。在有两个以上的代理人时,是否允许其中的一个代理人单独行使代理权,要看被代理人的授权(单方法律行为),而当事人的约定(双方法律行为),是授权的基础。比如,被代理人甲给共同代理人乙、丙的授权委托书中载明:"乙和丙可以共同代理甲签订合同,也可以单独代理甲签订合同。"依此,乙或丙单独代理甲签订的合同自当有效。

共同代理人实施共同代理行为,对被代理人承担连带责任。被代理人授权共同代理人可以单独实施代理行为的,可以是单独责任。比如共同代理中的一人或者数人未与其他委托代理人协商,所实施的行为侵害被代理人权益的,由实施行为的委托代理人承担民事责任,其他代理人不承担责任。

(六) 职务代理与非职务代理

1. 职务代理

(1) 职务代理和表见代理。

职务代理,是指法人、非法人组织的工作人员,由于特定的工作职务而实施代理行为。职务代理的被代理人是法人或者非法人组织,代理人是自然人。代理人与被代理人之间,存在工作上的从属关系,不属于平等主体之间的代理。

在职务代理中,代理权限由被代理人授权而产生。授权的基础在于被代理人与代理人之间存在着劳动关系、雇佣关系等基础法律关系。代理人是被代理人聘用、任命的工作人员,有义务按单位的指派或要求从事业务活动,包括订立合同。问题在于:"职务代理人"的代理权限有时不能为相对人所确知,他的"表见代理权限"(即相对人依照常理认为其享有的权限)可能与实际代理权限相符合,也可能不相符合。职务的存在,可能构成有权代理的权利外观,故越权职务代理往往是表见代理的一种形式。《民法总则》第170条规定:"执行法人或者非法人组织工作任务的人员,就其职权范围内的事项,以法人或者非法人组织的名义实施民事法律行为,对法人或者非法人组织发生效力。法人或者非法人组织对执行其工作任务的人员职权范围的限制,不得对抗善意相对人。"

◎ 代理人的身份与职务代理

(1)张甲是A公司的业务员,该公司是大公司,业务员有几百个。一日,B公司的业务员持授权委托书到A公司洽谈业务,张甲出面接待并介绍自己是业务员,在A公司业务室,张甲代理A公司,李乙代理B公司签订了货物买卖合同。第二天A公司给B公司发传真,说:"我司业务员张甲是无权代理,对所签买卖合同不予以追认,买卖合同无效。"B公司认为:A公司承认张甲是其业务员,且在A公司业务室签订的合同,张甲是职务行为,已经构成表见代理,双方所签买卖合同有效。

解:职务代理与具体工作相联系。仅有业务员的身份,尚不能构成职务代理,业务员的身份及在A公司业务室签订合同,这两个条件也不足以构成表见代理。A公司第二天的传真,实际是对狭义无权代理的拒绝追认的通知,该通知送达后,买卖合同从效力待定转为无效。

(2)甲家具公司的总务部部长,多年以公司的名义对外出售锯末,乙商贩经常前来购买。乙与甲公司总务部部长签订最后一份锯末买卖合同后,开车来甲公司取货。甲公司告知乙:"总务部没有出售锯末的权利,合同无效。"原来,甲公司新任董事长整顿公司,以董事会会议纪要的形式,取消了总务部出售锯末的权限,总务部部长未遵守该规定,仍与乙签订了合同,对此乙毫不知情。

解：总务部部长多年以公司的名义对外出售锯末，构成职务代理。甲公司董事会会议纪要对总务部代理权的限制，不能对抗乙。乙与甲的最后一份合同，因总务部部长构成表见代理，有效。

(2)"职务代理人"不承担连带责任。

职务代理中的"职务代理人"是否应当与本单位承担连带责任，《民法总则》未予以明确。从法理上看，由于职务代理人在工作上存在从属关系，不属于平等主体之间的代理，代理事项违法或者代理行为违法，后果应归属于本单位（被代理人）。基于从属性（服从性）的违法代理，职务代理人不应与本单位承担连带责任。

《民法总则》第62条规定："法定代表人因执行职务造成他人损害的，由法人承担民事责任。法人承担民事责任后，依照法律或者法人章程的规定，可以向有过错的法定代表人追偿。"举重以明轻，既然法定代表人无须承担连带责任，作为职务代理人就更没有理由承担连带责任了。

2. 非职务代理（平等主体之间的代理）

非职务代理，是指代理人的代理权限、代理行为，与职务无关，代理人与被代理人没有工作上的从属关系，属于平等主体之间的代理。非职务代理的被代理人，包括自然人、法人和非法人组织。应注意的是，有一定职务的人，实施的代理行为，也可能是非职务代理。

专题二十五　违法代理

引言

本专题所说的违法代理，包括违反代理职责、代理事项违法及其他违法代理行为。

认定违法代理，是为了认定当事人之间的权利义务关系。有的违法代理效力待定，有的无效。法定代理人的自己代理，可以有效。

一、违反代理职责

(一) 代理职责的含义

代理职责，是代理人完成代理行为应负担的义务。这是相对法律关系中对被代理人的给付义务。

代理职责与代理权的授予不同。代理权的授予，使代理人获得权限，而代理职责是一种为被代理人计算的义务。

《民法总则》第164条第1款规定："代理人不履行或者不完全履行职责，造成被代理人损害的，应当承担民事责任。"

代理职责不是来源于授权，而是来源于代理的基础法律关系。一是来源于委托关系，二是来源于工作上的职务关系，三是来源于监护关系。比如，甲与乙签订委托合同并授权代理人乙承租场地，乙的代理职责来源于甲、乙的委托合同。次如，甲让自己的职员乙代理自己与丙签订合作协议。乙的代理职责来源于与甲的劳动关系或雇佣关系。再如，父亲为儿子（未成年人）的利益签订买卖合同，其作为法定代理人的职责，来源于二人的监护法律关系。

基础法律关系无效，代理权的授予无效。基础法律关系终止、撤销的，代理权消灭。

问：甲公司授权其职工张乙到丙公司购买一批货物，后张乙违反劳动合同被除名，甲公司只通知张乙除名，未告知其代理权终止，张乙还有代理权吗？

答：张乙被除名，即甲公司与张乙的劳动合同解除，基础法律关系终止，则张乙的代理权随之消灭。甲公司应当通知丙公司，否则张乙以甲公司的名义与丙公司签订合同，可能构成表见代理。

（二）违反代理职责的两种典型行为

违反代理职责的行为较多，其中两种行为较为典型。一种是滥用代理权，一种是代理人与相对人恶意串通。

1. 滥用代理权

滥用代理权是指代理人为自己的利益计算或为被代理人以外的他人利益计算，损害被代理人利益而行使代理权。自己代理和双方代理可构成滥用代理权。

（1）自己代理的含义和效力。

自己代理是代理人以被代理人的名义与自己建立法律关系的行为。受托代理人的自己代理，是一种滥用代理权的行为。

受托代理人的自己代理，是以被代理人的名义与自己签订合同，这样的合同，内容实际上是由一人决定，在法律上不能构成双方当事人的协议。《民法总则》第168条第1款就"自己代理"规定："代理人不得以被代理人的名义与自己实施民事法律行为，但是被代理人同意或者追认的除外。"[1]"同意"是事先的同意；"追认"，是事后的同意。追认，可以是明示的追认，

---

[1]《民法总则》是在第七章"委托代理"一节中规定"自己代理"的。

也可以是以履行合同的方式追认（默示的追认）。例如，《最高人民法院关于适用〈中华人民共和国保险法〉若干问题的解释（二）》第3条第1款规定："投保人或者投保人的代理人订立保险合同时没有亲自签字或者盖章，而由保险人或者保险人的代理人代为签字或者盖章的，对投保人不生效。但投保人已经交纳保险费的，视为其对代签字或者盖章行为的追认。"投保人交纳保险费，是以履行保险合同的方式对自己代理的追认，属于默示的追认，追认使保险合同自始发生效力。

有的学者认为，自己代理是一种可撤销的民事法律行为，这种观点不正确。可撤销行为是生效但可撤销的行为，而受托代理人的自己代理的行为作出之后，法律并不认可该行为的效力。未生效的自己代理，经被代理人追认自始生效。因此，自己代理是效力未定的行为。

"自己代理"被拒绝追认的，确定地不生效（也可称为无效）。

（2）法定代理人的自己代理。

自己代理，分为受托代理人的自己代理和法定代理人的自己代理。《民法总则》只规定了受托代理人的自己代理，没有规定法定代理人的自己代理。两者在效力上有所区别：受托代理人的自己代理是滥用代理权的行为，因而签订的合同是效力待定的，效力待定的合同，也是可追认的合同。法定代理人的自己代理，为监护人利益的，有效；为自己利益的，无效，但也有可能效力待定。

应当注意：实务中，法定代理中的自己代理更为常见。比如，父母对无行为能力、限制行为能力的子女赠与房屋，通常都是自己代理。这类自己代理，合同是有效的，不属于效力待定。相对人是获利一方，故法定代理人不属于滥用代理权。如果法定代理人为了自己利益而自己代理，合同自不能生效。

问：父母能否代理8岁以下的孩子购买房屋？应注意什么问题？

答：问题是：无行为能力人能否作为买受人购买房屋？父母与作为买受人的孩子的法律关系如何？①无行为能力人的权利能力与他人的权利能力平等，可以作为买受人购买房屋。因欠缺意思能力，需要其法定代理人代理订立房屋买卖合同。这类合同如无违法事由，应当承认其效力。②如果孩子没有独立的财产，父母交了房款，代理孩子订立房屋买卖合同的父母，与孩子之间的法律关系是赠与，而且是不附义务的赠与。不附义务的赠与属于纯获利益的合同。③在成立赠与合同（成立赠与法律关系）时，父母与孩子之间的关系属于"自己代理"，由于孩子是纯获利益的，因此"自己代理"有效。④孩子成为房屋的业主以后（办理产权登记后），监护人不得"收回"财产。因为所有权已经发生转移，所以这种"收回"是剥夺。⑤从操作的角度来看，如果是一次性付款，在交易安全上一般没有问题。如果是分期付款，而又没有其他担保人，法定代理人（监护人）一般应当同时兼任付费的担保人，如果被监护人有独立的财产，法定代理人可以并有权利用该财产支付。如果被监护人没有独立的财产，法定代理人应当支付。

（3）双方代理。

双方代理俗称"一手托两家"，是代理人同时代理两方被代理人，欲使"两家"之间建立法律关系，是一种滥用代理权的行为。《民法总则》第168条第2款就"双方代理"规定："代理人不得以被代理人的名义与自己同时代理的其他人实施民事法律行为，但是被代理的双方同意或者追认的除外。"双方代理签订的合同也是效力待定，两个被代理人都予以追认的话，合同有效。

2. 代理人与相对人恶意串通

代理人与相对人恶意串通，是"代理事项违法"以外的违法代理行为，也是违反代理职责的行为。

代理人与相对人恶意串通，即代理人与被代理人的相对人恶意串通，损害被代理人的利益。比如，甲代理乙与丙签订合同，代理人甲与丙（乙的相对人）恶意串通，损害被代理人乙的利益。《民法总则》第 154 条规定："行为人与相对人恶意串通，损害他人合法权益的民事法律行为无效。"第 164 条第 2 款规定："代理人和相对人恶意串通，损害被代理人合法权益的，代理人和相对人应当承担连带责任。"

问：实务中，恶意串通订立的合同，都被认定为无效，有无部分无效的可能？

答：我所见到的恶意串通订立的合同，都被认定为无效合同。这有立法技术的原因，也有对立法精神理解不到位的问题。对可分之债及其他可以将"部分"区分的，也可以认定合同部分无效，只要把"损害被代理人合法权益"的效果去除就可以了。

二、代理事项违法

（一）代理事项违法的含义

代理事项违法，是指代理实施的法律行为本身违法，是被代理人欲提供的给付或欲受领的给付违法，即"标的违法"。

代理事项违法与违法代理不同。违法代理包括代理事项违法和其他违法代理行为。也就是说，违法代理的范围比代理事项违法广泛。比如，甲委托乙代理出售一条机动船，代理事项并不违法（法律允许这类机动船自由买卖），但代理人乙与买受人丙恶意串通，压低了售价，从中捞取好处，构成恶意串通。乙的行为，违反了代理职责，也是违法行为，但不属于代理事项违法。再如，代理出卖假冒伪劣的香烟属于代理事项违法。

（二）代理事项违法的责任

就代理事项违法，可构成连带责任。《民法总则》第167条规定："代理人知道或者应当知道代理事项违法仍然实施代理行为，或者被代理人知道或者应当知道代理人的代理行为违法未作反对表示的，被代理人和代理人应当承担连带责任。"

问： 甲公司委托乙公司收购金银（非金银制品），甲公司对乙公司谎称自己有买卖金银的金融业务资格，向乙公司出具了伪造的批件。乙公司以甲公司的名义与他人签订多份金银买卖合同。乙公司是否承担连带责任？

答： 乙公司以甲公司名义签订的金银买卖合同，因违反国家特许经营的规定而无效。甲公司承担返还原物等责任，乙公司不承担连带责任。若乙公司知道或者应当知道甲公司无相应的资质仍然为代理行为，则乙公司应当承担连带偿还的责任。

三、违反代理职责、代理事项违法以外的违法代理行为

违反代理职责、代理事项违法以外的违法代理行为，包括欺诈、胁迫等致使相对人意思表示有瑕疵的行为。

◎ 代理人与被代理人共同侵权，对受害人承担连带责任

甲公司委托乙公司代理销售蔬菜，乙公司以甲公司的名义与丙公司签订了买卖合同。甲欲欺诈丙给乙提供了虚假资料，代理人乙知道是虚假资料，在代理签订合同过程中积极运用该资料，促使丙签订了合同。丙付款后，发现了自己被欺诈的事

实，提起诉讼以代理事项违法为由请求甲、乙承担连带责任。乙的抗辩理由是：代理销售蔬菜本身是合法的，并不属于《民法总则》第167条的"代理事项违法"，丙主张连带责任于法无据。

解：本案提出寻找请求权基础的问题，丙提出"代理事项违法"，定位不正确。《侵权责任法》第8条规定："二人以上共同实施侵权行为，造成他人损害的，应当承担连带责任。"欺诈是一种侵权行为，丙可以起诉请求撤销合同并主张甲、乙为有意思联络的共同侵权人而承担连带责任。撤销合同后，才存在追究缔约责任（缔结合同阶段的侵权责任）的问题。

专题二十六 代理权与（狭义）无权代理、表见代理

引言

代理，是代理实施法律行为。委托合同是双方法律行为，是委托授权的基础法律关系。委托授权是单方法律行为。代理权在委托代理中，具有根本性的意义。

狭义的无权代理，代理人没有权利外观；表见代理，代理人有权利外观。

无权代理实施的行为效力待定。被代理人有追认权，相对人有撤销权。

因表见代理签订的合同，如无其他违法事由，有效。

一、代理权

（一）代理权的含义

代理权是指代理人得代理实施法律行为的权限。代理权是一种"资格权"。

委托代理的代理权限,由委托人确定;法定代理的代理权限,由法律确定。一个代理权,可由一个代理人享有(单独代理),也可以由两个以上代理人享有(共同代理)。

(二)委托代理权授予的类型

1. 内部授权和外部授权

授予代理权,向代理人或第三人以意思表示为之。向代理人授权,称为内部授权;向第三人授权,称为外部授权。内部授权,代理人也要把授权情况传达给第三人,外部授权,是被代理人将对代理人授权的意思表示,直接送达给第三人。

需注意代理授权与传达的区别。甲让乙去丙的小店买东西,甲写了清单,注明了商品的名称、数量和价格,乙没有决策的空间,他只是传达人(使者),不是代理人。甲将清单交给乙,不是内部授权,乙交给丙,也不是外部授权。对代理人有行为能力的要求,对传达人(使者)没有行为能力的要求。

2. 明示方式和默示方式

(1)明示方式。

委托代理的授权,可以是书面方式,也可以是口头方式。"委托代理授权采用书面形式的,授权委托书应当载明代理人的姓名或者名称、代理事项、权限和期间,并由被代理人签名或者盖章"(民总165条)。

委托代理合同是委托合同的一种,是双方法律行为。委托代理权的授予,是单方法律行为,采用书面方式的,表现为被代理人签发"授权委托书"(又称为代理证书)等,也可以表现为委托代理合同中的授权条款。对独立于委托代理合同的授权文书,由被代理人一方签章即可,代理人是否签章,不影响授权的效力。

问:张甲授权李乙代理自己出卖房屋,到公证处办理委托授权,是公证委托合同,还是公证授权委托书,还是两者一起公证?

答:委托合同是双方法律行为,委托授权是单方法律行为。公证张甲一方签字的授权委托书即可。

(2) 默示方式。

默示为意思表示,包括作为(积极行为)和不作为(消极行为)。代理权的授予可以是作为的默示方式,这没有什么争议。例如,甲商业公司雇佣李某作售货员,李某在出售商品时,可依据事实推知其被授予代理权(事先授予)。再如,无权代理人代理出卖人订立效力待定的买卖合同以后,出卖人发货构成追认。该追认是默示的、事后授权的单方法律行为。

问:容忍委托授权是默示授权中的不作为方式。《民法总则》对容忍委托授权未作规定。《民法通则》在第66条第1款中规定:"本人知道他人以本人名义实施民事行为而不作否认表示的,视为同意。"这是对容忍委托授权的规定。有不少学者认为,《民法总则》第171条删除了这一规定,因此该规定已经失效。请问是这样吗?

答:只能认为是"未采纳"这一规定,不能认为是"删除"这一规定,在《民法通则》废止前,这规定仍可适用。不过,律师在办案中,不得不在容忍委托授权和表见代理之间进行选择,或者采用解释的方法。请看下述一例。

◎ 默许代理人使用私刻公章的,是否构成容忍委托授权

甲房地产公司设立了售楼部,售楼部使用私自刻制的售楼专用章与买受人签订房屋买卖合同。公司知道这个章的存在。

后来公司法定代表人声称不知道使用售楼专用章签订的各项合同，否认合同的效力。

解：①公司知道售楼专用章的存在，已经足以构成默示委托授权，售楼部是有权代理。这种"容忍"是有意容忍，区别于表见代理中被代理人的过失，故不属于表见代理（无权代理之一种），亦不属于狭义的无权代理，行为人为有权代理。②表见代理虽然是无权代理，但签订的合同是有效合同，实务中，这类情况主张表见代理也可能打赢官司。③在办理具体案件时，如果想回避对容忍委托授权的争议，可以考虑以下思路：将允许售楼部私刻售楼专用章和使用该专用章签订某具体合同区分为两个行为，第一个行为是内部行为、是默许行为。《民法总则》第140条规定："行为人可以明示或者默示作出意思表示。沉默只有在有法律规定、当事人约定或者符合当事人之间的交易习惯时，才可以视为意思表示。"但这是对平等民事主体之间的规定，法人对其职能部门不受这一规定的约束，默许（沉默）自可是同意的方式，自可是内部授权的方式。[1] 解决了第一个行为，第二个行为效力的认定，就迎刃而解了。

二、（狭义）无权代理

（一）无权代理的概念

无权代理，是指行为人没有代理权，而以被代理人名义实施，旨在将效果归于被代理人的代理。

无权代理之无权，包括没有获授代理权、超越代理权、代理权终止三种情形。无权代理分为狭义的无权代理和表见代理。

---

〔1〕 代理分为平等主体之间的代理和职务代理，平等主体之间的授权，一般不可采用沉默的方式，职务代理则不然。法定代理人对被代理人（被监护人），也可以以默许的方式授权（非代理授权），只是理论研究不到位，更遑论立法了。

狭义的无权代理（表见代理之外的无权代理），代理人没有权利外观，未经追认的，不能将代理效果归于被代理人；表见代理，代理人有权利外观，代理效果归于被代理人。我们通常所说的无权代理，是指狭义的无权代理。

无权代理 { 狭义的无权代理 / 表见代理

（二）（狭义）无权代理的类型

"行为人没有代理权、超越代理权或者代理权终止后，仍然实施代理行为，未经被代理人追认的，对被代理人不发生效力"（民总171条第1款）。上述规定包括了狭义无权代理的三种类型：第一种，行为人根本没有获授代理权；第二种，行为人虽然获授代理权，但超越了授权，分为质的超越和量的超越；第三种，行为人虽然获授代理权，但在代理事项完成、代理期限届满等情况下，仍然实施代理行为。

问：何为质的超越和量的超越？

答：质的超越，实际是代理实施了未曾授权的事项，就超越部分，实际为"未获得代理授权"。比如获授权买苹果，却买了梨，此为质的超越。量的超越，是指在代理进行种类物交易等活动中，超过了委托人授权的数量。比如获授权买1万元水果，却签订了2万元的合同。

问："量的超越"签订的合同，效力如何？

答："量的超越"签订的合同，为可分之债的，未超越的部分有效，超越的部分为效力待定。是否为可分之债，应以诚实信用原则为指导进行判断。不能将种类物之债，都认定为可分之债。比如，甲授权代理人乙到丙处购买170万元的洗衣粉，乙持授权委托书与丙签订了购买 200 万元洗衣粉的合同，根据已知条件，170 万元的部分有效，30 万元的部分为效力待定。加一个情节：丙看到授权委托书后提出："我单位转产，库房的洗衣粉全部便宜 30% 卖给你，总价款为 200 万元。"此种情况下，整个合同效力待定，如果认定 170 万部分有效其余 30 万效力待定，丙就吃亏了。丙是非善意相对人，不管是全部效力待定还是部分效力待定，其都没有撤销权。

双方行为（合同行为）、共同行为可以发生无权代理，单方行为也可以发生无权代理。如无权代理人代理解除合同、代理债务的免除、代理抛弃财产等。

无权代理不同于无权处分。无权代理是以被代理人的名义实施法律行为，无权处分是以自己的名义实施法律行为。例如，在买卖合同中，无权处分人作为出卖人（以出卖人的名义），无权代理人不作为出卖人（不以出卖人的名义），被代理人作为出卖人。无权代理的相对人不能善意取得；无权处分的相对人可以善意取得。

（三）（狭义）无权代理被代理人和相对人的相关权利

对无权代理，"相对人可以催告被代理人自收到通知之日起一个月内予以追认。被代理人未作表示的，视为拒绝追认。行为人实施的行为被追认前，善意相对人有撤销的权利。撤销应当以通知的方式作出"（民总 171 条第 2 款）。

1. 被代理人的追认权

追认是对代理权的补授。"追认权"的效果，是相对人对追认无拒绝之余地。追认之后，善意相对人丧失了撤销权。

无权代理的事项并非一概对被代理人（本人）不利。若对被代理人不利，被代理人当然可以拒绝追认；如有利当然可以追认。

（1）追认权是简单形成权，追认的方式，可以是明示追认（以通知的方式），也可以是默示追认。[1] 追认行为是对代理权的补授，所以追认行为与代理权授予行为一样，都是单方法律行为。

问：无权代理人张某以甲的名义与乙签订了出卖一批电信产品的合同，甲已经发货，效果如何？

答：甲发货，是履行合同的行为，视为对效力待定合同的默示追认。合同自订立时起生效。

（2）追认，使代理行为的效果归属于被代理人。追认的效力溯及代理行为发生之时，对订立合同而言，追认的效力溯及既往，至订立合同之时。

◎ 对无权代理追认，两个法律行为的生效

无权代理人张三于3月1日代理甲方与知情的乙方签订了买卖合同。3月15日，甲方的追认通知送达乙方。追认通知于3月15日生效，而合同却是在3月1日生效的。

解：本案有两个法律行为，一个是单方法律行为（甲方的追认通知），一个是双方法律行为（买卖合同），单方法律行为"激活"双方法律行为，使其自始发生效力。之所以如此，是为了周到地保护当事人的利益。比如，在3月2日，即签订合同的第二天，乙方就发了货，如果甲方不追认无权代理人的行为，损失当然由乙方自己承担。如果甲方追认，追认通知在15日到达，合同不能在15日生效，只能在1日生效。否则2日发货的

---

[1]《合同法解释（二）》第12条规定："无权代理人以被代理人的名义订立合同，被代理人已经开始履行合同义务的，视为对合同的追认。"

行为就得不到保护。

（3）被代理人可以主动行使追认权，也可以在收到相对人催告通知后一个月内行使追认权。到期被代理人未作表示的，视为以默示的方式拒绝追认。法律规定相对人收到催告通知后开始计算一个月的期间，是将通知迟延的风险归于通知人，通知人可以采取合理的通讯方式，保障通知及时送达。

（4）相对人催告的，被代理人追认的意思表示，应向相对人为之。

2. 相对人的催告及善意相对人的撤销权

（1）相对人的催告。

善意相对人和非善意相对人都可以向被代理人发催告通知，被代理人答复的法定期限是收到通知之日起一个月，相对人给被代理人一个月以上的期限，并无不可。相对人擅自缩短答复期的无效，被代理人认可的除外。

问：相对人要求被代理人40天内"表态"是否追认其与无权代理人签订的合同，效果如何？如果要求20天内追认呢？

答：要求40天内"表态"是否追认的，有效。要求20天内追认的，延长到一个月。

（2）善意相对人的撤销权。

善意，是指不知情。善意相对人包括无过失的善意相对人和有过失的善意相对人，他们都有撤销权。作反对解释，恶意相对人（非善意相对人），没有撤销权。

问：恶意相对人与无权代理人签订的合同，是"交权"吗？

答：恶意相对人将合同是否生效的权利交给了被代理人，只能等待被代理人的追认。其要做的工作，就是及时催告。

◎ 看过授权委托书的，是恶意的相对人

甲公司委派业务员张某拿着购买10万元梨的授权委托书到乙公司，张某向乙公司出示授权委托书后，发现桃的质量不错，就代理甲公司与乙公司签订了购买10万元桃的合同。

解：乙公司看了授权委托书，是恶意的相对人，没有撤销权。合同是否生效的决定权，在甲公司手里，其可以追认，也可以拒绝追认。

善意相对人的撤销权，发生在代理人实施的行为被追认和拒绝追认之前。该撤销的本质，是撤销自己的已经生效的意思表示，通过撤销自己的意思表示，撤销了效力待定的当事人之间的合意（合同）。撤销权是简单形成权，以通知的方式行使。

善意相对人撤销权的消灭，有两个原因，第一个是被代理人的追认，第二个是被代理人的拒绝追认。例如，无权代理人订立的合同在被代理人追认后，自始生效，善意相对人的撤销权随之消灭；再如，无权代理人订立的合同在被代理人拒绝追认后，自始确定无效，善意相对人的撤销权随之消灭。

（四）（狭义）无权代理的效果

1. 被代理实施的法律行为效力待定

（1）概述。

狭义的无权代理行为的效果，是被代理的行为效力待定，效力待定的，也是可追认的。无权代理人所追求的，是被代理人与相对人形成（发生、变更、消灭）法律关系。

（2）无权代理订立的合同中解决争议条款的效力。

无权代理订立的合同中，有时会有解决争议的条款，解决争议的条款，实质上是一种程序合同。《合同法》第57条规定：

"合同无效、被撤销或者终止的，不影响合同中独立存在的有关解决争议方法的条款的效力。"《最高人民法院关于适用〈中华人民共和国仲裁法〉若干问题的解释》第 10 条规定："合同成立后未生效或者被撤销的，仲裁协议效力的认定适用仲裁法第十九条第一款的规定。当事人在订立合同时就争议达成仲裁协议的，合同未成立不影响仲裁协议的效力。"《仲裁法》第 19 条第 1 款规定："仲裁协议独立存在，合同的变更、解除、终止或者无效，不影响仲裁协议的效力。"上述导致合同未成立、未生效、无效、被撤销、终止等的原因，不包括无权代理。无权代理，不但代理签订实体合同无权、代理签订程序合同也无权，签订的实体合同和程序合同，均应为效力待定，不可能实体合同效力待定、程序合同有效。

◎ 无权代理，仲裁条款不能单独生效

张三是无权代理人，代理甲公司与乙公司签订了承揽合同，合同中有仲裁条款："因合同效力等原因发生纠纷提交北京市仲裁委员会解决。"

解： 该合同中的仲裁条款为"程序合同"。本案的"实体合同"与"程序合同"若未曾得到甲公司的追认，甲公司得以张三无权代理为由，起诉至法院，主张合同不生效或无效，法院应当受理。

若甲公司对无权代理订立的合同明示追认或者默示追认，应解释为对仲裁条款一并追认。因为，本案"实体合同"与"程序合同"（仲裁条款），是由同一复杂法律事实（同一对要约与承诺）产生的。

问： 有无实体合同因无权代理效力待定、仲裁条款单独有

效的情形？

答：也有这种可能性。无权代理有"未授予代理权""代理权终止"和"超越代理权"三种情形。前两种，实体合同和仲裁条款（程序合同）是"同命运、共呼吸"的。就某一事项"未授予代理权"，而就该事项单独授权签订仲裁条款或仲裁协议，应是不可能的。"代理权终止"，签订实体合同、程序合同的代理权一并终止。

"超越代理权"中的"质"的超越，是欲图建立委托事项以外的法律关系，就超越部分，实际上是未授予代理权。意思是说，"超越代理权"签订的合同，实体合同与程序合同，都是无权代理签订的合同，都是效力待定。

"超越代理权"中的"量"的超越，则有可能产生实体合同效力待定、仲裁条款有效的情况。比如，甲给代理人乙的授权委托书载明乙有权代理甲与丙签订购买500万元的某种标号的水泥，乙持此授权委托书与丙签订了购买1000万元的水泥的合同（本案实体合同可能效力待定，也可能因是可分之债超越的部分效力待定），该合同中的仲裁条款是有效的。

问：把合同区分为实体合同和程序合同，委托人签发的授权委托书只有实体内容，并未明确代理人在诉讼和仲裁之间有选择权，签订的合同中的仲裁条款或单独签订的仲裁协议，效力如何？

答：委托人签发的授权委托书只有实体内容，未明确载明代理人是否有权代理签订仲裁协议，按交易习惯和一般观念，应认定仲裁条款有效。为防止和减少争议，最好在授权委托书中，对解决争议事项的授权或者禁止（比如禁止选择仲裁方式）予以明示。当授权委托书作公证时，公证员对此应当予以审查。

2. 未被追认时，无权代理人的责任

《民法总则》第171条第3款规定："行为人实施的行为未被追认的，善意相对人有权请求行为人履行债务或者就其受到的损害请求行为人赔偿，但是赔偿的范围不得超过被代理人追认时相对人所能获得的利益。"

（1）关于善意相对人的选择权。

依据上述规定，有学者认为，无权代理未被追认的，善意相对人对无权代理人有选择权，即有权在请求无权代理人履行债务和请求其赔偿之间进行选择。这种观点难以成立。例如，张某代理甲公司（出租公司，有融资租赁经营许可）与善意的乙公司签订了融资租赁合同，后发现张某为无权代理，乙公司并无权选择张某履行融资租赁合同的债务，既不能认为张某与乙公司成立了融资租赁合同（成立意定之债），也不能认为张某与乙公司成立了融资租赁的法定之债。因为，张某的主体不适格，且乙公司的善意是相信张某有代理权，其明知张某没有融资租赁的资质。从该例可知，善意相对人是没有形成权性质的选择权的。

这是无权代理未被追认时，被代理的行为无效情况下产生的债，是法定之债。善意相对人有权请求行为人履行"债务"，该债务应属于法定之债，不应是意定之债。

（2）善意相对人对无权代理人的赔偿请求权。

无权代理的行为未被追认，善意相对人有权请求无权代理人赔偿，对于赔偿范围，不仅包括信赖利益（一般所说的直接损失），对可得的履行利益亦应赔偿。"赔偿的范围不得超过被代理人追认时相对人所能获得的利益"，是指不得超过可得的履行利益。比如，无权代理人李某代理甲与善意的乙签订合同，如果甲追认该合同的话，适用损益相抵规则（扣除履行合同将付出的成本）后，乙的利益将是 50 万元，则李某的赔偿额最多是 50 万元。

（3）关于无权代理人与恶意相对人的过错相抵。

《民法总则》第 171 条第 4 款规定："相对人知道或者应当知道行为人无权代理的，相对人和行为人按照各自的过错承担责任。"对无权代理造成的恶意相对人（非善意相对人）的损失，双方都有过错的，应适用过错相抵的规则。对恶意相对人的损失，被代理人并不承担责任。

问：无权代理人是必须赔偿恶意相对人的损失吗？

答：并非如此。例如，甲借给乙 100 万元，请求丙代理丁作为保证人，签订了保证合同。甲深信丙对丁的影响力，一定能够说服丁追认保证合同。丙认真做了丁的工作，但丁并未追认。借款人乙到期未偿还借款。对恶意相对人甲的损失，无权代理人丙并无赔偿责任。甲、丙之间是委托合同关系，丙未担保丁一定追认，其已经履行了委托合同的义务。

三、表见代理

（一）表见代理的概念

表见代理，是指由于被代理人的行为，使无权代理人的代理行为具有足以使善意相对人相信的代理权的外观而须由被代理人负授权之责的代理。表见代理人是无权代理人。"行为人没有代理权、超越代理权或者代理权终止后，仍然实施代理行为，相对人有理由相信行为人有代理权的，代理行为有效"（民总 172 条）。表见代理的制度价值，在于保护交易安全。

表见代理与狭义无权代理有重要区别：

（1）表见代理，无权代理人具有代理权的外观；狭义无权代理，无权代理人不具有代理权的外观。

（2）表见代理的相对人是善意的相对人，狭义无权代理的相对人，可以是非善意相对人，也可以是善意的相对人，但两者善意的内容并不相同。对表见代理相对人的善意要求较高，须是不知且无过失；狭义无权代理的善意相对人，面对没有权利外观的无权代理人而不能识别的，应认定为有过失。

（3）表见代理实施的民事法律行为，如无其他违法事由，是有效的；狭义无权代理实施的民事法律行为，是效力待定的。

（4）制度价值不同。狭义无权代理主要是保护被代理人（本人）的利益，而表见代理则主要保护善意第三人的利益，这种保护在宏观上就是保护交易安全。

问：善意取得与表见代理有什么区别？

答：无处分权人与表见代理人都具有权利的外观：前者披着所有权人的外衣；后者披着有代理权的外衣。无处分权人以自己的名义对外签订合同；表见代理人以被代理人的名义签订合同。因表见代理签订合同，不产生善意取得的问题。

（二）表见代理的法律要件

（1）代理人没有代理权。表见代理行为，是一种特殊的无权代理。

（2）无权代理人具有代理权的外观。

（3）被代理人的行为，致使无权代理人具有代理权的外观。具有代理外观的原因，是由于被代理人的行为（作为或不作为）。例如，无权代理人持有加盖公章的空白合同书、空白授权书、空白介绍信等。再如，被代理人撤销了对代理人的授权，但没有通知相对人。

（4）被代理人的相对人是善意的相对人，其有理由相信代理人有代理权。相对人对代理人有一种法律认可的合理信赖。其善意的构成是：不知情且无过失。

(5) 无权代理人以被代理人的名义与相对人实施了法律行为。

◎ 私自使用公章，不影响合同的效力

湖南某医院办公室掌管公章的办事员王某未经领导同意，擅自向某礼品公司购买了40万元的纪念品，在庆祝建院40周年的活动中使用。王某以医院的名义与礼品公司签订了买卖合同，在合同上加盖了医院的公章。礼品公司知道医院正在进行庆祝建院40周年的活动，便积极准备货源，到期准时发货。医院领导知道此事后，起诉至法院，要求确认合同无效。

解： 王某是办公室的职员，不从事对外采购的业务，其行为不构成职务代理。也就是说从职务这个角度，不能认定其构成表见代理。但是其签订的合同加盖了单位的公章，礼品公司没有义务去了解这个公章是否为私自加盖的。礼品公司是善意且无过失的相对人。医院提出，公章是王某偷盖的，此说不能对抗善意相对人，此案中无其他违法情节，应当认定王某构成表见代理，合同有效。医院享有合同权利、承担合同义务。

◎ 前一事务的代理授权，不能构成后一事务的表见代理

甲（分包合同承包人）授权乙代理自己与丙（分包合同发包人）签订工程分包合同，经过一年工程完成，乙又以代理人的身份指示丙将工程款打入自己的账号。后甲以没有收到工程款为由，以发包人丙为被告提起诉讼，请求支付工程款。丙的抗辩理由是乙构成了表见代理，自己已经履行了付款债务。

解： 授权签订合同与授权办理收受工程款是两项不同的法

律事实，要么一并授权，要么分别授权，只授权代理签订合同的，该代理人无权代理其他事务，即前一委托事项完成，委托代理终止。单独的前一事务的代理授权，也不能构成后一事务的表见代理。本案应当支持甲的诉讼请求。

(三) 表见代理的效果

表见代理对于被代理人来说，产生与有权代理相同的后果。如果没有其他违法事由，表见代理实施的法律行为有效。被代理人承担表见代理行为所产生的债务或责任后，可以向无权代理人追偿因代理行为而遭受的损失。

◎ 因表见代理生效的合同，善意相对人无撤销权

张某手持加盖公章的空白合同书代理甲公司与乙公司签订了买卖 100 吨草莓的合同。签订合同书之后，乙公司宴请张某，张某拿出授权委托书，委托书载明张某只能代理购买苹果。后乙公司向甲公司去函，表示撤销合同，理由是依照《民法总则》第 171 条第 2 款的规定，善意相对人有撤销权。甲公司则依据《民法总则》第 172 条的规定提出，张某代理签订合同构成表见代理，自己愿意承担代理后果，主张合同有效。

解：张某构成表见代理。在构成表见代理的前提下，尽管乙公司是善意且无过失的相对人，其仍然不能撤销合同，因为合同已经有效成立。《民法总则》第 171 条第 2 款是关于狭义无权代理的善意相对人享有撤销权的规定，本案不能适用。

(四) 无权处分与表见代理的区别

(1) 无处分权人与表见代理人都具有权利的外观。前者披着"所有权人"的外衣；后者披着"有权代理人"的外衣。对无权处分人，通过占有权利推定，推定其有本权；对表见代理，

通过授权文书等，推定代理人有代理权。

（2）无处分权人以自己的名义签订合同；表见代理人以被代理人的名义签订合同。

（3）无权处分人欲使处分的对价归属于自己；表见代理欲使代理的后果归属于被代理人。

（4）无权处分，可导致受让人善意取得；因表见代理签订合同，不能善意取得。

问：有的学者认为表见代理也可以善意取得，是这样吗？

答：非也。表见代理是对代理权的信赖，动产善意取得是对占有的信赖，不动产善意取得是对登记的信赖。特殊情况是，当占有与动产分离、登记与不动产分离，同时表见代理人代理无权处分的，可发生善意取得。例如，被代理人甲占有的一台仪器是乙的，表见代理人丙向第三人丁称，这台仪器是甲的，丙代理甲与丁签订了买卖合同，交付后丁可以善意取得。这里虽然有表见代理的因素，但基础原因，是为保护对动产占有的信赖。

专题二十七　代理的终止

引言

代理法律关系，包括代理人与被代理人之间因代理权的授予产生的委托法律关系和因法定代理权的行使产生的法定代理法律关系。

代理的终止，是指代理法律关系的终止。可以是代理法律关系本身的终止，也可以是基础法律关系终止导致代理法律关系一并终止。

代理的终止，分为委托代理的终止和法定代理的终止，两者的原因不同。

一、委托代理的终止

（一）委托代理终止的原因

《民法总则》第173条规定："有下列情形之一的，委托代理终止：（一）代理期间届满或者代理事务完成；（二）被代理人取消委托或者代理人辞去委托；（三）代理人丧失民事行为能力；（四）代理人或者被代理人死亡；（五）作为代理人或者被代理人的法人、非法人组织终止。"

1. 代理期间届满或者代理事务完成

（1）委托代理不可能永久存续，要受时间的限制。比如，甲给代理人乙书写的授权委托书载明："乙在6月1日之前，代理我处理商铺的一切事务。"这是附终期的授权委托，代理期间届满，委托代理终止。

（2）委托代理基于具体的代理事项（事务）存在，代理事务完成，则委托代理终止。

问：甲委托乙代理签订房屋买卖合同。在房屋买卖合同签订之后的履行阶段，乙仍进行代理活动，乙有代理权吗？

答：乙的代理事务已经完成，代理终止，在合同履行阶段没有代理权。

问：代理事务完成则代理终止，是附解除条件的代理权授予吗？

答：①我们通常所说的"附条件"，是指附"意定条件"，而代理事务完成代理权终止，是"法定条件"。②被代理人对代理人授权时，不但可以附终期，也可以附解除条件。比如，年迈的个体工商户业主张甲授权李乙代理处理营业上的一切事务，张甲考虑儿子回国，有人就可以替代李乙了，就在授权委托书上载明:"若我儿子回国,则代理终止。"该授权就是附解除条件的。

2. 被代理人取消委托或者代理人辞去委托

委托合同是委托代理的基础法律关系之一。《合同法》第410条规定:"委托人或者受托人可以随时解除委托合同。因解除合同给对方造成损失的,除不可归责于该当事人的事由以外,应当赔偿损失。"被代理人取消委托或者代理人辞去委托,都解除了委托合同,委托代理自当随之终止。

代理的基础法律关系消灭,代理权的前提丧失。不止委托合同,聘用合同、挂靠合同、承包合同等基础法律关系终止,代理亦随之终止。

问:代理权可以一部消灭(终止)吗?

答:代理权一部消灭(终止)是指被代理人撤销部分代理权,属于代理权的变更。比如,授权购买100万元的货物,改成授权购买60万元的货物。

3. 代理人丧失民事行为能力

代理行为是法律行为,代理人丧失行为能力即为丧失实施法律行为的能力,委托代理终止。

问:受托代理人变成限制行为能力人,代理终止吗?

答:此处不要拘泥,要具体问题具体分析。"代理人丧失行为能力"应当解释为包括两种情况:其一,完全丧失民事行为能力;其二,丧失了相应的行为能力。代理是代理实施法律行为,限制行为能力人,对代理事项有意思能力,即不具有"限制的原因",则代理并不终止。即是说,限制行为能力人仍可为适格的代理人。

4. 代理人或者被代理人死亡

（1）死亡，包括自然死亡和宣告死亡。代理人死亡，无从实施代理行为，委托代理终止。代理权是一种"资格权"，是一种权限，不是财产权，不能继承，故代理人死亡，代理权随之消灭。

（2）代理的效果归于被代理人，被代理人死亡，委托代理终止，但有例外（见下述"被代理人死亡，代理行为仍然有效的情形"）。

5. 作为代理人或者被代理人的法人、非法人组织终止

作为代理人的法人、非法人组织终止，无从实施代理行为，委托代理终止。

代理的效果归于被代理人，作为被代理人的法人、非法人组织终止，委托代理终止。

（二）被代理人死亡，代理行为仍然有效的情形

代理的效果归于被代理人，被代理人死亡，委托代理终止，但有例外。《民法总则》第174条规定："被代理人死亡后，有下列情形之一的，委托代理人实施的代理行为有效：（一）代理人不知道并且不应当知道被代理人死亡；（二）被代理人的继承人予以承认；（三）授权中明确代理权在代理事务完成时终止；（四）被代理人死亡前已经实施，为了被代理人的继承人的利益继续代理。作为被代理人的法人、非法人组织终止的，参照适用前款规定。"

（1）代理人不知道并且不应当知道被代理人死亡。

为保护代理人，也为保护善意相对人，规定代理人不知道并且不应当知道被代理人死亡而继续实施代理行为的，代理行为有效。若认定代理终止，则陷代理人于无权代理的境地，同时也可能使善意相对人遭受损失。

◎ 被代理人死亡，代理人签订的合同，由继承人承受

张甲（买受人）委托代理人李乙去沿海地区购买一批海鲜，出具了授权委托书。李乙在路途中，张甲暴病死亡，张甲的继承人不知张甲委托李乙购货之事，未通知李乙，李乙按原计划以张甲的名义与丙公司（出卖人）签订了海鲜的买卖合同，丙公司按合同组织了货源。合同效力如何？

解：李乙的代理行为和海鲜买卖合同的效力均不受影响。张甲在海鲜买卖合同中的权利义务由其继承人承受。即是说，代理的后果由继承人承受。

代理人知道或者应当知道被代理人死亡，而继续代理的，为无权代理。被代理人的继承人予以承认，是对无权代理的追认。追认后，由继承人承受代理行为产生的权利义务。

◎ 以"死人"名义签订的合同效力

张甲授权李乙出售自己的一辆电动收割机，出具了授权委托书。张甲死亡后，李乙以张甲的名义以10万元的价格与王丙签订了该收割机的买卖合同。后王丙拿着合同书持款到张甲家中取货，张甲的继承人张丁说："《物权法》第29条规定'因继承或者受遗赠取得物权的，自继承或者受遗赠开始时发生效力'。据此，我已经取得收割机的所有权，在我取得所有权之后，李乙以'死人'名义签订的买卖合同为无权处分，合同无效。"

解：①如果李乙对张甲之死"不知或不应知"，则李乙以"死人"名义签订的买卖合同有效，由张丁承受买卖合同出卖人的权利义务。②如果李乙对张甲之死"知或应知"，则李乙以"死人"名义签订的买卖合同效力待定，张丁追认则转化为有效，不追认则转化为无效，买受人王丙的损失由李乙承担（本

案与无权处分不同)。

(2) 委托人在授权中明确代理权在代理事务完成时终止，自当维护其意思表示的效力。

◎ 明确"代理权期满终止"与明确"代理权在代理事务完成时终止"的不同效果

(1) 张甲与李乙订立了一个有偿委托合同，在合同中明确李乙代理张甲向王丙收款的时间是8月1日至31日。至8月20日，款没有收上来，张甲因车祸死亡。张甲的儿子张丁继承了这笔债权，要求李乙终止代理，李乙说："我的代理权尚未期满，我要继续完成委托事务。"

解："期满终止"，是代理权持续在一个"时间段"上的体现。《合同法》第411条规定："委托人或者受托人死亡、丧失民事行为能力或者破产的，委托合同终止，但当事人另有约定或者根据委托事务的性质不宜终止的除外。"张甲死亡，其与李乙的合同自动终止，李乙的代理权也自动终止。

(2) 张A与李B订立了一个有偿委托合同，在合同中明确李B代理张A向王C收款，代理事项完成后代理权终止。款没有收上来，张A因车祸而亡。张A的儿子张D继承了这笔债权，要求李B终止代理，李B说："我的代理事务尚未完成，我仍享有代理权。"张D要其停止代理，李B不听。

解：因事先有"代理事项完成后代理权终止"的约定，李B的代理权不因张A的死亡而终止。张D继承了张A的债权，同时承受了有偿委托合同的债权、债务。即张D与李B是委托合同的双方。《合同法》第410条规定："委托人或者受托人可以随时解除委托合同。因解除合同给对方造成损失的，除不可归责于该当事人的事由以外，应当赔偿损失。"张D要李B停止代理，应解释为解除委托合同和代理权的意思表示，李B的代理权因此而丧失。

（3）被代理人死亡前已经实施，为了被代理人的继承人的利益继续实施代理行为的，代理行为有效。这样规定，重点是保护被代理人的利益，同时也是为防止代理人陷于无权代理的境地。比如，张甲生前曾委托李乙代理向王丙催还借款，张甲死亡后，债权由其子张丁继承。李乙知道张甲死亡仍然向王丙催款两次，应认为张丁的债权发生了两次中断。

（4）死亡，是自然人民事主体资格消灭的事由；终止，是法人、非法人组织民事主体资格消灭的事由。二者有相似之处，故允许被代理人的法人、非法人组织终止时，参照自然人的相关规定。例如，甲公司委托李乙处理某项合同事务，甲公司注销登记后，李乙为了甲公司股东的利益，继续处理该项合同事务，其实施的代理行为有效。

二、法定代理的终止

（一）终止的原因

《民法总则》第175条规定："有下列情形之一的，法定代理终止：（一）被代理人取得或者恢复完全民事行为能力；（二）代理人丧失民事行为能力；（三）代理人或者被代理人死亡；（四）法律规定的其他情形。"上述规定，与监护关系终止的原因基本重合。[1]

---

[1]《民法总则》第39条规定："有下列情形之一的，监护关系终止：（一）被监护人取得或者恢复完全民事行为能力；（二）监护人丧失监护能力；（三）被监护人或者监护人死亡；（四）人民法院认定监护关系终止的其他情形。监护关系终止后，被监护人仍然需要监护的，应当依法另行确定监护人。"

1. 被代理人取得或者恢复完全民事行为能力

法定代理的资格,并非基于某一具体的代理事项,而是基于对无行为能力人、限制行为能力人的监护。监护人是法定代理人,被监护人(被代理人)取得或者恢复完全民事行为能力,则监护人失去资格,法定代理终止。

2. 代理人丧失民事行为能力

代理人丧失民事行为能力,则丧失监护人的资格,也丧失了代理能力。因为无行为能力人和限制行为能力人都不能作为监护人,故代理人变成无行为能力人固然代理终止,变成限制行为能力人代理也终止。

3. 代理人或者被代理人死亡

死亡,包括自然死亡和宣告死亡。代理人或者被代理人死亡,监护关系终止,法定代理随之终止。

4. 法律规定的其他情形

法律规定的其他情形导致终止,如依据《民法总则》第36条,撤销了某人的监护资格,法定代理随之终止。

(二)终止的效果

出现法定代理终止的原因(事由),法定代理自动终止。

法定代理人没有实施代理法律行为时,没有法定代理关系,法定代理的终止,只是监护人法定代理资格的终止。

实施代理行为的过程中,法定代理终止,是法定代理法律关系的终止。被代理人成为完全行为能力人的,由其自己独立实施法律行为。有新的监护人的,由其充当法定代理人,继续完成代理事务。

第七部分 民事责任

专题二十八 民事义务与民事责任

引言

民事义务与民事责任有密切的联系。民事责任是违反义务的结果,民事责任也是一项义务。《民法总则》专章(第八章)规定了民事责任,对义务的规定则散见在有关条文之中。

民事义务与民事责任的区分,要看适用的场合。有时所说的民事责任,其实不是责任,就是一般的义务。

完成民事义务须借助义务人的行为和不行为;民事责任可以由责任人主动履行,也可以由公权力机关追究。比如,对合同违约金,责任人可以主动给付,违约人不主动给付的,法院可以强制执行。

民事义务与民事责任都存在于法律关系之中,没有脱离法律关系的义务和责任。

一、民事义务

(一)民事义务的概念

民事义务,是义务主体为满足权利主体的利益,应为一定行为或不为一定行为的拘束力。"民事主体依照法律规定和当事人约定，履行民事义务，承担民事责任"（民总176条）。

（二）法定义务与意定义务

法定义务是法律直接规定的民事义务。如赡养老人、抚养未成年人的义务，不欺不诈的义务等。

意定义务是通过意思表示确定的义务。意定义务包括一方设定的义务和当事人约定的义务。一方设定的义务是由当事人单方法律行为设定的义务；约定的义务是由双方、多方法律行为设定的义务。

一方设定的义务，是为自己设定的义务，如捐助义务（捐助不是赠与）。约定义务，是当事人协商一致规定的义务，如赠与义务。

可以单方为自己设定义务，不能单方为自己设定权利。

（三）积极义务与消极义务

一般认为，积极义务是指以作为为行为内容的义务，消极义务是指以不作为为行为内容的义务。笔者认为，上述观点只能用于对相对法律关系中义务的解释。相对法律关系的客体（标的），是给付行为，该行为包括作为和不作为。而绝对法律关系中的义务，是不行为，即不得实施侵犯、妨碍行为。[1]

相对法律关系中的作为义务，如医生抢救病人是作为义务，消极义务如当事人特约不针对某项业务进行竞争的义务。

（四）基本义务与附随义务

基本义务是决定法律关系类型的义务。比如双方当事人在合同中约定：出卖人以转移所有权为目的交付标的物，并取得相应价款。这就决定了双方订立的是买卖合同。附随义务，是附随于基本义务的义务，这种义务可能当事人并未约定，但依

---

[1] 参见隋彭生："绝对法律关系初论"，载《法学家》2011年第1期。

照诚实信用原则这种义务仍可以产生。如《合同法》第 60 条第 2 款规定："当事人应当遵循诚实信用原则，根据合同的性质、目的和交易习惯履行通知、协助、保密等义务。"上述"通知、协助、保密"等义务就是附随义务。

问： 张甲卖给李乙一套二手房屋，办完房屋登记过户手续之后，出卖人张甲拒不办理户口迁移手续，以致李乙的户口不能迁进来。合同对迁出户口没有约定，张甲有无迁出户口的义务？若有该项义务，属于什么性质的义务？

答： 当事人虽然对出卖人迁出户口没有约定，但按交易习惯张甲仍负担此项义务。该义务不是主给付义务，也不是附随义务，是从给付义务。虽然户口登记是行政行为，但出卖人的此项义务仍为民事义务。

为防止争议，当事人在签订房屋买卖合同的时候，可就此项义务进行约定，也可以就此约定违约金。

二、民事责任

（一）民事责任的概念、特征

1. 民事责任的概念

民事责任，是义务人不履行法定或约定民事义务所应当承担的法律后果。简言之，责任是违反义务的法律后果。

责任都处在相对法律关系之中。比如，违约责任、侵权责任等都是相对法律关系中的责任。绝对法律关系中义务人承担"不侵犯"的义务，这种义务不称为责任。

责任作为违反法律义务的后果，是一种给付义务。如违约人的责任是支付违约金、赔偿金等，再如侵权人的责任是支付赔偿金等。

问：停止侵害，是相对法律关系中的给付义务吗？

答：是。举两例说明：①甲侵害了乙的著作权，乙起诉，法院判决甲停止侵害。甲停止侵害的责任，是相对法律关系中的责任，也是对甲的以不作为方式实现的给付义务。②丙的房屋所有权是绝对法律关系中的绝对权，丙是权利人，任何人都负担不侵犯的义务，都是义务人，这时谈不上停止侵害。丁违章盖了一堵高墙，影响了丙的采光，在丙、丁之间成立侵权责任法律关系（相对法律关系），此时才发生停止侵害的问题。

2. 民事责任的特征

（1）责任与义务有时也混用，责任也是一种义务。在严格意义上，责任和义务并不等同，责任是违反义务的后果。比如，侵权责任是违反义务的后果，但它本身也是一种义务。

问：民间借贷的借款人应当支付的期内利息与逾期利息是义务还是责任？

答：①期内利息与逾期利息都是借款人的给付义务，即都是义务，但在严格意义上，期内利息不具有责任的性质，支付逾期利息本身是义务，但是是违反前一义务的后果，也是责任。逾期利息具有逾期违约金的性质。②一般来说，当事人约定的逾期利率要高于期内利率，即便逾期利率与期内利率相同，它仍具有责任的性质。③因为逾期利息有责任的性质，无息借贷的出借人仍可要求支付逾期利息。

（2）民事责任是公力救济的体现。民事权利的公力救济，是指民事权利的国家保护、公权力的保护。也就是说，当事人不履行义务，国家法律强制其承担责任。比如，债务人不履行合同债务，法院应债权人请求，强制债务人实际履行。

(3) 民事责任的基本性质是财产责任，但也可以是非财产责任。如损害赔偿是财产责任、赔礼道歉是非财产责任。

(二) 民事责任的适用

1. 违约责任与侵权责任的竞合

(1) 违约责任与侵权责任竞合的含义。

违约责任与侵权责任的竞合，是指当事人的违约行为同时又构成侵权行为。当事人实施某一行为，构成多种具有冲突性的责任形式的现象，称为责任竞合。"因当事人一方的违约行为，损害对方人身权益、财产权益的，受损害方有权选择请求其承担违约责任或者侵权责任"（民总186条）。

(2) 违约责任与侵权责任竞合的条件和表现。

首先，违约责任与侵权责任竞合，当事人之间必须有合同关系存在。

很明显，没有合同关系存在，就无从产生违约责任。没有违约责任，也就不会发生竞合的问题。除此之外，还要有侵权的事实和后果。合同中的侵权可以是对财产的侵犯，也可以是对人身的侵犯。侵权的事实常发生于买卖、建设工程承包、加工承揽、货物运输、租赁等合同关系中。如在买卖合同中，货物不符合国家规定和合同约定的要求，存在质量瑕疵和不合理危险，给买方的财产造成损害；在建设工程承包合同中，工程质量低劣，给发包方的财产造成损害；在货物运输合同中，由于货物灭失、短少给托运人造成的损害；在租赁合同中，由于租赁物的毁损，给出租人造成的损害等。

其次，违约责任与侵权责任的竞合，当事人一般有过错。

在合同关系中，成立侵权责任一般需要过错这个主观要件。在竞合的情况下，违约责任的过错与侵权责任的过错是同一的。不过在举证责任方面并不相同。

再次，违约责任与侵权责任的竞合，表现为受损害人请求权的竞合。

同一法律事实符合两种法律构成要件，就必然同时产生两种请求权。受害人可以根据维护自己利益的需要，选择最有利于自己的方式请求侵害人承担责任。如受损害人可以违约为由请求赔偿，也可以侵权为由请求赔偿，但受损害人不得就同一损害双重请求。

最后，违约责任与侵权责任的竞合，要求有损害结果。

就违约与侵权的结果来看，两者要求不同。构成违约责任，不一定要求损害结果；构成侵权责任，则要求损害结果。在两者发生竞合的情况下，则必然存在损害结果。

◎ 违约责任与侵权责任的竞合，权利人可择一行使权利

甲卖给乙一头白骆驼，约定乙3天后上门取货。3天后乙上门说，骆驼棚还没有盖好，请甲保管一周，甲同意。一周后乙来牵骆驼，甲说已经卖给第三人丙（已经交付）。

解：（1）甲不是一物双卖，一物双卖是一物成立两个买卖合同时，出卖人尚有所有权，出卖人不属于无权处分。本案是在占有改定的情况下，占有人甲将乙享有所有权的标的物出卖给第三人。

（2）若第三人丙尚未善意取得，在实体法上乙有权请求甲回复占有（通常称为请求返还原物），甲还可以请求第三人丙返还原物，以完成对乙的返还义务。甲对乙返还原物的责任，是违约责任（违反保管合同）和侵权责任（侵犯所有权）的竞合。乙应择一行使权利。顺便指出，在实务上，乙单起诉甲请求返还原物是不能强制执行的，不如直接起诉第三人丙，请求回复占有（返还原物）。第三人是无权占有，乙享有本权（所有

权)。所有权具有对世性,乙起诉丙没有问题。

(3)若第三人丙善意取得了标的物,甲的赔偿责任,是违约责任与侵权责任的竞合。

2. 责任竞合与责任聚合的区别

(1)责任竞合是同一行为构成的多种责任,责任之间具有冲突性,责任人承担责任形式,须由权利人作出选择,不得重复请求;责任聚合的多种责任之间,不发生冲突,责任人对多种责任均须承担,权利人可以一并提起诉讼,也可以分别提起诉讼。

(2)责任竞合是由同一行为造成的;责任聚合可以是同一行为造成的,也可以是不同行为造成的。比如,爆炸行为侵害了他人人身权利和财产权利,造成责任的聚合。再如,甲偷盗乙一匹马后,又租给他人拉雪橇赚了一笔钱,偷盗是侵夺占有的行为,租给他人是用益侵权行为,甲为两个侵权责任的聚合,也是(第一个)侵权责任与不当得利的聚合,租给他人赚钱,是侵权责任与不当得益的竞合。

◎ 出售的商品致人伤害,是侵权责任与违约责任竞合吗

张甲花3500元购买了乙超市出售的热水器,半年之后,热水器爆炸,炸伤了张甲。

解:乙超市构成加害给付。乙超市交付瑕疵产品,在热水器没有爆炸时,侵害了张甲的合同债权(合同利益),构成违约责任,热水器爆炸是瑕疵产品交付之后的第二个法律事实,侵害的是张甲的健康权。本案有两个法律关系,一个是违约责任法律关系,一个是侵权责任法律关系。张甲既可以要求乙超市退回3500元价款,还可以要求其赔偿人身损害。

问:实务中如何区分竞合与聚合?

答：①两个以上责任择一主张，还有权利不能实现，则应为聚合。②竞合制度是为防止重复请求的，如果未重复请求，则可能是聚合。

3. 民事责任的优先适用

"民事主体因同一行为应当承担民事责任、行政责任和刑事责任的，承担行政责任或者刑事责任不影响承担民事责任；民事主体的财产不足以支付的，优先用于承担民事责任"（民总187条）。民事责任、行政责任和刑事责任是不同性质的责任，同一行为（如侵权行为）构成两种以上不同性质责任的，属于责任聚合。责任聚合，责任的承担不发生冲突，当事人可以同时承担民事责任、行政责任和刑事责任。民事责任的优先适用，并不是免除其他责任。例如，甲公司违反《食品安全法》，构成民事赔偿责任、行政罚款责任和刑法上的罚金责任，其财产可以支付民事赔偿责任和部分行政罚款，其行政罚款责任和罚金责任并不免除。

（三）民事责任的类型

1. 合同责任、侵权责任与其他责任

（1）合同责任。

合同责任是违反合同约定义务的法律后果。严格意义上的合同责任是违约责任。广义的合同责任还包括缔约责任。缔约责任，本质上是缔约阶段的侵权责任。

违约责任，可以是意定之债（如约定违约金），也可以是法定之债（如赔偿金）。

问：《合同法》第153条规定："出卖人应当按照约定的质量要求交付标的物。出卖人提供有关标的物质量说明的，交付的标的物应当符合该说明的质量要求。"买卖合同出卖人对买受人的品质瑕疵担保责任,是合同责任吗?

答:所谓品质瑕疵或质量瑕疵担保责任,实际不是合同责任,只是合同义务。出卖人交付的标的物不符合质量要求(违反合同),才构成合同责任(违约责任)。就像出卖人承诺交付10吨货物,这是合同义务,到期不交付或者交付不足(违反合同),才构成合同责任(违约责任)。

(2)侵权责任。

侵权责任是侵犯他人法定权利(物权、人身权、股权、知识产权等)的法律后果。侵权之债,是侵权责任之债,是法定之债。

(3)其他责任。

其他责任是合同责任、侵权责任以外的第三种责任,比如,不当得利责任、无因管理人返还财产的责任、公司高管承担的对归入权人的责任等。

2. 财产责任与非财产责任

财产责任,是责任人以财产给付为内容的民事责任。财产责任的承担,一般是为了弥补受害人的财产损害或给予人身损害以适当补偿,但是财产责任也可以有惩罚性。如《消费者权益保护法》第55条第1款规定的"三倍赔偿",作为一种财产责任,是惩罚性的财产责任。[1]

非财产责任,是责任人不以财产给付为内容的民事责任。如在报纸上发布公告,为受害人消除影响、恢复名誉,向其赔礼道歉等,虽然有所花费,但并不是对受害人为财产上的给付。民事责任主要是财产责任,但也可以是非财产责任。

---

[1]《消费者权益保护法》第55条第1款规定:"经营者提供商品或者服务有欺诈行为的,应当按照消费者的要求增加赔偿其受到的损失,增加赔偿的金额为消费者购买商品的价款或者接受服务的费用的三倍;增加赔偿的金额不足五百元的,为五百元。法律另有规定的,依照其规定。"

3. 无限责任与有限责任

无限责任与有限责任都是财产责任。无限责任，是指债务人以其全部财产（现有财产和将来财产）对债权人负清偿的责任。也就是说，债务人的所有财产都作为责任财产的，为无限责任。

问：你所说的"有限债务，无限责任"是什么意思？

答：张某向李某借款10万元，债务是"有限"的。张某的所有财产都是责任财产，张某对这10万元的偿还，承担的是无限责任。这就是所谓"有限债务，无限责任"。

有限责任，是指债务人仅以特定的财产，对债权人负清偿的责任。也就是说，债务人的特定财产作为责任财产的，为有限责任。

问：张某向银行借款50万元，由李某、王某二人提供担保。李某提供了以汽车为标的物的抵押担保，王某向银行交付了担保函。二人的担保责任，是有限责任，还是无限责任？

答：李某承担的是有限责任，具体来说，承担的是物上有限责任，即以特定的物作为责任财产；王某提供的是保证担保，承担的是无限责任，以其所有财产作为责任财产。

无限责任，偏重于保护交易安全。有限责任鼓励人们进入市场，参加民事活动。

4. 单独责任与共同责任

单独责任是一个义务人单独承担的责任。共同责任是两个以上的义务人共同承担的责任。例如，张某辱骂李某，致使李某精神失常，因只有一个侵权人，一个责任人，故为单独责任。再如，王某和周某同时各开一枪致乔某某受伤，乔某某身中一弹，不知是王某发射的还是周某发射的，但王某和周某共同实施了侵权行为，应当承担连带责任。连带责任有两个以上的主体，是共同责任的一种。

5. 按份责任与连带责任

按份责任与连带责任是对共同责任的区分。

（1）按份责任。

按份责任，又称为分割责任，是共同责任人按照法律的规定或者合同的约定各自承担一定份额的民事责任。对于按份责任，债权人只能按照份额向债务人主张权利。"二人以上依法承担按份责任，能够确定责任大小的，各自承担相应的责任；难以确定责任大小的，平均承担责任"（民总177条）。

按份责任包括法定按份责任和约定按份责任。前者，如《侵权责任法》第12条就"无意思联络的数人侵权的按份责任"规定："二人以上分别实施侵权行为造成同一损害，能够确定责任大小的，各自承担相应的责任；难以确定责任大小的，平均承担赔偿责任。"后者，如张甲与李乙共同买一物，二人与出卖人约定，各人承担50%货款的责任（如果没有这种约定，则二人就全部货款承担连带责任）。

（2）连带责任。

连带责任，是共同责任人对全部债务的承担具有连带关系的责任。"二人以上依法承担连带责任的，权利人有权请求部分或者全部连带责任人承担责任。连带责任人的责任份额根据各自责任大小确定；难以确定责任大小的，平均承担责任。实际承担责任超过自己责任份额的连带责任人，有权向其他连带责任人追偿。连带责任，由法律规定或者当事人约定"（民总178条）。

首先，连带，是责任人对外的责任、对权利人的责任。

其次，连带责任人内部的责任份额，根据每个人的责任大小确定，对于过错侵权来说，是按过错大小和对损害的原因力来确定责任份额。内部的责任大小难以确定的，平均承担责任份额。

再次，连带责任人向权利人清偿超过自己的责任份额的，可以向其他责任人追偿。

最后，连带责任区分为法定连带责任和约定连带责任。前者，如共同加害行为的连带责任等。后者，如连带保证责任等。

问：共同赠与、共同受赠；共同出卖、共同购买；共同委托、共同受托；共同定作、共同承揽；共同出租、共同承租；共同贷款、共同借款。这些构成连带债权或连带债务吗？

答：构成。

6. 过错责任、无过错责任、公平责任

过错责任，是指因过错行为导致他人损害应当承担的责任。过错责任的成立，不仅要求有造成他人损害的行为，还要求行为人主观上有过错。对于过错责任，过错是构成责任的前提条件。如一般侵权行为，以行为人有过错为前提条件。

无过错责任，是指当事人的行为致使他人受到损害，即使没有过错，也应当承担责任。无过错责任的构成，不以当事人的过错为前提条件。

公平责任，是当事人均无过错，但依法要对损害分担损失的责任。

(四) 承担民事责任的主要方式

《民法总则》第179条规定："承担民事责任的方式主要有：(一) 停止侵害；(二) 排除妨碍；(三) 消除危险；(四) 返还财产；(五) 恢复原状；(六) 修理、重作、更换；(七) 继续履行；(八) 赔偿损失；(九) 支付违约金；(十) 消除影响、恢复名誉；(十一) 赔礼道歉。法律规定惩罚性赔偿的，依照其规定。本条规定的承担民事责任的方式,可以单独适用,也可以合并适用。"具体适用哪种民事责任,一是要看当事人的请求,二是要看损害他人民事权益行为的性质。法律承认惩罚性赔偿的责任,但不允许当事人重复承担责任。比如,对同一违约损害造成的 10 万元损失,不能令违约人既承担 1 万元的违约金,又承担 10 万元的赔偿金。

(五)侵害英烈法益的民事责任

"侵害英雄烈士等的姓名、肖像、名誉、荣誉,损害社会公共利益的,应当承担民事责任"(民总 185 条)。法益是法律保护的利益,对英烈法益的侵害,可以构成侵权责任。英雄烈士等死者的姓名、肖像、名誉、荣誉等作为一种可以流传的信息,存在于人们的精神世界,可以成为近亲属的精神利益、人格利益;而英雄烈士等姓名、肖像、名誉、荣誉也为社会公共利益的一部分内容,故法律予以保护。

侵害英烈法益,成立的民事责任主要包括:停止侵害;消除影响、恢复名誉;赔礼道歉;精神损害赔偿。[1]

专题二十九　不可抗力与正当事由

引言

不可抗力是一种免责事由,正当事由是违法阻却事由。前

---

[1]《最高人民法院关于确定民事侵权精神损害赔偿责任若干问题的解释》第 3 条规定:"自然人死亡后,其近亲属因下列侵权行为遭受精神痛苦,向人民法院起诉请求赔偿精神损害的,人民法院应当依法予以受理:(一)以侮辱、诽谤、贬损、丑化或者违反社会公共利益、社会公德的其他方式,侵害死者姓名、肖像、名誉、荣誉;(二)非法披露、利用死者隐私,或者以违反社会公共利益、社会公德的其他方式侵害死者隐私;(三)非法利用、损害遗体、遗骨,或者以违反社会公共利益、社会公德的其他方式侵害遗体、遗骨。"

者是一种客观事件，后者专指人的行为。

一、不可抗力

（一）《民法总则》《合同法》《侵权责任法》的规定

《民法总则》第 180 条规定："因不可抗力不能履行民事义务的，不承担民事责任。法律另有规定的，依照其规定。不可抗力是指不能预见、不能避免且不能克服的客观情况。"《合同法》第 117 条规定："因不可抗力不能履行合同的，根据不可抗力的影响，部分或者全部免除责任，但法律另有规定的除外。当事人迟延履行后发生不可抗力的，不能免除责任。本法所称不可抗力，是指不能预见、不能避免并不能克服的客观情况。"第 118 条规定："当事人一方因不可抗力不能履行合同的，应当及时通知对方，以减轻可能给对方造成的损失，并应当在合理期限内提供证明。"《侵权责任法》第 29 条规定："因不可抗力造成他人损害的，不承担责任。法律另有规定的，依照其规定。"

《民法总则》及《合同法》的规定，相对法律关系的民事义务在先发生，之后发生不可抗力致使义务不能履行或不能如期履行义务的，义务人不承担民事责任。《侵权责任法》规定，造成他人损害的，不可抗力阻止民事责任的发生（成立），即阻止侵权责任法律关系（亦是相对法律关系）的发生（成立）。因不抗力致使侵权责任不成立，当事人之间事先并不存在相对法律关系中的义务，也不发生通知义务。

（二）不可抗力的成立要件

1. 不可抗力是当事人不能预见的事件

当事人订立合同时或因不可抗力事件对他人造成危害时，对不可抗力事件不能预见，这是构成不可抗力的主观要件。不能预见要求当事人在尽了善良人的注意义务的基础上，按通常的标准去衡量。只有尽到了应有的注意义务而仍不能预见，才能具备不可抗力主观要件。如果当事人能够预见，而由于疏忽大意或其他原因没有预见，则不能构成不可抗力。

2. 不可抗力是当事人不能控制的事件

除了不可预见以外，不可抗力还必须是当事人不能避免并且不能克服的阻碍合同履行的事件，也就是说，当事人对事件的发生和结果，不能进行人为的控制。事件的发生，不为当事人的意志所左右。如果事件的发生能够避免或者虽然不能避免但能克服，那么，就不存在履行义务的不可克服的障碍了。比如，甲方为乙方运送货物，道路被洪水冲毁，甲方应当改换运输路线或改变运输方式，一般不能以不可抗力为由，要求免除履行义务。因为，甲方可以克服洪水冲垮道路带来的履行障碍。

3. 不可抗力是独立于当事人意志和行为以外的事件

当事人可以约定不可抗力的范围，但不可抗力本身是当事人意志和行为以外的客观事件，或者说，不可抗力具有客观性、外在性。不可抗力作为一种事件，包括自然灾害和社会原因引起的事件。

问：不可抗力与意外事件的区别是什么？

答：不可抗力与意外事件都是客观事件。①构成不可抗力须"三不能"；只要有不可预见一条，就可构成意外事件。②不可抗力通常是法定免责事由；意外事件不是免责事由，除非法律有特别规定。

问：某水库管理站开闸泄洪，河道涨水，淹了某施工公司的工地，施工公司以事先未通知自己为由，提出索赔。水库管理站表示开闸泄洪是为防灾，来不及通知，以不可抗力为由要求免责。施工公司主要从什么角度驳斥水库管理站？

答：开闸泄洪，是因为雨水过大，超过了水库的容量。雨水过大一般不构成不可抗力，因为有天气预报（能够预见）。

(三) 不可抗力事件的范围

不可抗力事件的范围，包括自然灾害和社会事件。自然灾害有火灾、水灾、旱灾、风灾、地震等。自然灾害可以构成不可抗力事件，各国法律均予以认同。

作为不可抗力的社会事件，不一定是具有普遍影响的社会事件（如骚乱、罢工等），也可能仅对义务人一人有影响。

问：一教师应某培训公司之邀去讲课，半路被抢劫人打伤被路人送到医院抢救，该教师得因不可抗力而免除培训合同的违约责任吗？抢劫不是第三人的行为吗？

答：第三人的行为可以构成不可抗力。第三人的行为独立于受害教师的思想、意识、意思表示，因而是事件。教师因不可抗力而免除培训合同的违约责任，但是不能请求讲课报酬，报酬是对价。

构成不可抗力的事件繁多，法律对不可抗力的范围难以列举。当事人可以在合同中订立不可抗力条款，将法律对不可抗力的规定具体化。当事人没有在合同中规定不可抗力条款或者当事人之间没有合同的，法院仍可根据事实认定不可抗力的存在。

(四) 不可抗力与免责

不可抗力之"免责"，是一种习惯的说法，"免责"实质上是指"不构成责任"，而不是指构成责任后予以免除。

1. 不可抗力与违约责任

合同法理论中的不可抗力是与合同履行密切相关的。如果事件的发生与合同的履行无关，就无所谓不可抗力。由于不可抗力阻碍了合同履行，故义务人不承担违约责任，另有规定的除外。

不可抗力对合同履行的阻碍有三种情况。其一，导致合同全部不能履行；其二，导致合同部分不能履行；其三，导致合同不能如期履行。不可抗力作为一种外来事件，对合同的履行效力发生了直接影响。

◎ 当事人迟延履行后发生不可抗力的，不能免责

甲与乙签订买卖煤炭的合同，约定出卖人乙9月底前发货。乙到期没有发货，甲要求乙继续履行合同，乙承诺10月底前发货并做了履行准备，不料10月中旬乙储藏煤炭的露天仓库起火，以至10月底前无法发货。甲起诉乙，要求乙继续履行合同并承担违约责任。乙以遭受不可抗力未由请求免责。经查，乙储藏煤炭的露天仓库起火，构成不可抗力。

解：当事人迟延履行后发生不可抗力的，不能免除违约责任。甲第一次要求乙继续履行合同，乙承诺10月底前发货，不构成合同履行期限的变更。乙陷入迟延后遭遇不可抗力，风险只能由自己承担，是自己违约的后果。煤炭是种类物，乙可以另行准备煤炭发货，对甲继续履行的要求，应当予以支持。乙还应当就迟延履行承担违约责任。

律师在设计催促相对人履行的通知时，"意思要明确，口气要坚决"，不要让人把"通知函"，误会成"协商函"。顺便提一句，向相对人发出的解除合同的通知，更须"意思要明确、口气要坚决"，使得没有理解为"协商函"、解除合同的"要约"的余地。

2. 不可抗力与侵权责任

就侵权责任法来说，不可抗力是阻止侵权责任发生（成立）的客观情况。我们通常所说的违法阻却事由，是指当事人的行

为（正当防卫、紧急避险、无因管理、紧急救助等行为）。广义上，不可抗力也是违法阻却事由。不可抗力不是绝对免责，例如有些无过错侵权责任，即使由不可抗力引起，当事人仍要承担责任。

二、正当事由

正当事由，也称为违法阻却事由，是人的行为造成他人损害而不构成侵权责任的事由。

民事权利的自力救济（也称为私力救济），是指民事主体的自我保护行为或为第三人利益的保护行为。自力救济行为属于正当事由。

正当事由是人的行为，包括正当防卫、紧急避险、见义勇为、紧急救助行为、自助行为和受害人同意。

（一）正当防卫

正当防卫是为了使国家、公共利益、本人或者他人的人身、财产和其他权利免受正在进行的不法侵害，而采取的制止不法侵害的行为。"不法侵害"，包括构成犯罪行为的不法侵害和尚未构成犯罪的不法侵害。"因正当防卫造成损害的，不承担民事责任。正当防卫超过必要的限度，造成不应有的损害的，正当防卫人应当承担适当的民事责任"（民总181条）。

（1）正当防卫，是排除犯罪、排除侵权的正当、合法行为。双方互相殴打，是互为侵权行为，不得主张正当防卫。

（2）无行为能力人、限制行为能力人亦可实施正当防卫行为。同样，无行为能力人、限制行为能力人实施"不法侵害"的，对其不法侵害也可进行正当防卫。比如，精神病人挥刀乱砍，对其可以正当防卫。

（3）要注意正当防卫的时间条件。事先防卫和事后防卫都不是正当防卫。

问：李某和周某在持刀抢劫女出租车司机后拔掉汽车钥匙仓皇逃跑，女出租车司机用备用的钥匙发动汽车将逃出二三十米的歹徒撞残，二歹徒要求民事赔偿。是否属于事后防卫？

答：逃跑是侵权行为的延续，女司机的防卫适时，不属于事后防卫。很多人认为歹徒的侵害行为已经结束，这是不正确的。

（4）正当防卫，限于客观上的必要。超过必要限度的，为防卫过当。要考虑防卫工具（强壮的男子对偷盗的妇女是否要使用西瓜刀）、防卫强度（如是否要把偷盗的人打死）、防卫的缓急（没有选择的机会）及防卫保护的权益性质（人身权益要着重保护）等。

问：正当防卫行为能否与无因管理等行为竞合？

答：可以发生竞合。例如，吴某正被歹徒持刀劫持，刘某路过，拾一板砖击向歹徒，歹徒是罕见的"蛋壳脑袋"（特殊体质），一命呜呼。刘某的行为是正当防卫行为，也是无因管理行为（紧急管理），当然也是见义勇为行为，但不是紧急避险的行为。因为，紧急避险是以损害较小的法益保护较大的法益。刘某的行为并非是两个法益之间的选择行为。

（二）紧急避险

紧急避险是为了公共利益、本人或者他人的人身或财产避免正在发生的危险，不得已采取的损害他人利益的行为。紧急避险行为，体现了两个主体法益的冲突，是以对他人的较小损害避免自己较大损害的行为。行为人以牺牲他人之同等价值的法益为代价来保护自己的利益，不是紧急避险。紧急避险人可能是受益人，也可能不是受益人。

紧急避险是两个主体的法益的碰撞。例如：张某被巨石压住了腿，为了保住生命，他抽刀断腿。尽管有利益的权衡和取舍，但不构成紧急避险。

"因紧急避险造成损害的，由引起险情发生的人承担民事责任。危险由自然原因引起的，紧急避险人不承担民事责任，可以给予适当补偿。紧急避险采取措施不当或者超过必要的限度，造成不应有的损害的，紧急避险人应当承担适当的民事责任"（民总182条）。引起险情的人，对损害承担责任，这种归责自然是合理的、正当的。如果危险是由于自然原因引起的，紧急避险人并非受益人，则其不承担责任；若紧急避险人兼为受益人，则应当对受损人给予适当的补偿。不当紧急避险人，构成侵权责任，应当对"不应有的损失"承担责任。

紧急避险与正当防卫有明显区别：

（1）二者都是合法行为（违法阻却事由）。

（2）都是为了公共利益、本人或者他人的利益免遭损害或者侵害。

（3）都是针对正在发生的危害。

（4）正当防卫针对人的非法侵害，而紧急避险的险情，可能是自然原因引起，也可能是人的原因引起。

（5）两者都要求不能超过必要的限度，但是正当防卫造成非法行为人的实际损失，可能大于侵害可能造成的损失；紧急避险造成的损失，必须小于险情造成的损失。紧急避险是"舍小保大"的行为。

（6）紧急避险有两个法益的冲突，而正当防卫没有法益之冲突。故而，对紧急避险可以紧急避险，对正当防卫不能正当防卫。对紧急避险进行紧急避险可使损失降到最小；对正当防卫进行防卫则是对合法行为的打击。

（7）正当防卫造成的损失，防卫人不承担责任；紧急避险造成的损失,避险人如果是受益人的话,则要对受害人给予补偿。

(三) 见义勇为

为保护见义勇为者,《民法总则》第183条规定:"因保护他人民事权益使自己受到损害的,由侵权人承担民事责任,受益人可以给予适当补偿。没有侵权人、侵权人逃逸或者无力承担民事责任,受害人请求补偿的,受益人应当给予适当补偿。"

(1) 见义勇为,是为保护他人的民事权益,此处"民事权益",包括自然人、法人(含国家)和非法人组织的利益。

(2) 见义勇为人经常针对侵权行为,但也可能在发生自然灾害等非人为事故中见义勇为。

(3) 见义勇为人的人身、财产受到损害的,有侵权人的,由侵权人承担民事责任,受益人"可以"给予适当补偿;没有侵权人、侵权人逃逸或者无力承担民事责任,受害人请求补偿的,受益人"应当"给予适当补偿。"补偿"不同于"赔偿","补偿"不是侵权责任。

适当补偿可以是部分补偿,也可以是全部补偿。由法官结合受益人的财产状况进行裁量。补偿不能超过受益人受益范围。

(4) 见义勇为,是为保护他人的民事权益,可以与无因管理、正当防卫、紧急救助行为发生竞合。

第一,见义勇为是未受他人委托而管理他人的事务,可以与无因管理发生竞合。不过,应注意将见义勇为与一般无因管理相区别。见义勇为作为特殊的无因管理属于紧急管理,见义勇为经常发生于公力救济不及之时,为紧急情况下的私力救济。见义勇为的构成要求面临一定的人身、财产危险性,区别于一般的"好人好事",否则就谈不上"勇为"。就我国目前的社会情况看,对危险性不宜作严格解释,应当适当放宽。见义勇为是人格自由的一种积极表现，因而行为主体只限于自然人，法人与其他组织不宜作为见义勇为的主体。而无因管理的管理人并不限于自然人。见义勇为与无因管理都是合法行为，无因管理客观适法与主观适法的规则，当然也可对见义勇为适用。和谐社会是一种人类理想，见义勇为及无因管理都是实现和谐社会的必要法律制度，而两种制度的融合更有利于和谐社会的建设。

第二，为他人的人身、财产和其他权利免受正在进行的不法侵害的见义勇为行为，可与正当防卫发生竞合。

第三，紧急避险是为了避免本人或者他人的人身或财产避免正在发生的危险，见义勇为可以与为他人利益的紧急避险发生竞合。

（四）紧急救助行为

紧急救助行为是违法阻却事由之一种。《民法总则》第184条规定："因自愿实施紧急救助行为造成受助人损害的，救助人不承担民事责任。"

适用上述紧急救助行为免责的规定，一须是"自愿"救助，即救助人并无法定和意定的救助义务。比如，医院与病人之间有医疗合同的存在，医院对病人的救助行为，不属于"自愿"救助行为。二须被救助人处在人身、财产紧急危险状态下。三须救助行为与损害有因果关系。

◎ 即便有过失，也免责

火车上，一老太太突然闭气。火车广播呼唤医生，但没有医生到场。旅客张护士冲上去为老太太做人工呼吸，使老太太脱离危险，但按压老太太胸部时造成其骨折。老太太随行的女儿，要求张护士承担赔偿责任。

解： 张护士不承担责任。如张护士有轻过失（一般过失），亦应免责。《民法总则》没有区分轻过失（一般过失）与重大过失，一律免责，这是不恰当的。

（五）自助行为

自助行为，一般认为是当事人为了保护自己的合法权利，在不能及时请求公力救济的情况下，对于他人的自由和财产加以暂时控制的行为。我国法律没有明确规定自助行为，但法理上都予以承认。

对自助行为的要求是：第一，不及请求公力救济。第二，不得过当。第三，强调"即时即地"。

◎ 行使占有抗辩权的行为

（1）张女士在饭店吃饭未付款便匆匆离去，其手提包挂在椅子背上忘了拿走。张女士回头取包时，饭店扣住不给，说给了饭钱才给包。

解： 饭店扣包，是自助行为，不构成侵权。饭店扣包，不是行使留置权，而是行使占有抗辩权。占有抗辩权是保留对他人之物占有的权利。

（2）李乙在路边停车，被一骑三轮车的老奶奶不小心蹭到车，因老人没钱，李乙强摘老奶奶金耳环赔偿。

解： 李乙不是自助行为，是侵权行为。对已经合法占有的物保留占有，才可成立占有抗辩权。行使占有抗辩权是自助行为的一种表现。

（六）受害人同意

受害人同意，也称为受害人允诺，是指受害人自愿承担他人行为产生的某种损害后果。受害人同意，是"加害人"不构成民事责任的事由。比如，某甲参加正规拳击比赛被某乙击伤，自不得请求赔偿。对药品试验者而言，也是受害人同意的行为。

即使受害人同意，他人的行为也不得违反公序良俗，不得违反法律的强行性规定。比如，"委托杀己"是违法行为，受害人的事先同意，不影响追究行为人的责任。在社会生活中，就侵犯人身权，受害人的同意一般是无效的。[1]

---

[1]《合同法》第53条规定："合同中的下列免责条款无效：（一）造成对方人身伤害的；（二）因故意或者重大过失造成对方财产损失的。"

第八部分 时效、期限及用语解释

专题三十 诉讼时效概述

引言

诉讼时效完成（届满），义务人成立抗辩权。给付之诉，被告律师首先要考虑的，是诉讼时效是否超过。

一、诉讼时效的含义、特征和意义

（一）诉讼时效的含义

1. 时效的含义

时效是因法律的规定而产生的一种时间上的效力。时间是一种事实状态，由于法律的调整，时间具有了法律意义。时效是一种法律事实。法律对时效的规定是强制性规定。

时效分为取得时效与消灭时效（诉讼时效）。在法律的层面上，我国尚无取得时效的规定。

2. 诉讼时效的含义

在立法层面，诉讼时效是权利人在法定期间内不向人民法院或仲裁机关请求保护民事财产权利，就丧失胜诉权的法律制度。丧失胜诉权不等于丧失诉权。在法律关系层面，诉讼时效完成（届满）是使义务人成立诉讼时效抗辩权的法律事实。

诉讼时效中的"时",不是时间点,是时间的长度,可以称为时间段,是可以中断、中止和延长的时间段。

诉讼时效有"诉讼"二字,权利人在诉讼时效届满后提起民事诉讼的,人民法院不予保护。《民法总则》第 198 条规定:"法律对仲裁时效有规定的,依照其规定;没有规定的,适用诉讼时效的规定。"

(二)诉讼时效的特征

1. 诉讼时效的进行和完成是法律事实

(1)诉讼时效的进行(时间的流逝)是一种法律事实;诉讼时效的完成(届满)也是一种法律事实。法律事实包括事件和行为。期限是法律事实中的事件,事件中的状态。

(2)诉讼时效是一种可变期间,"变"的原因包括中止、中断和延长。

(3)诉讼时效完成(届满),并不消灭实体权利,只是消灭胜诉权或者说只是义务人成立诉讼时效抗辩权。例如,张甲对李乙有 1 万元债权,超过诉讼时效后,张甲对李乙的债权并不消灭,只是变成自然之债中的债权,李乙可以诉讼时效抗辩权对抗张甲的请求权。

2. 诉讼时效是对救济法律关系(相对法律关系)的限制

例如,甲对乙违约或者侵权,乙对甲请求赔偿的法律关系是救济法律关系,乙在救济法律关系中的请求权,受诉讼时效的限制。

问:产生救济法律关系的法律事实是什么?

答:产生救济法律关系的法律事实多种多样,择一例略加说明:2017 年 10 月 1 日,甲借给乙 10 万元,约定 2018 年 2 月 1 日以前偿还本、息。借款时间届满,乙未归还或未全部归还(法律事实),则产生救济法律关系,开始计算 3 年的诉讼时效

(2018年2月1日不计入在内)。即救济法律关系中的请求权,受诉讼时效限制。

3. 诉讼时效是对请求权的限制

诉讼时效是对请求权的限制,没有请求权,也就无从适用诉讼时效。诉讼时效是对请求权的限制,但并非所有的请求权都受诉讼时效的限制。《民法总则》第196条规定:"下列请求权不适用诉讼时效的规定:(一)请求停止侵害、排除妨碍、消除危险;(二)不动产物权和登记的动产物权的权利人请求返还财产;(三)请求支付抚养费、赡养费或者扶养费;(四)依法不适用诉讼时效的其他请求权。"

(1)关于债权请求权。

债权请求权原则上受诉讼时效的限制,如合同履行请求权、债务不履行损害赔偿请求权、不当得利返还请求权、侵权行为损害赔偿请求权等均受诉讼时效的限制。

"当事人可以对债权请求权提出诉讼时效抗辩,但对下列债权请求权提出诉讼时效抗辩的,人民法院不予支持:(一)支付存款本金及利息请求权;(二)兑付国债、金融债券以及向不特定对象发行的企业债券本息请求权;(三)基于投资关系产生的缴付出资请求权;(四)其他依法不适用诉讼时效规定的债权请求权"(《诉讼时效规定》第1条)。需注意的是:向特定对象发行的企业债券是受诉讼时效限制的,因为它不涉及社会公共利益。

(2)关于物权请求权。

物权与物权请求权是两种不同的权利。物权是物权请求权的权源;物权请求权派生于物权。物权因为是状态(静态)权、绝对权、支配权,其本身不受诉讼时效的限制;物权请求权,是相对权,可以受诉讼时效的限制。

具体而言,物权请求权区分为受诉讼时效限制与不受诉讼时效限制两种情况。请求停止侵害的请求权、请求排除妨碍的请求权和请求消除危险的请求权不受诉讼时效限制。不动产物权和登记的动产物权的权利人返还财产的请求权不受诉讼时效限制。分割共有财产的请求权受诉讼时效限制。例如，甲盖好一间房子尚未办首次登记，被乙侵夺占有。甲是所有权人，甲请求乙返还对原物占有的请求权是物权请求权，不受诉讼时效限制。办理登记的不动产道理相同。

问：甲的遗产为一套房屋，其大儿子乙在甲去世 4 年后起诉弟弟丙，要求分割共有财产（房屋），丙可否主张乙已经超过了诉讼时效？

答：《物权法》第 29 条规定："因继承或者受遗赠取得物权的，自继承或者受遗赠开始时发生效力。"依此，甲去世，该套房屋即成为乙和丙共同共有的财产。乙请求分割共有财产，是物权请求权，不受诉讼时效限制。

对分割共有财产以诉讼时效进行限制，须专设规定。
（3）关于以身份关系为基础产生的请求权。

人为权利主体，为维护人身利益，基于身份关系产生的请求权不受诉讼时效的限制。如离婚请求权、解除收养关系、对子女的探望权等请求权不受诉讼时效的限制。

（4）请求确认法律行为无效，不受诉讼时效的限制。

诉讼时效的客体为请求权，请求权是请求相对人为给付的权利。请求确认法律行为无效，并不是请求给付，因此请求法院确认法律行为无效的确认之诉，因不存在适格的请求权，不受诉讼时效限制。

4. 诉讼时效属于强行性规定

《民法总则》第 197 条规定："诉讼时效的期间、计算方法以及中止、中断的事由由法律规定，当事人约定无效。当事人对诉讼时效利益的预先放弃无效。"

问：甲将乙打伤，甲、乙在和解协议中约定，乙只能在半年内起诉。约定效力如何？

答：诉讼时效的"长度"只能由法律规定，不得以民事法律行为加长、缩短。甲、乙的约定是无效的。

（三）诉讼时效制度的意义

一般认为，诉讼时效制度有助于稳定经济秩序、避免法律关系长期处于不稳定的状态、促使当事人及时行使权利、便于法院审理案件。

问："惩罚权利上的睡眠者"，是诉讼时效的立法目的之一吗？

答：不是。惩罚权利人不可能是立法政策和立法导向。"惩罚权利上的睡眠者"，是适用诉讼时效规则可能产生的一个客观效果。

◎ 应推定物业费已经付清，还是应认定超过诉讼时效

在一起物业服务合同纠纷案中，物业公司认为业主张某未能支付2009年1月至2010年10月期间的物业费，并诉至法院。近日，江苏省南通市崇川区人民法院对此案作出一审判决，推定被告张某这期间的物业费已付清，且本案已超过诉讼时效，驳回物业公司的诉讼请求。

2006年10月，张某向南通新世界开发公司购买了一套住房，并与该公司签订了前期物业服务合同，约定由该公司选聘南通某物业公司对张某所在小区提供前期物业服务，合同对服务内容、收费价格等作了约定。

该物业公司提供物业服务至2016年3月。张某付清了自入住后至2008年12月的物业服务费，此后又付清了2010年11月至2016年3月的物业服务费。但物业公司认为张某未支付2009年1月至2010年10月的物业费。2017年11月，物业公司将张某诉至崇川区法院，请求支付2009年1月至2010年10月拖欠的6875元物业费。

法庭上，张某辩称，物业公司主张的费用已交纳，其诉请超过了诉讼时效。

崇川区法院审理认为，物业公司在向张某收取物业费时，应先向张某催收欠费在先的物业费，或在开具发票时，优先清偿之前发生的费用。原告主张的物业费已超过7年，张某作为自然人，要其保留如此长时间的物业费支付凭证，超出了对常人生活习惯的要求，也加重了业主的举证责任。

同时，因物业公司未提供其向张某催收了所主张的物业费的证据，法院推定张某的物业费已付清。物业费属于分期付款债务，一旦支付后业主与物业公司之间的债务即消灭。物业公司主张的债务独立于此后已消灭的债务，在张某履行后期债务而不履行前期债务时，应视为物业公司前期的债权受到侵害，原告在长达7年的时间，从未向被告主张要求权利，其诉讼请求已超过诉讼时效。

综上，法院遂判决驳回物业公司的诉讼请求。一审宣判后，双方当事人在法定上诉期内均未上诉，该判决已生效。[1]

解：本案应认定超过诉讼时效，不应推定物业费已经交清。

（1）律师一方的代理人，可以"两头堵"，法官是居中裁判者，应当认定案件事实，不能"两头堵"。"两头堵"，一方

---

〔1〕 徐振宇、古林，载《人民法院报》2018年2月23日第3版。标题为笔者所加。

面为当事人的上诉或者申请再审制造了障碍，另一方面也留下判决事实不清的话柄。

（2）本案推定张某的物业费已付清与认定物业公司债权已经超过诉讼时效是矛盾的，违反了法律对举证责任分配的规定。物业费已付清的举证责任在张某，诉讼时效没有超过的举证责任在物业公司。

（3）《民事诉讼法解释》第93条第1款项规定："下列事实，当事人无须举证证明：……（四）根据已知的事实和日常生活经验法则推定出的另一事实；……"该项推定又分为"根据已知的事实"和"日常生活经验法则"。

推定的事实是无须证明的事实。从介绍的情况看，法官推定物业费已交纳，基于两点：一是张某作为自然人，要其保留如此长时间的物业费支付凭证，超出了对常人生活习惯的要求（日常生活经验法则）。二是因物业公司未提供其向张某催收了所主张的物业费的证据（前提事实）。

其一，经验法则具有与法律相同的功能，是被推定事实的大前提，本案的经验法则是存在的，但推不出来已交物业费的事实。另外，诉讼时效的立法，已经考虑到"时间长证据可能丧失"的情况。"张某作为自然人，要其保留如此长时间的物业费支付凭证，超出了对常人生活习惯的要求"之类的问题，应当由诉讼时效来解决，而不应采取"推定"的方式来解决。

其二，未提供催收证据作为前提事实，推不出来已交费的事实（推定事实），即原告的不作为，不能推出被告的作为，只能作为认定原告诉讼时效超过的事实。

二、诉讼时效与除斥期间

撤销权、解除权等形成权，不受诉讼时效的限制，可受除斥期间的限制。

除斥期间是权利预定存继的期间，因而又称为预定期间。除斥期间是"学名"，立法上并未采用。司法解释用的术语是"不变期间"。所谓"不变"，即不能中止、中断和延长。

一般来说，诉讼时效限制请求权；除斥期间限制形成权。

经过除斥期间，导致下列权利消灭：①撤销权[1]；②解除权[2]；③追认权[3]；④提存财产受领权[4]；⑤其他权利。

问：形成权受除斥期间限制，抵销权是形成权，受除斥期间限制吗？

答：不受。并不是所有的形成权都受除斥期间限制。抵销

---

[1] 例如：《合同法》第192条规定："受赠人有下列情形之一的，赠与人可以撤销赠与：（一）严重侵害赠与人或者赠与人的近亲属；（二）对赠与人有扶养义务而不履行；（三）不履行赠与合同约定的义务。赠与人的撤销权，自知道或者应当知道撤销原因之日起一年内行使。"第193条规定："因受赠人的违法行为致使赠与人死亡或者丧失民事行为能力的，赠与人的继承人或者法定代理人可以撤销赠与。赠与人的继承人或者法定代理人的撤销权，自知道或者应当知道撤销原因之日起六个月内行使。"

[2] 例如：《最高人民法院关于审理商品房买卖合同纠纷案件适用法律若干问题的解释》第15条规定："根据《合同法》第九十四条的规定，出卖人迟延交付房屋或者买受人迟延支付购房款，经催告后在三个月的合理期限内仍未履行，当事人一方请求解除合同的，应予支持，但当事人另有约定的除外。法律没有规定或者当事人没有约定，经对方当事人催告后，解除权行使的合理期限为三个月。对方当事人没有催告的，解除权应当在解除权发生之日起一年内行使；逾期不行使的，解除权消灭。"

[3] 例如：《民法总则》第145条规定："限制民事行为能力人实施的纯获利益的民事法律行为或者与其年龄、智力、精神健康状况相适应的民事法律行为有效；实施的其他民事法律行为经法定代理人同意或者追认后有效。相对人可以催告法定代理人自收到通知之日起一个月内予以追认。法定代理人未作表示的，视为拒绝追认。民事法律行为被追认前，善意相对人有撤销的权利。撤销应当以通知的方式作出。"

[4] 《合同法》第104条第2款规定："债权人领取提存物的权利，自提存之日起五年内不行使而消灭，提存物扣除提存费用后归国家所有。"

是以自己的债权充抵自己的债务，只要债权存在，就可以抵销。也就是说，从抵销权的性质来看，其不可能受除斥期间的限制。

诉讼时效与除斥期间都是为了结束某些法律关系不确定的状态，但是二者又有很大区别。

（1）立法的意图不同。

诉讼时效是为了维护新的事实状态；除斥期间是为了维护原有的法律关系。例如：诉讼时效经过后，当事人之间的债权债务关系变成自然之债（要维护这种新的事实状态）；对可撤销的法律行为，除斥期间经过后，要维持行为的有效状态。

（2）起算的标准不同。

起算的标准，分为主观标准和客观标准。所谓主观标准，是从知道或应当知道时开始计算；所谓客观标准，是从一定的事实发生时起计算的标准。诉讼时效，从权利被侵害或者应当知道被侵害时及义务人之日起计算，即诉讼时效的起算除20年最长诉讼时效外，采主观标准。除斥期间的起算视具体情况而定，既有客观标准，也有主观标准。

（3）时间的变化（弹性）不同。

除斥期间是预定权利存续的期间，是不变期间。《民法总则》第199条规定："法律规定或者当事人约定的撤销权、解除权等权利的存续期间，除法律另有规定外，自权利人知道或者应当知道权利产生之日起计算，不适用有关诉讼时效中止、中断和延长的规定。存续期间届满，撤销权、解除权等权利消灭。"

（4）消灭的权利不同。

诉讼时效与除斥期间的客体不同。诉讼时效的客体为请求权；除斥期间的客体比较复杂，主要为形成权。以债权为例，诉讼时效完成后，当事人的债权不消灭。但是，当事人的债权丧失了强制执行力，成为不完全债权。除斥期间经过后，权利本身消灭。

正因为消灭的权利不同，权利人主张请求权时，义务人得主张诉讼时效已经经过的抗辩（行使诉讼时效抗辩权），诉讼时效非经义务人援用，法院不得依照职权作为裁判的依据。而除斥期间经过时，当事人权利的本体已经消灭，即使当事人不主张，法院亦应依照职权进行裁判。

◎ 诉讼时效届满的抗辩应在一审提出，除斥期间届满的抗辩则不受此限制

出借人甲借给借款人乙100万元，由丙提供保证担保。三方在一份《合同书》上签了字。《合同书》规定保证期间为6个月。借款到期后乙未归还，3年后甲起诉乙、丙，请求乙、丙承担连带责任。乙欲提出诉讼时效抗辩，丙欲提出保证期间抗辩。是否都应在一审提出？

解：（1）《诉讼时效规定》第4条规定："当事人在一审期间未提出诉讼时效抗辩，在二审期间提出的，人民法院不予支持，但其基于新的证据能够证明对方当事人的请求权已过诉讼时效期间的情形除外。当事人未按照前款规定提出诉讼时效抗辩，以诉讼时效期间届满为由申请再审或者提出再审抗辩的，人民法院不予支持。"即乙应在一审提出抗辩。

（2）诉讼时效抗辩，是胜诉权已经消灭的抗辩，除斥期间抗辩，是实体权利已经消灭的抗辩。保证期间的性质是除斥期间，除斥期间完成，权利人的实体权利消灭，权利是否存在，不取决于当事人是否抗辩。对是否经过除斥期间，法院应主动审查。不论丙是否提出抗辩，其责任已经消灭。丙在二审提出

亦无问题,也可以作为再审理由提出。

三、诉讼时效的届满及其法律效果

(一)诉讼时效的届满

诉讼时效届满,也称为诉讼时效完成、诉讼时效经过、超过诉讼时效。有人说"罹于诉讼时效",这是指超过了诉讼时效。

诉讼时效没有届满,也称为诉讼时效未完成。

诉讼时效是对权利人的督促,实际上也是对义务人的保护,如果权利人在规定的时间("时间段")怠于行使权利,也没有其他事由致使诉讼时效中断或中止,则诉讼时效产生消灭胜诉权的法律效果。

诉讼时效届满,权利人的胜诉权自动消灭。如果有使诉讼时效中断、中止的事实,诉讼时效当然不完成(不届满)。

◎ 占有使用标的物的行为,是行使权利的行为

甲卖给乙一所房屋,已经交付给乙占有使用,但一直未办理过户登记(所有权转移登记)。后乙起诉甲,请求办理过户登记。甲拒绝,理由是,从交付之日起计算,已经超过了诉讼时效。

解:乙占有使用该房屋,是行使权利的行为,不应认为乙怠于行使权利,甲不成立诉讼时效抗辩权,应当支持乙的诉讼请求。

(二)诉讼时效届满的法律效果

1. 超过诉讼时效,义务人成立诉讼时效抗辩权

《民法总则》第192条第1款规定:"诉讼时效期间届满的,义务人可以提出不履行义务的抗辩。"权利人超过诉讼时效起

诉，法院应当受理，若义务人（被告）主张诉讼时效已超过的抗辩，则权利人（原告）的胜诉权消灭。[1]

《民法总则》第193条规定："人民法院不得主动适用诉讼时效的规定。""当事人未提出诉讼时效抗辩，人民法院不应对诉讼时效问题进行释明及主动适用诉讼时效的规定进行裁判"（《诉讼时效规定》第3条）。否则，法院就丧失了居中性和公正性，就等于替一方当事人打官司了。

抗辩可由保证人代位进行。"主债务诉讼时效期间届满，保证人享有主债务人的诉讼时效抗辩权。保证人未主张前述诉讼时效抗辩权，承担保证责任后向主债务人行使追偿权的，人民法院不予支持，但主债务人同意给付的情形除外"（《诉讼时效规定》第21条）。

问： 被告提出诉讼时效抗辩，由谁承担举证责任？

答： 被告提出诉讼时效抗辩，是说原告在诉讼时效进行期间，没有主张权利，对原告的不作为（消极事实），被告不能举证，应当由原告证明有中断或者中止的事实，且该事实使诉讼时效没有完成（没有超过）。

2. 诉讼时效届满，实体权利（权利本身）不消灭，义务人可自愿放弃时效利益

自愿放弃时效利益，是对义务的重新确认。《民法总则》第192条第2款规定："诉讼时效期间届满后，义务人同意履行的，不得以诉讼时效期间届满为由抗辩；义务人已自愿履行的，不得请求返还。"超过诉讼时效之后，义务人放弃时效利益有两种

---

[1]《民事诉讼法解释》第219条规定："当事人超过诉讼时效期间起诉的，人民法院应予受理。受理后对方当事人提出诉讼时效抗辩，人民法院经审理认为抗辩事由成立的，判决驳回原告的诉讼请求。"

表现，一是同意履行，二是已经自愿履行。

四、普通诉讼时效期间及最长权利保护期间

（一）普通诉讼时效期间

普通诉讼时效也称为一般诉讼时效，是指由民法典规定的普遍适用的诉讼时效。适用于对诉讼时效没有特别规定的民事法律关系。《民法总则》第188条第1款规定："向人民法院请求保护民事权利的诉讼时效期间为三年。法律另有规定的，依照其规定。"《最高人民法院关于适用〈中华人民共和国民法总则〉诉讼时效制度若干问题的解释》第1条规定："民法总则施行后诉讼时效期间开始计算的，应当适用民法总则第一百八十八条关于三年诉讼时效期间的规定。当事人主张适用民法通则关于二年或者一年诉讼时效期间规定的，人民法院不予支持。"第2条规定："民法总则施行之日，诉讼时效期间尚未满民法通则规定的二年或者一年，当事人主张适用民法总则关于三年诉讼时效期间规定的，人民法院应予支持。"第3条规定："民法总则施行前，民法通则规定的二年或者一年诉讼时效期间已经届满，当事人主张适用民法总则关于三年诉讼时效期间规定的，人民法院不予支持。"第4条规定："民法总则施行之日，中止时效的原因尚未消除的，应当适用民法总则关于诉讼时效中止的规定。"

（二）最长权利保护期间

"诉讼时效期间自权利人知道或者应当知道权利受到损害以及义务人之日起计算。法律另有规定的，依照其规定。但是自权利受到损害之日起超过二十年的，人民法院不予保护；有特殊情况的，人民法院可以根据权利人的申请决定延长"（民总188条第2款）。本条规定的20年最长权利保护期间，不少学者也称为最长诉讼时效，实际上，它是对诉讼时效限制的一种期间。

1. 最长权利保护期间的意义

诉讼时效受 20 年期间的限制，该 20 年是最长权利保护期间，普通诉讼时效和特殊诉讼时效的起算及中止、中断，都要在 20 年之内。超过 20 年起诉到法院的，不予保护。

问：起算与"结算"都不能超过 20 年吧？

答：是的。

（1）起算要在 20 年之内。例如：甲被人在背后打了一闷棍，受了轻伤，甲 20 年后才知道加害人是谁。因超过了 20 年，甲的民事权益不受保护，诉讼时效不能起算（没有起算的必要），诉讼时效起算后，才有可能中止、中断，因此本案也不存在中止、中断的问题。

（2）"结算"也应在 20 年内。有三种情况：其一，诉讼时效第一次起算后，不能超过 20 年，甲对乙的 3 年的诉讼时效，在第 18 年时才知道侵权人是谁，则其诉讼时效只剩两年。其二，诉讼时效中断后，重新计算，不能超过 20 年。甲对乙的诉讼时效在第 18 年时中断了一次，则其诉讼时效只剩两年。其三，诉讼时效中止的原因消除后，本应继续计算 6 个月，但差两个月就满 20 年了，则只能继续计算两个月。

2. 最长权利保护期间的延长

中止、中断、延长是不同的三种法现象，20 年的最长权利保护期间，不能中止、中断，但可以延长，比如延长 6 个月、延长 1 年等。该 20 年的延长须存在"特殊情况"，并由权利人向法院提出申请，法院酌情决定是否予以延长。权利人由于客观障碍超过 20 年未受到保护的，属于"特殊情况"。

按《民法总则》20 年的"权利保护期间"可以延长，但普通诉讼时效和特殊诉讼时效不能延长。延长，须当事人提出请求，法院不能主动延长。

◎ 延长的是1年短期诉讼时效，还是20年最长诉讼时效

1993年11月，代某到寿县寿春镇中心卫生院九龙分院（原寿县九龙乡卫生院）做女结扎手术，术后经常腹痛，多年来到多地医院住院治疗，仍不见好转。2016年3月4日，代某到六安市人民医院住院治疗时，经检查发现右下腹遗有纱布。2016年4月12日，经司法鉴定，代某回肠部分行切除术符合"道标"九级伤残。后再经司法鉴定，寿春卫生院九龙分院对代某的医疗行为存在违反腹腔手术技术常规的过错；其过错与代某腹腔纱布存留和剖腹探查+小肠部分切除的后果之间存在直接因果关系，参与度为100%。

2016年7月7日，代某向寿县人民法院起诉，请求判令寿春卫生院九龙分院等被告赔偿医疗费、残疾赔偿金、精神抚慰金等各项经济损失共计99万余元。

寿春卫生院九龙分院等被告以该案超过最长诉讼时效进行抗辩，认为代某于1993年11月在原寿县九龙乡卫生院做结扎手术，致纱布遗留腹腔，期间没有证据证明代某向寿春卫生院九龙分院主张权利，其损害事实应当从1993年11月开始计算。而代某2016年7月7日才向人民法院提起诉讼，期间超过20年。

一审法院判决驳回原告代某的诉讼请求。代某向淮南中院提起上诉。

淮南中院审理认为，根据相关法律规定，人身损害赔偿的一年诉讼时效期间可以适用《民法通则》有关延长的规定。延长的事由是要存在特殊情况，即不可归责于当事人的客观障碍。其实质是为了更充分地保护当事人的合法权益。当然，也不能

随意延长,否则会与时效制度维护社会关系的确定性的目的相违背。当存在权利人由于客观障碍在法定诉讼时效期间内不能行使请求权的特殊情况时,诉讼时效期间即可以延长。代某于1993年11月到原寿县九龙乡卫生院做结扎手术,并非是作为一名病患到卫生院就医治疗,其完全有理由相信作为政府规划设置的卫生院具备完善的手术条件,能够取得良好的手术效果,而不可能预料到会有纱布遗留腹腔内的手术后果。在此情况下,代某当时对其所受伤害不可能会及时发现,当然也无法得知其术后经常腹痛的后果是卫生院为其做结扎手术时腹腔遗留纱布所致。代某在伤害事实未曾被发现的情况下,客观上无法及时主张权利。因此,此案的情况应属于法律规定的特殊情况,即由于客观障碍导致代某在法定的诉讼时效期间内不能行使请求权,故本案诉讼时效期间应当依法延长。

根据法院查明事实,代某于2016年3月4日到六安市人民医院住院治疗时,经检查发现了腹腔内存有纱布。此时,代某才发现伤害事实的存在。在经检查确诊后,代某于2016年7月7日向寿县人民法院提起诉讼,及时主张自己的合法权利。因此,代某提起诉讼,未超过诉讼时效期间。

淮南中院终审判决寿县寿春镇中心卫生院九龙分院赔偿代某各项损失合计23.6万余元。[1]

解:本案发生在《民法总则》生效之前。依《民法通则》第137条,普通诉讼时效、特殊诉讼时效和20年最长诉讼时效都可延长;依该条,20年的性质是最长诉讼时效。

主文表述存在问题。代某于2016年3月4日经检查发现了腹腔内存有纱布,于2016年7月7日提起诉讼,不存在超过1

---

[1] 参见周瑞平等:"23年后才发现手术纱布遗留腹中 维权终获支持",载《人民法院报》2017年7月14日第3版。

年短期诉讼时效的问题,是 20 年后起诉。本案延长的应是 20 年的最长诉讼时效,而不是 1 年的短期诉讼时效。

3. 最长权利保护期间的起算

20 年"最长权利保护期间"的起算标准是客观标准,从权利受到损害之日起计算。

◎ 成立新的法律关系,20 年从何时起算

甲卖给乙一批货物,乙应于 2017 年 10 月 1 日前付清货款。但是乙到期没有支付货款,经过谈判,双方 2017 年 12 月 1 日又约定支付货款期限为 2018 年 1 月 1 日前,但乙到期又未还款。请问:20 年的权利保护期间是从 2017 年 10 月 1 日开始计算,还是从 2018 年 1 月 1 日开始计算?

解:从 2018 年 1 月 1 日开始计算。因为,双方约定支付货款的时间展期,实际是重新成立了法律关系。有新的法律关系,原因是有新的法律事实。双方当事人 2017 年 12 月 1 日的约定,成立了和解协议。2018 年 1 月 1 日届满而未履行债务,是新的法律关系中"权利受到损害之日"。

五、诉讼时效的起算

(一) 诉讼时效起算的基本标准

诉讼时效起算的基本标准,是主观标准(知道或者应当知道)。权利人的"知道或者应当知道",一是知道权利受到损害,二是知道义务人是谁。例如:甲被人在背后打了一闷棍,苏醒后,凶手已逃之夭夭,10 年后才知道加害人是谁。须甲知道加害人时,才能起算诉讼时效。

(二) 诉讼时效起算的若干具体情况

(1) 分期履行的债务是一个诉讼时效。《民法总则》第 189

条规定:"当事人约定同一债务分期履行的,诉讼时效期间自最后一期履行期限届满之日起计算。""分期之债务,最后才起算。"例如,分期归还欠款,要从最后一笔到期不履行才开始计算诉讼时效。再如,分期付款的买卖,要从最后一笔货款到期不履行后才能起算诉讼时效。[1]

问:甲借给乙1000万元,约定从2018年起,每月归还100万元及该笔利息,10月底还清。乙2018年5月归还10万元整,其他债务到10月底未履行,5月这一笔应冲抵哪一期(笔)债务,对诉讼时效的起算有无影响?

答:从已知条件来看,利息是分别计算的。首先应当冲抵欠付的利息,其余部分冲抵第一笔(期)欠款。本案如何冲抵对诉讼时效的起算,没有影响。2018年10月31日为届满之日,开始计算3年诉讼时效(10月31日不计入在内,11月1日计算在内)。

(2)"无民事行为能力人或者限制民事行为能力人对其法定代理人的请求权的诉讼时效期间,自该法定代理终止之日起计算"(民总190条)。法定代理人即监护人,在监护期间无民事行为能力人、限制行为能力人主张权利存在着客观障碍,故规定自该法定代理终止之日起算。无民事行为能力人或者限制民事行为能力人成为完全民事行为能力人时,法定代理终止。

法定代理也可以由于变更监护人终止。比如,张甲的监护

---

[1] 可以对比的是,民诉对分期履行申请执行时效期间的起算。《民事诉讼法》第239条规定:"申请执行的期间为二年。申请执行时效的中止、中断,适用法律有关诉讼时效中止、中断的规定。前款规定的期间,从法律文书规定履行期间的最后一日起计算;法律文书规定分期履行的,从规定的每次履行期间的最后一日起计算;法律文书未规定履行期间的,从法律文书生效之日起计算。"每次履行计算一次,如果分两期,就是两个申请执行时效,如果分五期,就是五个申请执行时效。

人李乙在担任监护期间对张甲有侵权行为,自2月1日起监护人变更为王丙,则自该2月1日起计算张甲对李乙的诉讼时效。

(3)《民法总则》第191条规定:"未成年人遭受性侵害的损害赔偿请求权的诉讼时效期间,自受害人年满十八周岁之日起计算。"未成年人遭受监护人或第三人的性侵害,自其年满18周岁之日起计算请求损害赔偿的诉讼时效。起算之后,可以中断、中止。

(4)"人身损害赔偿的诉讼时效期间,伤害明显的,从受伤害之日起算;伤害当时未曾发现,后经检查确诊并能证明是由侵害引起的,从伤势确诊之日起算"(《民通意见》第168条)。

(5)"未约定履行期限的合同,依照合同法第六十一条、第六十二条的规定,可以确定履行期限的,诉讼时效期间从履行期限届满之日起计算;不能确定履行期限的,诉讼时效期间从债权人要求债务人履行义务的宽限期届满之日起计算,但债务人在债权人第一次向其主张权利之时明确表示不履行义务的,诉讼时效期间从债务人明确表示不履行义务之日起计算"(《诉讼时效规定》第6条)。不定期之债,在债权人未主张的情况下,诉讼时效不起算、不进行。在第一次主张时,在给予债务人的宽限届满后,才能起算(非中断),但债务人当即拒绝的,当天就起算。

(6)"合同被撤销,返还财产、赔偿损失请求权的诉讼时效期间从合同被撤销之日起计算"(《诉讼时效规定》第7条第3款)。

(7)"返还不当得利请求权的诉讼时效期间,从当事人一方知道或者应当知道不当得利事实及对方当事人之日起计算"(《诉讼时效规定》第8条)。

(8)"管理人因无因管理行为产生的给付必要管理费用、赔偿损失请求权的诉讼时效期间，从无因管理行为结束并且管理人知道或者应当知道本人之日起计算。本人因不当无因管理行为产生的赔偿损失请求权的诉讼时效期间，从其知道或者应当知道管理人及损害事实之日起计算"（《诉讼时效规定》第9条）。

专题三十一　诉讼时效的中止、中断及对债务的重新确认

引言

时效障碍包括时效中止、时效中断，发生在诉讼时效进行过程中，而债务人对债务的重新确认，发生在诉讼时效完成（结束）后。中断后重新计算，中止后继续计算。

一、诉讼时效的中止

（一）诉讼时效中止的原因

中止也称为暂停、停止，是时效暂时停止计算的制度。《民法总则》第194条第1款规定："在诉讼时效期间的最后六个月内，因下列障碍，不能行使请求权的，诉讼时效中止：（一）不可抗力；（二）无民事行为能力人或者限制民事行为能力人没有法定代理人，或者法定代理人死亡、丧失民事行为能力、丧失代理权；（三）继承开始后未确定继承人或者遗产管理人；（四）权利人被义务人或者其他人控制；（五）其他导致权利人不能行使请求权的障碍。"

诉讼时效中止的原因（事由），发生在最后6个月，都是客观原因。存在客观障碍事由，不能行使请求权的情况下，权利人自非息于行使权利或放弃权利，使诉讼时效中止，是合理的。对客观障碍事由的发生，权利人有过失的，不影响中止规则的适用。

（二）中止原因消除之后的诉讼时效的计算

《民法总则》第194条第2款规定："自中止时效的原因消

除之日起满六个月,诉讼时效期间届满。"这实际修改了《民法通则》第139条,该条规定:"在诉讼时效期间的最后六个月内,因不可抗力或者其他障碍不能行使请求权的,诉讼时效中止。从中止时效的原因消除之日起,诉讼时效期间继续计算。"依《民法总则》,中止的原因消除后,"一律补6个月";依《民法通则》,中止的原因消除后,"缺多少补多少"。《民法总则》的规定是不合理的,但在生效后,要执行其规定。

◎ 是"缺多少补多少",还是"一律补6个月"

张甲对李乙的货款债权在2018年3月8日到期,本案适用3年的普通诉讼时效。若无中断事由,诉讼时效至2021年3月8日截止。至2020年9月8日进入诉讼时效的最后6个月(可能中止的时间段)。由于张甲在2020年10月8日成为植物人,在同年11月8日才确定了其兄张丙为监护人,其诉讼时效的进行,中止了1个月。

解:①按《民法通则》,"缺多少补多少",补1个月,计算到2021年4月8日。②按《民法总则》,"一律补6个月",计算到2021年5月8日。甲的诉讼时效期间(长度),在扣除有客观障碍的1个月后,还凭空比别人多了1个月。③如果张甲在2020年11月8日成为植物人(比原例往后推迟1个月),在同年12月8日才确定了其兄张丙为监护人,则给其补6个月,到2021年6月8日截止。甲的诉讼时效期间(长度),在扣除有客观障碍的1个月后,还凭空比别人多了两个月。

在最后6个月(可能中止期)的第一天,张甲被非法拘禁1天,按《民法总则》要给他补6个月,他比正常情况多了1天;按《民法通则》则补1天,与正常情况相同,即保证每一个权利人有6个月的长度来行使权利。在最后6个月的最后一天,李乙被非法拘禁 1 天，按《民法总则》要给他补 6 个月，他比正常情况多了"6 个月减 1 天"；按《民法通则》则补 1 天，与正常情况相同，即权利人足享最后 6 个月。

《民法总则》对中止后一律补 6 个月的规定，违反了该法第 4 条的平等原则（民法基本原则）及第 113 条财产权受法律平等保护的原则（财产法基本原则）。规则的适用结果，不能违反原则，若有违反，须修改规则，不能修改原则。但在《民法总则》生效后修改前，仍要适用其规定。

二、诉讼时效的中断

（一）诉讼时效中断的效果

诉讼时效中断，是指在诉讼时效进行过程中，由于法定事由（原因）出现，致使以前经过的时间无效，诉讼时效重新计算的制度。

通俗地说，诉讼时效的中断是"归零"。3 年的诉讼时效中断后重新计算 3 年，4 年的诉讼时效中断后重新计算 4 年，以此类推。

中断后，在新的诉讼时效期间内，又发生中断事由的，诉讼时效再次中断，中断没有次数的限制。

诉讼时效中断，发生在起算之后，届满以前，即诉讼时效中断发生在诉讼时效进行过程之中。尚未起算的，不存在中断的问题。诉讼时效期间届满后，义务人一方向权利人作出同意履行义务的意思表示或者自愿履行义务，不属于诉讼时效的中断。

◎ 是中断，还是起算

张甲借给李乙 1 万元钱，未约定偿款期限，此后张甲一直未向李乙要钱,李乙也从未提供要还钱。10年后的2月1日,张甲路遇李乙,要求李乙在15天内还款。李乙说:"诉讼时效已过,你已无权要求我还款。"说完转头就跑了。

解:①不定期债权债务,在债权人第一次主张确定的宽限期届满时开始计算诉讼时效,但本案李乙明确拒绝偿还债务,应从2月1日张甲主张债权时开始计算。②2月1日发生的法律事实(张甲主张债权)不引起诉讼时效中断的效果,因为在此前,诉讼时效并未起算。

(二)诉讼时效中断的事由(原因)

《民法总则》第195条规定:"有下列情形之一的,诉讼时效中断,从中断、有关程序终结时起,诉讼时效期间重新计算:(一)权利人向义务人提出履行请求;(二)义务人同意履行义务;(三)权利人提起诉讼或者申请仲裁;(四)与提起诉讼或者申请仲裁具有同等效力的其他情形。"中断的原因分为"请求""同意""起诉或仲裁"以及与"起诉或仲裁"具有同等效力的情形,共四大类。权利人"请求""同意"是不要式行为。

1. 权利人向义务人提出履行义务的请求(主张权利)

(1)权利人向债务保证人、债务人的代理人或者财产代管人主张权利的,与向权利人本人主张权利具有同一效果,可以认定诉讼时效中断。

(2)具有下列情形之一的,应当认定为"权利人向义务人提出履行请求",产生诉讼时效中断的效力:

其一,当事人一方直接向对方当事人送交主张权利文书,对方当事人在文书上签字、盖章或者虽未签字、盖章但能够以其他方式证明该文书到达对方当事人的。

其二,当事人一方以发送信件或者数据电文方式主张权利,信件或者数据电文到达或者应当到达对方当事人的。

这里要注意《民法总则》第137条第2款的规定："以非对话方式作出的意思表示，到达相对人时生效。以非对话方式作出的采用数据电文形式的意思表示，相对人指定特定系统接收数据电文的，该数据电文进入该特定系统时生效；未指定特定系统的，相对人知道或者应当知道该数据电文进入其系统时生效。当事人对采用数据电文形式的意思表示的生效时间另有约定，按照其约定。"也就是说，以数据电文向义务人提出履行义务的请求，要看相对人是否指定了特定系统。相对人指定了特定系统，则数据电文进入特定系统时生效；没有指定特定系统，尚须相对人"知道或者应当知道"的要件。

◎ 采用数据电文形式主张权利的意思表示，何时引起诉讼时效中断

张甲借给李乙30万元，到期李乙没有偿还。诉讼时效还有半天就要届满，张甲给李乙发了一个手机短信催款。后张甲起诉李乙，李乙抗辩说，已经超过了诉讼时效。张甲出示了手机短信，李乙称未看到。

解：①数据电文形式主张权利的意思表示，是有相对人的意思表示。②如果李乙未指定手机短信为双方联系方式（未指定特定系统），则李乙对张甲发的短信，也应是知道或者应当知道的。根据已知条件，应当认定张甲短信发送成功（进入李乙的电子系统）时，诉讼时效中断。③如果诉讼时效只剩下几分钟怎么办？一个"技巧"就是，使用发送数据电文的方式（手机短信、手机微信、电子邮件等）。因为指定特定系统的，数据电文采到达主义；未指定特定系统的，数据电文采有条件的到达主义。

其三，当事人一方为金融机构，依照法律规定或者当事人

约定从对方当事人账户中扣收欠款本息的。

其四，当事人一方下落不明，对方当事人在国家级或者下落不明的当事人一方住所地的省级有影响的媒体上刊登具有主张权利内容的公告的，但法律和司法解释另有特别规定的，适用其规定。《民法总则》第139条规定："以公告方式作出的意思表示，公告发布时生效。"例如，甲将主张权利的公告文本在2018年2月1日交给报社（国家级），报社第二天（2月2日）刊登该公告，则诉讼时效自2018年2月2日起中断。实务中，应注意交付公告文本与刊登公告的时间差。

（3）"权利人对同一债权中的部分债权主张权利，诉讼时效中断的效力及于剩余债权，但权利人明确表示放弃剩余债权的情形除外"（《诉讼时效规定》第11条）。

问：只催促债务人偿还利息，本金的诉讼中断吗？

答：中断。例如，债权人甲对债务人乙说："你10天内把利息还了！"利息是部分债权，本金的诉讼时效当然中断。

2. 义务人同意履行义务

义务人作出明确承诺和实际履行义务的，自应认定其同意履行义务。

义务人作出分期履行、部分履行、提供担保、请求延期履行、制定清偿债务计划等承诺或者行为的，应当认定为其"同意履行义务"。

3. 权利人提起诉讼或者申请仲裁

"当事人一方向人民法院提交起诉状或者口头起诉的，诉讼时效从提交起诉状或者口头起诉之日起中断"（《诉讼时效规定》第12条）。申请仲裁的，诉讼时效从提交仲裁申请书之日起中断。

起诉或仲裁导致的"中断",不是在一个时间点上中断,而是由于权利人主张权利是一个持续的过程,中断在现象上是持续一个时间段的,故诉讼或仲裁程序终结时起,诉讼时效期间重新计算。

◎ 案由变化,诉讼时效不超过

甲公司常年让张乙给消费者送货,按所送货物的数量支付报酬。因有部分报酬未支付,张乙以劳动者的身份提起劳动仲裁,要求甲公司履行用人单位的义务,支付报酬。劳动仲裁机构认为张乙与甲公司不是劳动关系,驳回了张乙的请求。张乙不服仲裁裁决,提起诉讼,一、二审均败诉。经笔者指点,张乙又以雇佣纠纷为由起诉甲公司,请求支付雇佣报酬。从劳动仲裁经过一、二审,到再次提起雇佣合同争议的民事诉讼,已经超过3年。请问:诉讼时效应当如何计算?

解:张乙提起劳动仲裁致诉讼时效中断,具体来说,主张报酬的请求权诉讼时效中断。从劳动仲裁二审判决生效后,重新计算诉讼时效。从此计算,诉讼时效未完成(未到期)的,不丧失胜诉权。

4. 与提起诉讼或者申请仲裁具有同等效力的其他情形
(1)下列诉讼行为之一,与提起诉讼具有同等效力:
其一,申请支付令;
其二,申请破产、申报破产债权;
其三,为主张权利而申请宣告义务人失踪或死亡;
其四,申请诉前财产保全、诉前临时禁令等诉前措施;
其五,申请强制执行;
其六,申请追加当事人或者被通知参加诉讼;

其七，在诉讼中主张抵销；

其八，其他与提起诉讼具有同等诉讼时效中断效力的事项。

（2）"权利人向人民调解委员会以及其他依法有权解决相关民事纠纷的国家机关、事业单位、社会团体等社会组织提出保护相应民事权利的请求，诉讼时效从提出请求之日起中断"（《诉讼时效规定》第14条）。如经调处达成调解协议（调解协议是和解协议的一种），义务人未按协议所定期限履行义务的，诉讼时效期间应从期限届满时重新起算。

（3）"权利人向公安机关、人民检察院、人民法院报案或者控告，请求保护其民事权利的，诉讼时效从其报案或者控告之日起中断。上述机关决定不立案、撤销案件、不起诉的，诉讼时效期间从权利人知道或者应当知道不立案、撤销案件或者不起诉之日起重新计算；刑事案件进入审理阶段，诉讼时效期间从刑事裁判文书生效之日起重新计算"（《诉讼时效规定》第15条）。

5. 引起诉讼时效中断的特殊情况

（1）"对于连带债权人中的一人发生诉讼时效中断效力的事由，应当认定对其他连带债权人也发生诉讼时效中断的效力。对于连带债务人中的一人发生诉讼时效中断效力的事由，应当认定对其他连带债务人也发生诉讼时效中断的效力"（《诉讼时效规定》第17条）。"连带之债，择一中断"；按份之债，不能择一中断。

（2）"债权人提起代位权诉讼的，应当认定对债权人的债权和债务人的债权均发生诉讼时效中断的效力"（《诉讼时效规定》第18条）。一个起诉，引起债权人对债务人、债务人对次债务人两个诉讼时效的中断。此种现象俗称为"一石二鸟"。

下图债权人甲起诉次债务人丙，提起代位权诉讼，则甲对乙、乙对丙两个债权的诉讼时效均中断。

◎ **提起代位权诉讼，两个诉讼时效中断，代位权胜诉后如何**

债权人甲对债务人乙有 3000 万元贷款债权，债务人乙对次债务人丙有 2000 万元工程费债权。乙对丙怠于主张债权，甲以丙为被告，以乙为第三人提起代位权诉讼，请求丙直接向甲支付 2000 万元（2017 年 10 月 11 日提交诉状）。法院经过审理，支持甲的诉讼请求，判决在 2018 年 2 月 1 日生效。

解：①2017 年 10 月 11 日，甲对乙、乙对丙两个债权的诉讼时效中断。②《合同法解释（一）》第 20 条规定："债权人向次债务人提起的代位权诉讼经人民法院审理后认定代位权成立的，由次债务人向债权人履行清偿义务，债权人与债务人、债务人与次债务人之间相应的债权债务关系即予消灭。"本案代位权胜诉后，甲对乙还有 1000 万元债权，该债权的诉讼时效在 2017 年 10 月 11 日至 2018 年 2 月 1 日中断，从 2018 年 2 月 1 日起，重新计算 3 年的诉讼时效。甲对丙胜诉的 2000 万元，是新的法律关系，自 2018 年 2 月 1 日起，计算两年的申请执行时效期间，[1] 不计算诉讼时效。上述两个"2 月 1 日"是期间开始

---

[1]《民事诉讼法》第 239 条规定："申请执行的期间为二年。申请执行时效的中止、中断，适用法律有关诉讼时效中止、中断的规定。前款规定的期间，从法律文书规定履行期间的最后一日起计算；法律文书规定分期履行的，从规定的每次履行期间的最后一日起计算；法律文书未规定履行期间的，从法律文书生效之日起计算。"

之日，不计算在期间内。

（3）"债权转让的，应当认定诉讼时效从债权转让通知到达债务人之日起中断。债务承担情形下，构成原债务人对债务承认的，应当认定诉讼时效从债务承担意思表示到达债权人之日起中断"（《诉讼时效规定》第19条）。本规定区分债权转让和债务承担（债务转让）两种情况。

◎ 债权转让，到达中断

债权人甲对债务人乙有20万元债权，乙应在2017年11月1日前清偿，乙到期没有履行债务。2017年12月15日，甲与第三人丙（债权受让人）签订了债权转让合同。甲对乙的债权转让通知，于2017年12月21日送达。

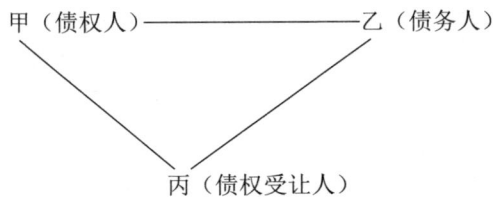

解：《合同法》第80条第1款规定："债权人转让权利的，应当通知债务人。未经通知，该转让对债务人不发生效力。"通知送达时，转让对债务人发生效力，同时诉讼时效中断，即债权受让人丙对乙的债权在同年12月21日中断。

◎ 债务承担，到达中断

债权人甲对债务人乙有40万元债权，乙应在2017年11月1日前清偿，乙到期没有履行债务。2017年12月15日，乙与第三人丙（债务承担人，也称为债务受让人）签订了债务承担合同。乙给甲发函请求甲同意将债务转让给丙承担，函件2017年12月18日送达甲，甲的同意函同月21日到达乙。甲之债权的诉讼时效何时中断？

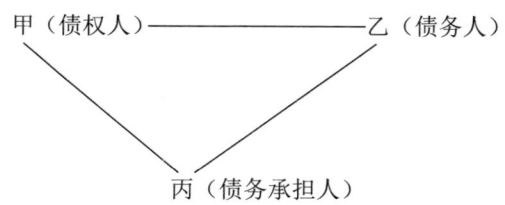

解：①2017年12月15日，乙与第三人丙签订了债务承担（债务转让）合同，同意履行债务是有相对的人的意思表示，因此债务承担合同的签订，并不导致诉讼时效的中断。②乙给甲发函请求甲同意将债务转让给丙承担，对此应作有利于债权人甲的解释，即应认定乙有同意履行债务的意思表示，2017年12月18日诉讼时效中断。③甲发出同意函，应认定其有主张债权的意思表示，诉讼时效于2017年12月21日再次中断。

（三）诉讼时效中断与中止的区别

1. 原因（事由）不同

诉讼时效中断的原因，是权利人主张权利，义务人表示履行义务以及权利人提起诉讼或者仲裁或者权利人实行与提起诉讼或者申请仲裁具有同等效力的其他行为。简而言之，中断的四大类原因中，有三类是由于权利人可控的行为，一类是义务人可控的行为。即中断的原因是基于当事人意志主导的行为，中断的原因可以称为主观原因。

而诉讼时效中止的原因，是因不可抗力或其他客观障碍致使当事人不能行使权利，中止的原因可以称为客观原因。

2. 发生的时间段不同

中断可以发生在诉讼时效进行中（起算后）的任何时间；而中止只能发生在诉讼时效的最后 6 个月。

问：在诉讼时效进行中的最后 6 个月，中止和中断能够竞合吗？

答：中止和中断是不同的法律事实，在严格意义上，是不能竞合的，但是在最后 6 个月的中止的过程中，可能又发生中断的事由。比如，张甲对李乙有 10 万元债权，张甲被他人非法拘禁时，还差 10 天诉讼时效届满，此时诉讼时效中止。过了 3 天，不知情的债务人李乙给张甲发了一条手机短信，请求再给 1 年的宽限期（属于债务人表示履行债务），张甲的手机虽然被非法拘禁人控制，诉讼时效仍然中断，重新计算 3 年，时效中止的效力不复存在。即是说，中止后又中断的，按中断计算诉讼时效。

3. 法律后果不同

中断是"重新计算"，是"归零"；而中止是暂时停止时效的进行，障碍消除后，补 6 个月。

三、义务人对超过诉讼时效义务的重新确认

（一）重新确认的含义

义务的重新确认是诉讼时效完成（超过）后，义务人又确认义务。重新确认义务，在本质上是放弃诉讼时效抗辩权的行为。重新确认并不导致诉讼时效的中断，因为诉讼时效在进行过程中才可能发生中断。如果义务人完全履行了义务，债的关系消灭，自不发生诉讼时效的计算问题。重新确认但尚未履行的，新的诉讼时效的起算，不是中断后的重新起算。

《民法总则》第 192 条第 2 款规定："诉讼时效期间届满后，

义务人同意履行的，不得以诉讼时效期间届满为由抗辩；义务人已自愿履行的，不得请求返还。"

（二）重新确认的行为方式

诉讼时效完成（超过）后，权利人对义务重新确认的行为方式，一是明示，二是默示中积极行为。前者，如欠款人签字同意继续履行债务；后者，如欠款人交付欠款。

1. 同意履行

同意履行，也称为承诺履行，是放弃时效利益的行为。同意履行是明示方式，是不要式行为，可以书面同意，也可以口头同意。

同意履行的具体情况主要有三种：

（1）超过诉讼时效期间，义务人主动向权利人发出承诺履行义务的通知，或者接到催告的通知后，义务人发出承诺履行义务的通知。

（2）超过诉讼时效期间，权利人向义务人发出催款通知书，义务人在催款通知书上签字表示同意履行债务的。

（3）超过诉讼时效期间，当事人双方就原债务达成还款协议的，亦为同意履行债务，应当依法予以保护。

2. 实际履行

实际履行，可为重新确认义务的默示意思表示。

◎ 实际履行，是对债务的重新确认，不构成不当得利

甲欠乙10万元，在超过诉讼时效后，甲向乙归还了8万元。后乙要求甲归还剩余的2万元，甲以超过诉讼时效为由拒绝归还该2万元，表示自己不知道乙的债权已经超过了诉讼时效，以不当得利为由请求乙归还8万元。乙表示甲归还10万元中的8万元，是其同意履行10万元债务的表示，剩余2万元无权拒绝归还。

隋彭生：律师民法业务思维（三）《民法总则》隋读

解： ①金钱之债是可分之债，甲向乙归还8万元，不能认定其同意归还10万元，就剩余2万元债务，甲可以行使诉讼时效抗辩权。②乙受领的8万元，有法律依据，不构成不当得利。③超过诉讼时效义务人实际履行义务的，推定其是对义务的重新确认。基于这种推定，义务人主张"不知道诉讼时效已经超过"的，不应采信。由于权利人的欺诈，使义务人误以为诉讼时效没有超过而履行的，义务人有权以不当得利为由，请求返还。

问： 甲公司欠乙公司货款100万元，在超过诉讼时效之后，乙公司又要求甲公司偿还。甲公司偿还后，可否以不知超过诉讼时效为由，请求按不当得利返还该100万元？

答：（1）在超过诉讼时效之后，甲公司偿还了货款，不为诉讼时效中断，因为诉讼时效的中断发生在诉讼时效进行过程之中，而本案诉讼时效已经完成。

（2）在诉讼时效完成后的偿还，不得请求返还，乙公司不构成不当得利。债务人有偿还债务的积极行为，应解释为对债务的重新确认，应推定债务人知道诉讼时效已经完成（超过）。

（三）对可分之债债务的重新确认

应注意的是，对可分之债的债务重新确认，与可分之债诉讼时效的中断，应当区别对待。

问： 其一，甲欠乙10万元租金，在诉讼时效超过后，乙要求偿还10万元，甲偿还了6万元。诉讼时效如何？其二，甲给乙发了50万元的货物，乙到期没有支付货款，在诉讼时效进行过程中，乙付款20万元。剩余30万元诉讼时效如何？

答： 其一，该租金债权是金钱债权，是可分之债。甲以给付行为（默示意思表示），重新确认了其中 6 万元。其余 4 万元仍是超过诉讼时效的债务。其二，问 1 是债务的重新确认问题。问 2 则是中断问题。货款债权是金钱债权，虽是可分之债，但应当作有利于纯粹债权人的解释，认定其余 30 万元货款的诉讼时效中断。所谓纯粹债权人是指已经完成对价的债权人。因其已经完成给付，采对其有利的解释，是公平原则和诚实信用原则的贯彻。

专题三十二　民法中的期限

引言

期限是权利义务发生、变更或消灭的期限。期限包括期间和期日。

期限的认定，在实务中的意义，主要是看当事人的权利是否丧失。

一、期限的含义和分类

（一）期限的含义

民法上的期限是指民事权利义务发生、变更或者消灭的时间。或者说，民法上的期限是指民事法律关系发生、变更或消灭的时间。时间永续，但法律关系却不能永续。

期限作为时间，是法律事实。法律事实包括事件和行为。期限是法律事实中的事件。

（二）期限的分类

期限可以是法律规定的期限、人民法院或仲裁机关确定的期限以及当事人确定的期限。期限还可以分为期日和期间。

按期限的产生 $\begin{cases} 法定期限（如成年的时间、诉讼时效）\\ 指定期限（如判决支付赔偿金的时间）\\ 意定期限（如要约规定的承诺期限）\end{cases}$

按期限是否可分 $\begin{cases} 期日（如自然人成年的时间）\\ 期间（如诉讼时效）\end{cases}$

1. 按期限的产生的分类

（1）法定期限。

法定期限是法律直接规定的期限。比如，法律对诉讼时效、除斥期间的规定，就是法定期限。

（2）指定期限。

指定期限是指由法院、仲裁机关在法律文书中确定的期限。比如，民事判决书确定的债务人履行债务的期限等。

（3）意定期限。

意定期限是当事人由意思表示确定的期限，比如，表意人单方在要约中确定的承诺期限、双方当事人在买卖合同中约定的货物的检验期等。

2. 按期限是否可分的分类

（1）期日。

期日是指不可分的时间，如某时、某日、某月、某年。期日在观念上为一个整体，不问它的长短。

（2）期间。

期间是指由一时间点（期日）至另一时间点（期日）经过的时间长度。形象化的表述是：期日是时间点，期间是时间段。期间是有始有终的一个时间段落。期间有起算点和终止点，期日没有起算点和终止点。

二、期限的效力

期限是法律事实，期限的效力是指其效果，即期限使法律关系发生、变更和消灭的效果。期限并非单纯的时间点或单纯的时间流逝，须与一定事实状态相联系才能发生效力。期限的效力主要体现在以下几个方面：

1. 决定民事主体的行为能力

比如，自然人满8周岁时获得限制行为能力，完全行为能力一般自18周岁时始（有的人在满18周岁时，因精神疾患，可能未获得行为能力）。

2. 决定民事权利的取得、丧失及变更

比如，附期限的合同，获得利益的一方在期限届至时，从期待权转为既得权。次如，诉讼时效届满，当事人的胜诉权消灭。再如，发明专利权经过20年（从申请之日起开始计算）消灭。

3. 决定民事义务的承担

比如，张某在未成年以前，其父对其有抚养义务。再如，张某的实用新型专利申请获得批准，在自申请之日起10年内，任何人不得以营利为目的实施该专利。

三、期间计算

（一）期间的计算方法

期间的两端，是始期和终期两个时间点。始期，是计算期间开始的时间点。终期，是计算期间完结的时间点。

1. 期间的计算方法有自然计算法和历法计算法

（1）自然计算法，是按实际经过的期间精确计算的方法。例如当事人约定："自本日8时起，24小时内还清所欠款项。"

（2）历法计算法，是指按日历所定之日、星期、月、年进行计算的方法。"民法所称的期间按照公历年、月、日、小时计算"（民总 200 条）。例如，根据《著作权法》的规定，公民的作品，其发表权以及利用并获得报酬的权利的保护期为作者终生及其死亡后 50 年，截止于作者死亡后第 50 年的 12 月 31 日。上述规定采用了历法计算法。

我们通常所用的日历，不包括"时"，但是历法计算法并不排斥对"时"的运用。比如，张某的作品在上午 8 时产生，则在 8 时开始受到保护，直至其死亡后第 50 年的 12 月 31 日（24 时）。

2. 期间的计算方法分为法定和约定

"期间的计算方法依照本法的规定，但是法律另有规定或者当事人另有约定的除外"（民总 204 条）。例如，诉讼时效的计算方法就是法定的计算方法。再如，当事人约定："180 日内完成工作，开始的当天计入在内，最后一日为节假日的不顺延。"此为约定的计算方法。

期间的计算方法允许当事人约定，法律禁止约定的除外。比如诉讼时效是一种期间，不允许当事人另行约定计算方法。

（二）期间的起算、对应日与届满

1. 期间的起算

"按照年、月、日计算期间的，开始的当日不计入，自下一日开始计算。按照小时计算期间的，自法律规定或者当事人约定的时间开始计算"（民总 201 条）。

开始的当日是指法律事实发生的当天，如违约的那一天、侵权的那一天。因开始的当日不足一天，故不计入在内。

问：2 月 1 日甲有重大违约行为，乙成立合同解除权，按双方约定，行使解除权的期间为一年，一年的届满之日是哪一天？

答：开始的 2 月 1 日（发生法律事实之日）不计算在内（2

月 2 日计算在内），第二年的 2 月 1 日为届满之日，前边是 2 月 1 日，后边也是 2 月 1 日，后边的 2 月 1 日称为"对应日"。在第二年 2 月 1 日当天，乙仍可行使解除权。

2. 期间的对应日

"按照年、月计算期间的，到期月的对应日为期间的最后一日；没有对应日的，月末日为期间的最后一日"（民总 202 条）。

◎ "对应日"，对应的是法律事实发生的当日

（1）甲欠乙的钱，按约定应当在 2017 年 11 月 2 日前归还，甲到期未归还，开始计算债权人乙的 3 年诉讼时效，如无中断、中止事由，至 2020 年 11 月 2 日诉讼时效届满。

解：2020 年 11 月 2 日，是 2017 年 11 月 2 日（该日不计入）的对应日。

（2）张甲所乘轮船在 2017 年 11 月 4 日触礁，张甲落水不知所踪。利害关系人最早在何年何日可向法院申请宣告张甲死亡？

解：2017 年 11 月 4 日（该日不计入）的对应日是 2019 年 11 月 4 日，该 4 日届满，才能申请。利害关系人最早申请之日是 2019 年 11 月 5 日。

◎ 没有对应日的，采用简化的方法处理，以月末日为期间的最后一日

（1）甲 2020 年 2 月 29 日违约，诉讼时效为 3 年，3 年后到期月（2023 年 2 月）的最后一日是 28 日，则以 28 日为期间的最后一日。

（2）2018 年 3 月 1 日，甲与乙签订了合同，至同月 31 日，甲才知道自己签订该合同，是有重大误解的，按照《民法总则》

第 152 条的规定，甲应在知道撤销事由之日起 3 个月内请求撤销，但 2018 年 6 月只有 30 天，故只能计算到 2018 年 6 月 30 日。但恰好 2018 年 6 月 30 日是星期六、7 月 1 日是星期日，故最晚甲应在 2018 年 7 月 2 日起诉请求撤销合同。

3. 期间的届满

（1）期间的顺延。

"期间的最后一日是法定休假日的，以法定休假日结束的次日为期间的最后一日"（民总 203 条第 1 款）。星期六、星期日、元旦、春节、国际劳动节、中秋节、国庆节、清明节、端午节，以及法律、行政法规规定的其他休假节日，为法定休假日。

◎ 成立不当得利的法定法律事实与起算诉讼时效的法律事实

2018 年 9 月 29 日，一头牛进入李某的大棚，吃掉了李某价值 500 元的蔬菜，李某自行"侦查"，于同年 10 月 1 日得知是周某的牛，欲主张返还不当得利请求权。

解： 本案适用 3 年普通诉讼时效。2018 年 9 月 29 日，牛进大棚吃菜，是成立不当得利的法定法律事实，但却不是起算诉讼时效的法律事实，只是起算诉讼时效的一个要件。该案诉讼时效起算的法律事实在 2018 年 10 月 1 日发生，故诉讼时效的最后一天是 2021 年 10 月 1 日（对应日），顺延到 2021 年国庆节假期期满之次日。开始的日期不受节假日的影响。

（2）终日的截止时间。

期间的最后一天称为终日。"期间的最后一日的截止时间为二十四时；有业务时间的，停止业务活动的时间为截止时间"（民总 203 条第 2 款）。业务时间如法院的上下班时间，商店的营业时间等。

（三）与《民事诉讼法》期间计算的比较

◎ 掐头续尾扣途

2018年元旦共休3天（2017年12月30日、31日、2018年1月1日）。一审民事判决书于2017年12月15日（星期五）送达张甲。上诉期限15天的计算，要"掐头"，即12月15日当天因不足一天，不计入在内。在日历上，最后一天是2017年12月30日，但30日（星期六）是休假日，要"续尾"，即2018年1月2日为上诉期的第15天。张甲上诉状的交邮时间（邮戳时间）为2018年1月2日。法院的一位工作人员电话里对张甲说："你的上诉已经超过法定期间，你最晚应在2017年12月30日交邮。"张甲并未过期，应当"扣途"。

解：《民事诉讼法》第82条第2款规定："期间以时、日、月、年计算。期间开始的时和日，不计算在期间内。"《民事诉讼法解释》第125条规定："依照民事诉讼法第八十二条第二款规定，民事诉讼中以时起算的期间从次时起算；以日、月、年计算的期间从次日起算。"《民事诉讼法》第82条第3款规定："期间届满的最后一日是节假日的，以节假日后的第一日为期间届满的日期。"《民事诉讼法》以日、月、年计算的期间与《民法总则》的规定是一致的，可以统称为"掐头续尾"。第82条第4款还特别规定："期间不包括在途时间，诉讼文书在期满前交邮的，不算过期。"

（四）期间起算的"倒计时"

溯及既往地确定期间的始日，是民法中常见的现象。为了方便记忆，笔者把这种现象称为"倒计时"。倒计时，是为了实践的需要和理论内部的圆通。下面举二例说明。

隋彭生：律师民法业务思维（三）《民法总则》随读

◎ 专利权期间（有效期）的起算

《专利法》第39、40条规定，[1] 专利权在国务院专利行政部门予以公告之日起生效。依第42条的规定，[2] 专利权的期限却是倒计时，自申请日起计算。从申请日至公告（授予），申请人的等待，虽然不能说是漫漫长夜，但却颇费时日。为什么专利期限的计算要倒计时？这是因为从申请日到公告日（授予），申请人的利益需要保护。对专利的侵权，不一定都发生在专利权授予之后的时间段。《专利法》第69条第2项规定的先用权，就是以申请日为时间界限的。

◎ 承诺期间（有效期）的起算

《合同法》第16条第1款规定："要约到达受要约人时生效。"但根据《合同法》第24条，承诺期限的起算却采取了倒计时。比如，北京的甲方以信件的方式向南京的乙方发出要约。要约规定的承诺期限为10天。信件载明的日期是1月1日。要约1月5日送达，即要约1月5日生效，但承诺期限却要从1月1日开始计算。承诺期限的截止日期是1月11日。为什么如此？这样做是为了保护要约人的利益，使其规避了要约的迟延风险。比如，甲方有一批鲜活产品，保鲜期为15天，他审时度势，在

---

[1]《专利法》第39条规定："发明专利申请经实质审查没有发现驳回理由的，由国务院专利行政部门作出授予发明专利权的决定，发给发明专利证书，同时予以登记和公告。发明专利权自公告之日起生效。"第40条规定："实用新型和外观设计专利申请经初步审查没有发现驳回理由的，由国务院专利行政部门作出授予实用新型专利权或者外观设计专利权的决定，发给相应的专利证书，同时予以登记和公告。实用新型专利权和外观设计专利权自公告之日起生效。"

[2]《专利法》第42条规定："发明专利权的期限为二十年，实用新型专利权和外观设计专利权的期限为十年，均自申请日起计算。"

给异地乙方发出的要约中规定承诺期限为 10 天，即乙方应当在 10 天之内送达承诺。这样还可以保留几天的运输时间。如果不倒计时，而将要约到达的时间作为承诺期限的起算时间，要约人就可能非常被动。如要约可能 15 天才到达乙方。

（五）期间与年龄的计算

年龄也是一种期间，但其计算有特殊性，《民法总则》显然忽略了对年龄的计算。

人自出生之日（出生当天），即有权利能力，故《民法总则》第 201 条中"按照年、月、日计算期间的，开始的当日不计入，自下一日开始计算"的规定不能适用。刑事责任年龄的计算方法，与民法是相同的。[1]

问：张甲 2000 年 1 月 1 日上午 11 时出生，在 2018 年 1 月 1 日过生日时，收到 10 万元贺礼，微醺之后，将该 10 万元打赏给一位网络主播。张甲之父可否要求该主播退钱？理由是什么？

答：张甲在过生日当天尚是限制行为能力人（第二天即 1 月 2 日成为完全行为能力人），打赏的金额达 10 万元之巨，应为与其行为能力不相适应的行为。张甲之父可以张甲欠缺行为能力为由请求退钱（行使效力待定合同的拒绝追认权）。张甲之父应在当天（2018 年 1 月 1 日）主张权利，到 1 月 2 日，其就丧失了监护人（法定代理人）的资格，张甲本人可以追认或者拒绝追认。

---

〔1〕《最高人民法院关于审理未成年人刑事案件具体应用法律若干问题的解释》第 2 条规定："刑法第十七条规定的'周岁'，按照公历的年、月、日计算，从周岁生日的第二天起算。"

隋彭生：律师民法业务思维（三）《民法总则》随谈

专题三十三　民法用语解释

引言

这里解释的"用语"是指对期限、比例、人数进行界定的法律用语。

《民法总则》第205条规定："民法所称的'以上''以下''以内''届满'，包括本数；所称的'不满''超过''以外'，不包括本数。"条文中所述"民法"是指民事法律规范，不限于《民法总则》。当事人书写的合同书、通知书等涉及期限、比例、人数计算的，都适用《民法总则》及其他民事法律的规定。

一、包括本数示例

（一）"以上"

（1）《物权法》第97条规定："处分共有的不动产或者动产以及对共有的不动产或者动产作重大修缮的，应当经占份额三分之二以上的按份共有人或者全体共同共有人同意，但共有人之间另有约定的除外。""三分之二以上"，包括2/3。

（2）《公司法》第71条第2款规定："股东向股东以外的人转让股权，应当经其他股东过半数同意。股东应就其股权转让事项书面通知其他股东征求同意，其他股东自接到书面通知之日起满三十日未答复的，视为同意转让。其他股东半数以上不同意转让的，不同意的股东应当购买该转让的股权；不购买的，视为同意转让。"

条文中，有一个"过半数"同意，还有一个"半数以上"不同意。这两个都是按股东的人数计算的，不是按资本的多少计算。

第一,"过半数"同意,不包括半数。比如目标公司有甲、乙、丙、丁、戊五个股东,甲要对外转让股份,征求乙、丙、丁、戊的同意,结果乙、丙同意,丁、戊反对,没有过半数。

第二,"半数以上"不同意,包括半数。上例丁、戊反对,为半数以上。

第三,如果目标公司有甲、乙、丙三个股东,甲要对外转让股份,乙同意,丙不同意,则同意的未过半数,未同意的为半数以上。

(二)"以下"

例如,《公司法》第24条规定:"有限责任公司由五十个以下股东出资设立。""五十个以下股东",包括50个股东。

再如,《公司法》第78条规定:"设立股份有限公司,应当有二人以上二百人以下为发起人,其中须有半数以上的发起人在中国境内有住所。""二人以上"包括2人,"二百人以下"包括200人,"半数以上"包括半数。

(三)"内""以内"

民法中的"内"与"以内"相同。如《民法总则》第152条规定:"有下列情形之一的,撤销权消灭:(一)当事人自知道或者应当知道撤销事由之日起一年内、重大误解的当事人自知道或者应当知道撤销事由之日起三个月内没有行使撤销权;(二)当事人受胁迫,自胁迫行为终止之日起一年内没有行使撤销权;(三)当事人知道撤销事由后明确表示或者以自己的行为表明放弃撤销权。当事人自民事法律行为发生之日起五年内没有行使撤销权的,撤销权消灭。"条文中的四个"内",都包括本数。

◎ 甲被乙欺诈,于2017年11月1日与乙签订合同,甲于同年12月4日发现自己被欺诈的事实,其请求撤销合同的1年除斥期间,计算到2018年12月4日。1年"内",包括4日当日。甲最迟在2018年12月4日起诉,否则撤销权消灭。

(四)"届满"

如《民法总则》第189条规定:"当事人约定同一债务分期履行的,诉讼时效期间自最后一期履行期限届满之日起计算。"

◎甲(买受人)与乙(出卖人)于2017年11月1日签订合同,约定甲买受乙90万吨铝锭,乙在2018年3月至5月,分三期发货,每月发货30万吨。

解:本案适用3年的诉讼时效。分三期发货,只有一个诉讼时效,不能计算三个诉讼时效。若计算甲主张请求权的诉讼时效,应从2018年5月届满之日起计算。即乙到2018年5月31日(包括31日当日)还未发货或发货不足,则计算甲的诉讼时效。按照《民法总则》第201条第1款,开始的当日不计入,自下一日计算,即2018年5月31日不计入在内,下月(6月)1日,计入在内,截止的时间是2021年5月31日。

二、不包括本数示例

(一)"不满"

如《民法总则》第20条规定:"不满八周岁的未成年人为无民事行为能力人,由其法定代理人代理实施民事法律行为。""不满八周岁",即不包括8周岁。

(二)"超过"

如《民法总则》第188条第2款规定:"诉讼时效期间自权利人知道或者应当知道权利受到损害以及义务人之日起计算。法律另有规定的,依照其规定。但是自权利受到损害之日起超过二十年的,人民法院不予保护;有特殊情况的,人民法院可以根据权利人的申请决定延长。""超过二十年",不包括第 20 年,自也不包括第 20 年的届满之当日,在届满当日主张权利,不超期。

(三)"以外"

如某公司发布的广告称:"三十人以外,不给予以上所述优惠"。"三十人以外,"不包括第 30 个人,即第 30 人也享有优惠。再如,甲、乙签订的合同写道:"对甲方 120 万元以外的损失,乙方不予以赔偿。""120 万元以外",不包括 120 万元。

(四)"过半数"

如《公司法》第 78 条规定:"设立股份有限公司,应当有二人以上二百人以下为发起人,其中须有半数以上的发起人在中国境内有住所。""半数以上",包括半数。"过半数"则不包括半数。

(五)"少于""低于"

如《公司法》第 70 条第 1 款规定:"国有独资公司监事会成员不得少于五人,其中职工代表的比例不得低于三分之一,具体比例由公司章程规定。""不得少于五人",不包括 5 人,5 人合法。"不得低于三分之一",不包括 1/3,1/3 合法。

(六)"短于"

如《公司法解释(四)》第 19 条规定:"有限责任公司的股东主张优先购买转让股权的,应当在收到通知后,在公司章程规定的行使期间内提出购买请求。公司章程没有规定行使期间或者规定不明确的,以通知确定的期间为准,通知确定的期间短于三十日或者未明确行使期间的,行使期间为三十日。""短于三十日",不包括 30 日。比如通知载明为 29 日,就少了一天。

(七)"前"

如《公司法》第 41 条第 1 款规定:"召开股东会会议,应当于会议召开十五日前通知全体股东；但是，公司章程另有规定或者全体股东另有约定的除外。""十五日前"，从开会之日往前推，有15个完整的"天"，开会之日不包括在内，第15天不包括在内。

◎ 甲有限责任公司董事会决定在2018年2月1日召开股东会会议。往前推，1月31日是第一天、1月30日是第二天……1月17日是第15天。董事会在15日前通知，是在1月17日前通知，在1月17日通知，就晚了一天。

附录 中华人民共和国民法总则

（2017年3月15日第十二届全国人民代表大会第五次会议通过）

目 录

第一章 基本规定
第二章 自然人
　第一节 民事权利能力和民事行为能力
　第二节 监护
　第三节 宣告失踪和宣告死亡
　第四节 个体工商户和农村承包经营户
第三章 法　人
　第一节 一般规定
　第二节 营利法人
　第三节 非营利法人
　第四节 特别法人
第四章 非法人组织
第五章 民事权利
第六章 民事法律行为
　第一节 一般规定
　第二节 意思表示
　第三节 民事法律行为的效力

第四节　民事法律行为的附条件和附期限

第七章　代　理

　　第一节　一般规定

　　第二节　委托代理

　　第三节　代理终止

第八章　民事责任

第九章　诉讼时效

第十章　期间计算

第十一章　附　则

第一章　基本规定

第一条　为了保护民事主体的合法权益，调整民事关系，维护社会和经济秩序，适应中国特色社会主义发展要求，弘扬社会主义核心价值观，根据宪法，制定本法。

第二条　民法调整平等主体的自然人、法人和非法人组织之间的人身关系和财产关系。

第三条　民事主体的人身权利、财产权利以及其他合法权益受法律保护，任何组织或者个人不得侵犯。

第四条　民事主体在民事活动中的法律地位一律平等。

第五条　民事主体从事民事活动，应当遵循自愿原则，按照自己的意思设立、变更、终止民事法律关系。

第六条　民事主体从事民事活动，应当遵循公平原则，合理确定各方的权利和义务。

第七条　民事主体从事民事活动，应当遵循诚信原则，秉持诚实，恪守承诺。

第八条　民事主体从事民事活动，不得违反法律，不得违背公序良俗。

第九条　民事主体从事民事活动，应当有利于节约资源、保护生态环境。

第十条 处理民事纠纷，应当依照法律；法律没有规定的，可以适用习惯，但是不得违背公序良俗。

第十一条 其他法律对民事关系有特别规定的，依照其规定。

第十二条 中华人民共和国领域内的民事活动，适用中华人民共和国法律。法律另有规定的，依照其规定。

第二章 自然人

第一节 民事权利能力和民事行为能力

第十三条 自然人从出生时起到死亡时止，具有民事权利能力，依法享有民事权利，承担民事义务。

第十四条 自然人的民事权利能力一律平等。

第十五条 自然人的出生时间和死亡时间，以出生证明、死亡证明记载的时间为准；没有出生证明、死亡证明的，以户籍登记或者其他有效身份登记记载的时间为准。有其他证据足以推翻以上记载时间的，以该证据证明的时间为准。

第十六条 涉及遗产继承、接受赠与等胎儿利益保护的，胎儿视为具有民事权利能力。但是胎儿娩出时为死体的，其民事权利能力自始不存在。

第十七条 十八周岁以上的自然人为成年人。不满十八周岁的自然人为未成年人。

第十八条 成年人为完全民事行为能力人，可以独立实施民事法律行为。

十六周岁以上的未成年人，以自己的劳动收入为主要生活来源的，视为完全民事行为能力人。

第十九条 八周岁以上的未成年人为限制民事行为能力人，

实施民事法律行为由其法定代理人代理或者经其法定代理人同意、追认，但是可以独立实施纯获利益的民事法律行为或者与其年龄、智力相适应的民事法律行为。

第二十条　不满八周岁的未成年人为无民事行为能力人，由其法定代理人代理实施民事法律行为。

第二十一条　不能辨认自己行为的成年人为无民事行为能力人，由其法定代理人代理实施民事法律行为。

八周岁以上的未成年人不能辨认自己行为的，适用前款规定。

第二十二条　不能完全辨认自己行为的成年人为限制民事行为能力人，实施民事法律行为由其法定代理人代理或者经其法定代理人同意、追认，但是可以独立实施纯获利益的民事法律行为或者与其智力、精神健康状况相适应的民事法律行为。

第二十三条　无民事行为能力人、限制民事行为能力人的监护人是其法定代理人。

第二十四条　不能辨认或者不能完全辨认自己行为的成年人，其利害关系人或者有关组织，可以向人民法院申请认定该成年人为无民事行为能力人或者限制民事行为能力人。

被人民法院认定为无民事行为能力人或者限制民事行为能力人的，经本人、利害关系人或者有关组织申请，人民法院可以根据其智力、精神健康恢复的状况，认定该成年人恢复为限制民事行为能力人或者完全民事行为能力人。

本条规定的有关组织包括：居民委员会、村民委员会、学校、医疗机构、妇女联合会、残疾人联合会、依法设立的老年人组织、民政部门等。

第二十五条　自然人以户籍登记或者其他有效身份登记记载的居所为住所；经常居所与住所不一致的，经常居所视为住所。

第二节 监 护

第二十六条 父母对未成年子女负有抚养、教育和保护的义务。

成年子女对父母负有赡养、扶助和保护的义务。

第二十七条 父母是未成年子女的监护人。

未成年人的父母已经死亡或者没有监护能力的，由下列有监护能力的人按顺序担任监护人：

（一）祖父母、外祖父母；

（二）兄、姐；

（三）其他愿意担任监护人的个人或者组织，但是须经未成年人住所地的居民委员会、村民委员会或者民政部门同意。

第二十八条 无民事行为能力或者限制民事行为能力的成年人，由下列有监护能力的人按顺序担任监护人：

（一）配偶；

（二）父母、子女；

（三）其他近亲属；

（四）其他愿意担任监护人的个人或者组织，但是须经被监护人住所地的居民委员会、村民委员会或者民政部门同意。

第二十九条 被监护人的父母担任监护人的，可以通过遗嘱指定监护人。

第三十条 依法具有监护资格的人之间可以协议确定监护人。协议确定监护人应当尊重被监护人的真实意愿。

第三十一条 对监护人的确定有争议的，由被监护人住所地的居民委员会、村民委员会或者民政部门指定监护人，有关当事人对指定不服的，可以向人民法院申请指定监护人；有关当事人也可以直接向人民法院申请指定监护人。

居民委员会、村民委员会、民政部门或者人民法院应当尊重被监护人的真实意愿，按照最有利于被监护人的原则在依法具有监护资格的人中指定监护人。

依照本条第一款规定指定监护人前，被监护人的人身权利、财产权利以及其他合法权益处于无人保护状态的，由被监护人住所地的居民委员会、村民委员会、法律规定的有关组织或者民政部门担任临时监护人。

监护人被指定后，不得擅自变更；擅自变更的，不免除被指定的监护人的责任。

第三十二条　没有依法具有监护资格的人的，监护人由民政部门担任，也可以由具备履行监护职责条件的被监护人住所地的居民委员会、村民委员会担任。

第三十三条　具有完全民事行为能力的成年人，可以与其近亲属、其他愿意担任监护人的个人或者组织事先协商，以书面形式确定自己的监护人。协商确定的监护人在该成年人丧失或者部分丧失民事行为能力时，履行监护职责。

第三十四条　监护人的职责是代理被监护人实施民事法律行为，保护被监护人的人身权利、财产权利以及其他合法权益等。

监护人依法履行监护职责产生的权利，受法律保护。

监护人不履行监护职责或者侵害被监护人合法权益的，应当承担法律责任。

第三十五条　监护人应当按照最有利于被监护人的原则履行监护职责。监护人除为维护被监护人利益外，不得处分被监护人的财产。

未成年人的监护人履行监护职责，在作出与被监护人利益有关的决定时，应当根据被监护人的年龄和智力状况，尊重被监护人的真实意愿。

成年人的监护人履行监护职责,应当最大程度地尊重被监护人的真实意愿,保障并协助被监护人实施与其智力、精神健康状况相适应的民事法律行为。对被监护人有能力独立处理的事务,监护人不得干涉。

第三十六条　监护人有下列情形之一的,人民法院根据有关个人或者组织的申请,撤销其监护人资格,安排必要的临时监护措施,并按照最有利于被监护人的原则依法指定监护人:

（一）实施严重损害被监护人身心健康行为的;

（二）怠于履行监护职责,或者无法履行监护职责并且拒绝将监护职责部分或者全部委托给他人,导致被监护人处于危困状态的;

（三）实施严重侵害被监护人合法权益的其他行为的。

本条规定的有关个人和组织包括:其他依法具有监护资格的人,居民委员会、村民委员会、学校、医疗机构、妇女联合会、残疾人联合会、未成年人保护组织、依法设立的老年人组织、民政部门等。

前款规定的个人和民政部门以外的组织未及时向人民法院申请撤销监护人资格的,民政部门应当向人民法院申请。

第三十七条　依法负担被监护人抚养费、赡养费、扶养费的父母、子女、配偶等,被人民法院撤销监护人资格后,应当继续履行负担的义务。

第三十八条　被监护人的父母或者子女被人民法院撤销监护人资格后,除对被监护人实施故意犯罪的外,确有悔改表现的,经其申请,人民法院可以在尊重被监护人真实意愿的前提下,视情况恢复其监护人资格,人民法院指定的监护人与被监护人的监护关系同时终止。

第三十九条　有下列情形之一的,监护关系终止:

（一）被监护人取得或者恢复完全民事行为能力；
（二）监护人丧失监护能力；
（三）被监护人或者监护人死亡；
（四）人民法院认定监护关系终止的其他情形。

监护关系终止后，被监护人仍然需要监护的，应当依法另行确定监护人。

第三节　宣告失踪和宣告死亡

第四十条　自然人下落不明满二年的，利害关系人可以向人民法院申请宣告该自然人为失踪人。

第四十一条　自然人下落不明的时间从其失去音讯之日起计算。战争期间下落不明的，下落不明的时间自战争结束之日或者有关机关确定的下落不明之日起计算。

第四十二条　失踪人的财产由其配偶、成年子女、父母或者其他愿意担任财产代管人的人代管。

代管有争议，没有前款规定的人，或者前款规定的人无代管能力的，由人民法院指定的人代管。

第四十三条　财产代管人应当妥善管理失踪人的财产，维护其财产权益。

失踪人所欠税款、债务和应付的其他费用，由财产代管人从失踪人的财产中支付。

财产代管人因故意或者重大过失造成失踪人财产损失的，应当承担赔偿责任。

第四十四条　财产代管人不履行代管职责、侵害失踪人财产权益或者丧失代管能力的，失踪人的利害关系人可以向人民法院申请变更财产代管人。

财产代管人有正当理由的，可以向人民法院申请变更财产代管人。

人民法院变更财产代管人的,变更后的财产代管人有权要求原财产代管人及时移交有关财产并报告财产代管情况。

第四十五条 失踪人重新出现,经本人或者利害关系人申请,人民法院应当撤销失踪宣告。

失踪人重新出现,有权要求财产代管人及时移交有关财产并报告财产代管情况。

第四十六条 自然人有下列情形之一的,利害关系人可以向人民法院申请宣告该自然人死亡:

(一)下落不明满四年;

(二)因意外事件,下落不明满二年。

因意外事件下落不明,经有关机关证明该自然人不可能生存的,申请宣告死亡不受二年时间的限制。

第四十七条 对同一自然人,有的利害关系人申请宣告死亡,有的利害关系人申请宣告失踪,符合本法规定的宣告死亡条件的,人民法院应当宣告死亡。

第四十八条 被宣告死亡的人,人民法院宣告死亡的判决作出之日视为其死亡的日期;因意外事件下落不明宣告死亡的,意外事件发生之日视为其死亡的日期。

第四十九条 自然人被宣告死亡但是并未死亡的,不影响该自然人在被宣告死亡期间实施的民事法律行为的效力。

第五十条 被宣告死亡的人重新出现,经本人或者利害关系人申请,人民法院应当撤销死亡宣告。

第五十一条 被宣告死亡的人的婚姻关系,自死亡宣告之日起消灭。死亡宣告被撤销的,婚姻关系自撤销死亡宣告之日起自行恢复,但是其配偶再婚或者向婚姻登记机关书面声明不愿意恢复的除外。

第五十二条 被宣告死亡的人在被宣告死亡期间,其子女被他人依法收养的,在死亡宣告被撤销后,不得以未经本人同意为由主张收养关系无效。

第五十三条　被撤销死亡宣告的人有权请求依照继承法取得其财产的民事主体返还财产。无法返还的,应当给予适当补偿。

利害关系人隐瞒真实情况,致使他人被宣告死亡取得其财产的,除应当返还财产外,还应当对由此造成的损失承担赔偿责任。

第四节　个体工商户和农村承包经营户

第五十四条　自然人从事工商业经营,经依法登记,为个体工商户。个体工商户可以起字号。

第五十五条　农村集体经济组织的成员,依法取得农村土地承包经营权,从事家庭承包经营的,为农村承包经营户。

第五十六条　个体工商户的债务,个人经营的,以个人财产承担;家庭经营的,以家庭财产承担;无法区分的,以家庭财产承担。

农村承包经营户的债务,以从事农村土地承包经营的农户财产承担;事实上由农户部分成员经营的,以该部分成员的财产承担。

第三章　法　人

第一节　一般规定

第五十七条　法人是具有民事权利能力和民事行为能力,依法独立享有民事权利和承担民事义务的组织。

第五十八条　法人应当依法成立。

法人应当有自己的名称、组织机构、住所、财产或者经费。法人成立的具体条件和程序,依照法律、行政法规的规定。

设立法人，法律、行政法规规定须经有关机关批准的，依照其规定。

第五十九条 法人的民事权利能力和民事行为能力，从法人成立时产生，到法人终止时消灭。

第六十条 法人以其全部财产独立承担民事责任。

第六十一条 依照法律或者法人章程的规定，代表法人从事民事活动的负责人，为法人的法定代表人。

法定代表人以法人名义从事的民事活动，其法律后果由法人承受。

法人章程或者法人权力机构对法定代表人代表权的限制，不得对抗善意相对人。

第六十二条 法定代表人因执行职务造成他人损害的，由法人承担民事责任。

法人承担民事责任后，依照法律或者法人章程的规定，可以向有过错的法定代表人追偿。

第六十三条 法人以其主要办事机构所在地为住所。依法需要办理法人登记的，应当将主要办事机构所在地登记为住所。

第六十四条 法人存续期间登记事项发生变化的，应当依法向登记机关申请变更登记。

第六十五条 法人的实际情况与登记的事项不一致的，不得对抗善意相对人。

第六十六条 登记机关应当依法及时公示法人登记的有关信息。

第六十七条 法人合并的，其权利和义务由合并后的法人享有和承担。

法人分立的，其权利和义务由分立后的法人享有连带债权，承担连带债务，但是债权人和债务人另有约定的除外。

第六十八条 有下列原因之一并依法完成清算、注销登记的,法人终止:

(一)法人解散;

(二)法人被宣告破产;

(三)法律规定的其他原因。

法人终止,法律、行政法规规定须经有关机关批准的,依照其规定。

第六十九条 有下列情形之一的,法人解散:

(一)法人章程规定的存续期间届满或者法人章程规定的其他解散事由出现;

(二)法人的权力机构决议解散;

(三)因法人合并或者分立需要解散;

(四)法人依法被吊销营业执照、登记证书,被责令关闭或者被撤销;

(五)法律规定的其他情形。

第七十条 法人解散的,除合并或者分立的情形外,清算义务人应当及时组成清算组进行清算。

法人的董事、理事等执行机构或者决策机构的成员为清算义务人。法律、行政法规另有规定的,依照其规定。

清算义务人未及时履行清算义务,造成损害的,应当承担民事责任;主管机关或者利害关系人可以申请人民法院指定有关人员组成清算组进行清算。

第七十一条 法人的清算程序和清算组职权,依照有关法律的规定;没有规定的,参照适用公司法的有关规定。

第七十二条 清算期间法人存续,但是不得从事与清算无关的活动。

法人清算后的剩余财产,根据法人章程的规定或者法人权力机构的决议处理。法律另有规定的，依照其规定。

清算结束并完成法人注销登记时，法人终止；依法不需要办理法人登记的，清算结束时，法人终止。

第七十三条 法人被宣告破产的，依法进行破产清算并完成法人注销登记时，法人终止。

第七十四条 法人可以依法设立分支机构。法律、行政法规规定分支机构应当登记的，依照其规定。

分支机构以自己的名义从事民事活动，产生的民事责任由法人承担；也可以先以该分支机构管理的财产承担，不足以承担的，由法人承担。

第七十五条 设立人为设立法人从事的民事活动，其法律后果由法人承受；法人未成立的，其法律后果由设立人承受，设立人为二人以上的，享有连带债权，承担连带债务。

设立人为设立法人以自己的名义从事民事活动产生的民事责任，第三人有权选择请求法人或者设立人承担。

第二节 营利法人

第七十六条 以取得利润并分配给股东等出资人为目的成立的法人，为营利法人。

营利法人包括有限责任公司、股份有限公司和其他企业法人等。

第七十七条 营利法人经依法登记成立。

第七十八条 依法设立的营利法人，由登记机关发给营利法人营业执照。营业执照签发日期为营利法人的成立日期。

第七十九条 设立营利法人应当依法制定法人章程。

第八十条 营利法人应当设权力机构。

权力机构行使修改法人章程，选举或者更换执行机构、监督机构成员，以及法人章程规定的其他职权。

第八十一条 营利法人应当设执行机构。

执行机构行使召集权力机构会议,决定法人的经营计划和投资方案,决定法人内部管理机构的设置,以及法人章程规定的其他职权。

执行机构为董事会或者执行董事的,董事长、执行董事或者经理按照法人章程的规定担任法定代表人;未设董事会或者执行董事的,法人章程规定的主要负责人为其执行机构和法定代表人。

第八十二条 营利法人设监事会或者监事等监督机构的,监督机构依法行使检查法人财务,监督执行机构成员、高级管理人员执行法人职务的行为,以及法人章程规定的其他职权。

第八十三条 营利法人的出资人不得滥用出资人权利损害法人或者其他出资人的利益。滥用出资人权利给法人或者其他出资人造成损失的,应当依法承担民事责任。

营利法人的出资人不得滥用法人独立地位和出资人有限责任损害法人的债权人利益。滥用法人独立地位和出资人有限责任,逃避债务,严重损害法人的债权人利益的,应当对法人债务承担连带责任。

第八十四条 营利法人的控股出资人、实际控制人、董事、监事、高级管理人员不得利用其关联关系损害法人的利益。利用关联关系给法人造成损失的,应当承担赔偿责任。

第八十五条 营利法人的权力机构、执行机构作出决议的会议召集程序、表决方式违反法律、行政法规、法人章程,或者决议内容违反法人章程的,营利法人的出资人可以请求人民法院撤销该决议,但是营利法人依据该决议与善意相对人形成的民事法律关系不受影响。

第八十六条 营利法人从事经营活动,应当遵守商业道德,维护交易安全，接受政府和社会的监督，承担社会责任。

第三节　非营利法人

第八十七条　为公益目的或者其他非营利目的成立，不向出资人、设立人或者会员分配所取得利润的法人，为非营利法人。

非营利法人包括事业单位、社会团体、基金会、社会服务机构等。

第八十八条　具备法人条件，为适应经济社会发展需要，提供公益服务设立的事业单位，经依法登记成立，取得事业单位法人资格；依法不需要办理法人登记的，从成立之日起，具有事业单位法人资格。

第八十九条　事业单位法人设理事会的，除法律另有规定外，理事会为其决策机构。事业单位法人的法定代表人依照法律、行政法规或者法人章程的规定产生。

第九十条　具备法人条件，基于会员共同意愿，为公益目的或者会员共同利益等非营利目的设立的社会团体，经依法登记成立，取得社会团体法人资格；依法不需要办理法人登记的，从成立之日起，具有社会团体法人资格。

第九十一条　设立社会团体法人应当依法制定法人章程。

社会团体法人应当设会员大会或者会员代表大会等权力机构。

社会团体法人应当设理事会等执行机构。理事长或者会长等负责人按照法人章程的规定担任法定代表人。

第九十二条　具备法人条件，为公益目的以捐助财产设立的基金会、社会服务机构等，经依法登记成立，取得捐助法人资格。

依法设立的宗教活动场所，具备法人条件的，可以申请法人登记，取得捐助法人资格。法律、行政法规对宗教活动场所有规定的，依照其规定。

第九十三条 设立捐助法人应当依法制定法人章程。

捐助法人应当设理事会、民主管理组织等决策机构，并设执行机构。理事长等负责人按照法人章程的规定担任法定代表人。

捐助法人应当设监事会等监督机构。

第九十四条 捐助人有权向捐助法人查询捐助财产的使用、管理情况，并提出意见和建议，捐助法人应当及时、如实答复。

捐助法人的决策机构、执行机构或者法定代表人作出决定的程序违反法律、行政法规、法人章程，或者决定内容违反法人章程的，捐助人等利害关系人或者主管机关可以请求人民法院撤销该决定，但是捐助法人依据该决定与善意相对人形成的民事法律关系不受影响。

第九十五条 为公益目的成立的非营利法人终止时，不得向出资人、设立人或者会员分配剩余财产。剩余财产应当按照法人章程的规定或者权力机构的决议用于公益目的；无法按照法人章程的规定或者权力机构的决议处理的，由主管机关主持转给宗旨相同或者相近的法人，并向社会公告。

第四节 特别法人

第九十六条 本节规定的机关法人、农村集体经济组织法人、城镇农村的合作经济组织法人、基层群众性自治组织法人，为特别法人。

第九十七条 有独立经费的机关和承担行政职能的法定机构从成立之日起，具有机关法人资格，可以从事为履行职能所需要的民事活动。

第九十八条 机关法人被撤销的，法人终止，其民事权利和义务由继任的机关法人享有和承担;没有继任的机关法人的,由作出撤销决定的机关法人享有和承担。

第九十九条 农村集体经济组织依法取得法人资格。

法律、行政法规对农村集体经济组织有规定的,依照其规定。

第一百条 城镇农村的合作经济组织依法取得法人资格。

法律、行政法规对城镇农村的合作经济组织有规定的,依照其规定。

第一百零一条 居民委员会、村民委员会具有基层群众性自治组织法人资格,可以从事为履行职能所需要的民事活动。

未设立村集体经济组织的,村民委员会可以依法代行村集体经济组织的职能。

第四章 非法人组织

第一百零二条 非法人组织是不具有法人资格,但是能够依法以自己的名义从事民事活动的组织。

非法人组织包括个人独资企业、合伙企业、不具有法人资格的专业服务机构等。

第一百零三条 非法人组织应当依照法律的规定登记。

设立非法人组织,法律、行政法规规定须经有关机关批准的,依照其规定。

第一百零四条 非法人组织的财产不足以清偿债务的,其出资人或者设立人承担无限责任。法律另有规定的,依照其规定。

第一百零五条 非法人组织可以确定一人或者数人代表该组织从事民事活动。

第一百零六条 有下列情形之一的,非法人组织解散:

（一）章程规定的存续期间届满或者章程规定的其他解散事由出现；

（二）出资人或者设立人决定解散；

（三）法律规定的其他情形。

第一百零七条 非法人组织解散的，应当依法进行清算。

第一百零八条 非法人组织除适用本章规定外，参照适用本法第三章第一节的有关规定。

第五章 民事权利

第一百零九条 自然人的人身自由、人格尊严受法律保护。

第一百一十条 自然人享有生命权、身体权、健康权、姓名权、肖像权、名誉权、荣誉权、隐私权、婚姻自主权等权利。

法人、非法人组织享有名称权、名誉权、荣誉权等权利。

第一百一十一条 自然人的个人信息受法律保护。任何组织和个人需要获取他人个人信息的，应当依法取得并确保信息安全，不得非法收集、使用、加工、传输他人个人信息，不得非法买卖、提供或者公开他人个人信息。

第一百一十二条 自然人因婚姻、家庭关系等产生的人身权利受法律保护。

第一百一十三条 民事主体的财产权利受法律平等保护。

第一百一十四条 民事主体依法享有物权。

物权是权利人依法对特定的物享有直接支配和排他的权利，包括所有权、用益物权和担保物权。

第一百一十五条 物包括不动产和动产。法律规定权利作为物权客体的，依照其规定。

第一百一十六条 物权的种类和内容，由法律规定。

第一百一十七条 为了公共利益的需要，依照法律规定的权限和程序征收、征用不动产或者动产的，应当给予公平、合理的补偿。

第一百一十八条 民事主体依法享有债权。

债权是因合同、侵权行为、无因管理、不当得利以及法律的其他规定，权利人请求特定义务人为或者不为一定行为的权利。

第一百一十九条 依法成立的合同，对当事人具有法律约束力。

第一百二十条 民事权益受到侵害的，被侵权人有权请求侵权人承担侵权责任。

第一百二十一条 没有法定的或者约定的义务，为避免他人利益受损失而进行管理的人，有权请求受益人偿还由此支出的必要费用。

第一百二十二条 因他人没有法律根据，取得不当利益，受损失的人有权请求其返还不当利益。

第一百二十三条 民事主体依法享有知识产权。

知识产权是权利人依法就下列客体享有的专有的权利：

（一）作品；

（二）发明、实用新型、外观设计；

（三）商标；

（四）地理标志；

（五）商业秘密；

（六）集成电路布图设计；

（七）植物新品种；

（八）法律规定的其他客体。

第一百二十四条 自然人依法享有继承权。

自然人合法的私有财产，可以依法继承。

第一百二十五条　民事主体依法享有股权和其他投资性权利。

第一百二十六条　民事主体享有法律规定的其他民事权利和利益。

第一百二十七条　法律对数据、网络虚拟财产的保护有规定的，依照其规定。

第一百二十八条　法律对未成年人、老年人、残疾人、妇女、消费者等的民事权利保护有特别规定的，依照其规定。

第一百二十九条　民事权利可以依据民事法律行为、事实行为、法律规定的事件或者法律规定的其他方式取得。

第一百三十条　民事主体按照自己的意愿依法行使民事权利，不受干涉。

第一百三十一条　民事主体行使权利时，应当履行法律规定的和当事人约定的义务。

第一百三十二条　民事主体不得滥用民事权利损害国家利益、社会公共利益或者他人合法权益。

第六章　民事法律行为

第一节　一般规定

第一百三十三条　民事法律行为是民事主体通过意思表示设立、变更、终止民事法律关系的行为。

第一百三十四条　民事法律行为可以基于双方或者多方的意思表示一致成立，也可以基于单方的意思表示成立。

法人、非法人组织依照法律或者章程规定的议事方式和表决程序作出决议的，该决议行为成立。

第一百三十五条　民事法律行为可以采用书面形式、口头形式或者其他形式；法律、行政法规规定或者当事人约定采用特定形式的，应当采用特定形式。

第一百三十六条 民事法律行为自成立时生效，但是法律另有规定或者当事人另有约定的除外。

行为人非依法律规定或者未经对方同意，不得擅自变更或者解除民事法律行为。

第二节 意思表示

第一百三十七条 以对话方式作出的意思表示，相对人知道其内容时生效。

以非对话方式作出的意思表示，到达相对人时生效。以非对话方式作出的采用数据电文形式的意思表示，相对人指定特定系统接收数据电文的，该数据电文进入该特定系统时生效；未指定特定系统的，相对人知道或者应当知道该数据电文进入其系统时生效。当事人对采用数据电文形式的意思表示的生效时间另有约定的，按照其约定。

第一百三十八条 无相对人的意思表示，表示完成时生效。法律另有规定的，依照其规定。

第一百三十九条 以公告方式作出的意思表示，公告发布时生效。

第一百四十条 行为人可以明示或者默示作出意思表示。

沉默只有在有法律规定、当事人约定或者符合当事人之间的交易习惯时，才可以视为意思表示。

第一百四十一条 行为人可以撤回意思表示。撤回意思表示的通知应当在意思表示到达相对人前或者与意思表示同时到达相对人。

第一百四十二条 有相对人的意思表示的解释，应当按照所使用的词句，结合相关条款、行为的性质和目的、习惯以及诚信原则，确定意思表示的含义。

无相对人的意思表示的解释,不能完全拘泥于所使用的词句,而应当结合相关条款、行为的性质和目的、习惯以及诚信原则,确定行为人的真实意思。

第三节　民事法律行为的效力

第一百四十三条　具备下列条件的民事法律行为有效:

(一) 行为人具有相应的民事行为能力;

(二) 意思表示真实;

(三) 不违反法律、行政法规的强制性规定,不违背公序良俗。

第一百四十四条　无民事行为能力人实施的民事法律行为无效。

第一百四十五条　限制民事行为能力人实施的纯获利益的民事法律行为或者与其年龄、智力、精神健康状况相适应的民事法律行为有效;实施的其他民事法律行为经法定代理人同意或者追认后有效。

相对人可以催告法定代理人自收到通知之日起一个月内予以追认。法定代理人未作表示的,视为拒绝追认。民事法律行为被追认前,善意相对人有撤销的权利。撤销应当以通知的方式作出。

第一百四十六条　行为人与相对人以虚假的意思表示实施的民事法律行为无效。

以虚假的意思表示隐藏的民事法律行为的效力,依照有关法律规定处理。

第一百四十七条　基于重大误解实施的民事法律行为,行为人有权请求人民法院或者仲裁机构予以撤销。

第一百四十八条　一方以欺诈手段,使对方在违背真实意思的情况下实施的民事法律行为,受欺诈方有权请求人民法院或者仲裁机构予以撤销。

第一百四十九条 第三人实施欺诈行为，使一方在违背真实意思的情况下实施的民事法律行为，对方知道或者应当知道该欺诈行为的，受欺诈方有权请求人民法院或者仲裁机构予以撤销。

第一百五十条 一方或者第三人以胁迫手段，使对方在违背真实意思的情况下实施的民事法律行为，受胁迫方有权请求人民法院或者仲裁机构予以撤销。

第一百五十一条 一方利用对方处于危困状态、缺乏判断能力等情形，致使民事法律行为成立时显失公平的，受损害方有权请求人民法院或者仲裁机构予以撤销。

第一百五十二条 有下列情形之一的，撤销权消灭：

（一）当事人自知道或者应当知道撤销事由之日起一年内、重大误解的当事人自知道或者应当知道撤销事由之日起三个月内没有行使撤销权；

（二）当事人受胁迫，自胁迫行为终止之日起一年内没有行使撤销权；

（三）当事人知道撤销事由后明确表示或者以自己的行为表明放弃撤销权。

当事人自民事法律行为发生之日起五年内没有行使撤销权的，撤销权消灭。

第一百五十三条 违反法律、行政法规的强制性规定的民事法律行为无效，但是该强制性规定不导致该民事法律行为无效的除外。

违背公序良俗的民事法律行为无效。

第一百五十四条 行为人与相对人恶意串通，损害他人合法权益的民事法律行为无效。

第一百五十五条 无效的或者被撤销的民事法律行为自始没有法律约束力。

第一百五十六条 民事法律行为部分无效,不影响其他部分效力的,其他部分仍然有效。

第一百五十七条 民事法律行为无效、被撤销或者确定不发生效力后,行为人因该行为取得的财产,应当予以返还;不能返还或者没有必要返还的,应当折价补偿。有过错的一方应当赔偿对方由此所受到的损失;各方都有过错的,应当各自承担相应的责任。法律另有规定的,依照其规定。

第四节 民事法律行为的附条件和附期限

第一百五十八条 民事法律行为可以附条件,但是按照其性质不得附条件的除外。附生效条件的民事法律行为,自条件成就时生效。附解除条件的民事法律行为,自条件成就时失效。

第一百五十九条 附条件的民事法律行为,当事人为自己的利益不正当地阻止条件成就的,视为条件已成就;不正当地促成条件成就的,视为条件不成就。

第一百六十条 民事法律行为可以附期限,但是按照其性质不得附期限的除外。附生效期限的民事法律行为,自期限届至时生效。附终止期限的民事法律行为,自期限届满时失效。

第七章 代 理

第一节 一般规定

第一百六十一条 民事主体可以通过代理人实施民事法律行为。

依照法律规定、当事人约定或者民事法律行为的性质,应当由本人亲自实施的民事法律行为,不得代理。

第一百六十二条 代理人在代理权限内,以被代理人名义实施的民事法律行为，对被代理人发生效力。

第一百六十三条 代理包括委托代理和法定代理。

委托代理人按照被代理人的委托行使代理权。法定代理人依照法律的规定行使代理权。

第一百六十四条 代理人不履行或者不完全履行职责，造成被代理人损害的，应当承担民事责任。

代理人和相对人恶意串通，损害被代理人合法权益的，代理人和相对人应当承担连带责任。

第二节 委托代理

第一百六十五条 委托代理授权采用书面形式的，授权委托书应当载明代理人的姓名或者名称、代理事项、权限和期间，并由被代理人签名或者盖章。

第一百六十六条 数人为同一代理事项的代理人的，应当共同行使代理权，但是当事人另有约定的除外。

第一百六十七条 代理人知道或者应当知道代理事项违法仍然实施代理行为，或者被代理人知道或者应当知道代理人的代理行为违法未作反对表示的，被代理人和代理人应当承担连带责任。

第一百六十八条 代理人不得以被代理人的名义与自己实施民事法律行为，但是被代理人同意或者追认的除外。

代理人不得以被代理人的名义与自己同时代理的其他人实施民事法律行为，但是被代理的双方同意或者追认的除外。

第一百六十九条 代理人需要转委托第三人代理的，应当取得被代理人的同意或者追认。

转委托代理经被代理人同意或者追认的，被代理人可以就代理事务直接指示转委托的第三人，代理人仅就第三人的选任以及对第三人的指示承担责任。

转委托代理未经被代理人同意或者追认的，代理人应当对转委托的第三人的行为承担责任，但是在紧急情况下代理人为了维护被代理人的利益需要转委托第三人代理的除外。

第一百七十条　执行法人或者非法人组织工作任务的人员，就其职权范围内的事项，以法人或者非法人组织的名义实施民事法律行为，对法人或者非法人组织发生效力。

法人或者非法人组织对执行其工作任务的人员职权范围的限制，不得对抗善意相对人。

第一百七十一条　行为人没有代理权、超越代理权或者代理权终止后，仍然实施代理行为，未经被代理人追认的，对被代理人不发生效力。

相对人可以催告被代理人自收到通知之日起一个月内予以追认。被代理人未作表示的，视为拒绝追认。行为人实施的行为被追认前，善意相对人有撤销的权利。撤销应当以通知的方式作出。

行为人实施的行为未被追认的，善意相对人有权请求行为人履行债务或者就其受到的损害请求行为人赔偿，但是赔偿的范围不得超过被代理人追认时相对人所能获得的利益。

相对人知道或者应当知道行为人无权代理的，相对人和行为人按照各自的过错承担责任。

第一百七十二条　行为人没有代理权、超越代理权或者代理权终止后，仍然实施代理行为，相对人有理由相信行为人有代理权的，代理行为有效。

第三节　代理终止

第一百七十三条　有下列情形之一的，委托代理终止：

（一）代理期间届满或者代理事务完成；

（二）被代理人取消委托或者代理人辞去委托；

（三）代理人丧失民事行为能力；

（四）代理人或者被代理人死亡；

（五）作为代理人或者被代理人的法人、非法人组织终止。

第一百七十四条 被代理人死亡后，有下列情形之一的，委托代理人实施的代理行为有效：

（一）代理人不知道并且不应当知道被代理人死亡；

（二）被代理人的继承人予以承认；

（三）授权中明确代理权在代理事务完成时终止；

（四）被代理人死亡前已经实施，为了被代理人的继承人的利益继续代理。

作为被代理人的法人、非法人组织终止的，参照适用前款规定。

第一百七十五条 有下列情形之一的，法定代理终止：

（一）被代理人取得或者恢复完全民事行为能力；

（二）代理人丧失民事行为能力；

（三）代理人或者被代理人死亡；

（四）法律规定的其他情形。

第八章　民事责任

第一百七十六条 民事主体依照法律规定和当事人约定，履行民事义务，承担民事责任。

第一百七十七条 二人以上依法承担按份责任，能够确定责任大小的，各自承担相应的责任；难以确定责任大小的，平均承担责任。

第一百七十八条 二人以上依法承担连带责任的，权利人有权请求部分或者全部连带责任人承担责任。

连带责任人的责任份额根据各自责任大小确定；难以确定

责任大小的，平均承担责任。实际承担责任超过自己责任份额的连带责任人，有权向其他连带责任人追偿。

连带责任，由法律规定或者当事人约定。

第一百七十九条 承担民事责任的方式主要有：

（一）停止侵害；

（二）排除妨碍；

（三）消除危险；

（四）返还财产；

（五）恢复原状；

（六）修理、重作、更换；

（七）继续履行；

（八）赔偿损失；

（九）支付违约金；

（十）消除影响、恢复名誉；

（十一）赔礼道歉。

法律规定惩罚性赔偿的，依照其规定。

本条规定的承担民事责任的方式，可以单独适用，也可以合并适用。

第一百八十条 因不可抗力不能履行民事义务的，不承担民事责任。法律另有规定的，依照其规定。

不可抗力是指不能预见、不能避免且不能克服的客观情况。

第一百八十一条 因正当防卫造成损害的，不承担民事责任。

正当防卫超过必要的限度，造成不应有的损害的，正当防卫人应当承担适当的民事责任。

第一百八十二条 因紧急避险造成损害的，由引起险情发生的人承担民事责任。

危险由自然原因引起的，紧急避险人不承担民事责任，可以给予适当补偿。

紧急避险采取措施不当或者超过必要的限度，造成不应有的损害的，紧急避险人应当承担适当的民事责任。

第一百八十三条　因保护他人民事权益使自己受到损害的，由侵权人承担民事责任，受益人可以给予适当补偿。没有侵权人、侵权人逃逸或者无力承担民事责任，受害人请求补偿的，受益人应当给予适当补偿。

第一百八十四条　因自愿实施紧急救助行为造成受助人损害的，救助人不承担民事责任。

第一百八十五条　侵害英雄烈士等的姓名、肖像、名誉、荣誉，损害社会公共利益的，应当承担民事责任。

第一百八十六条　因当事人一方的违约行为，损害对方人身权益、财产权益的，受损害方有权选择请求其承担违约责任或者侵权责任。

第一百八十七条　民事主体因同一行为应当承担民事责任、行政责任和刑事责任的，承担行政责任或者刑事责任不影响承担民事责任；民事主体的财产不足以支付的，优先用于承担民事责任。

第九章　诉讼时效

第一百八十八条　向人民法院请求保护民事权利的诉讼时效期间为三年。法律另有规定的，依照其规定。

诉讼时效期间自权利人知道或者应当知道权利受到损害以及义务人之日起计算。法律另有规定的，依照其规定。但是自权利受到损害之日起超过二十年的，人民法院不予保护；有特殊情况的，人民法院可以根据权利人的申请决定延长。

第一百八十九条 当事人约定同一债务分期履行的,诉讼时效期间自最后一期履行期限届满之日起计算。

第一百九十条 无民事行为能力人或者限制民事行为能力人对其法定代理人的请求权的诉讼时效期间,自该法定代理终止之日起计算。

第一百九十一条 未成年人遭受性侵害的损害赔偿请求权的诉讼时效期间,自受害人年满十八周岁之日起计算。

第一百九十二条 诉讼时效期间届满的,义务人可以提出不履行义务的抗辩。

诉讼时效期间届满后,义务人同意履行的,不得以诉讼时效期间届满为由抗辩;义务人已自愿履行的,不得请求返还。

第一百九十三条 人民法院不得主动适用诉讼时效的规定。

第一百九十四条 在诉讼时效期间的最后六个月内,因下列障碍,不能行使请求权的,诉讼时效中止:

(一)不可抗力;

(二)无民事行为能力人或者限制民事行为能力人没有法定代理人,或者法定代理人死亡、丧失民事行为能力、丧失代理权;

(三)继承开始后未确定继承人或者遗产管理人;

(四)权利人被义务人或者其他人控制;

(五)其他导致权利人不能行使请求权的障碍。

自中止时效的原因消除之日起满六个月,诉讼时效期间届满。

第一百九十五条 有下列情形之一的,诉讼时效中断,从中断、有关程序终结时起,诉讼时效期间重新计算:

(一)权利人向义务人提出履行请求;

(二)义务人同意履行义务;

（三）权利人提起诉讼或者申请仲裁；

（四）与提起诉讼或者申请仲裁具有同等效力的其他情形。

第一百九十六条 下列请求权不适用诉讼时效的规定：

（一）请求停止侵害、排除妨碍、消除危险；

（二）不动产物权和登记的动产物权的权利人请求返还财产；

（三）请求支付抚养费、赡养费或者扶养费；

（四）依法不适用诉讼时效的其他请求权。

第一百九十七条 诉讼时效的期间、计算方法以及中止、中断的事由由法律规定，当事人约定无效。

当事人对诉讼时效利益的预先放弃无效。

第一百九十八条 法律对仲裁时效有规定的，依照其规定；没有规定的，适用诉讼时效的规定。

第一百九十九条 法律规定或者当事人约定的撤销权、解除权等权利的存续期间，除法律另有规定外，自权利人知道或者应当知道权利产生之日起计算，不适用有关诉讼时效中止、中断和延长的规定。存续期间届满，撤销权、解除权等权利消灭。

第十章　期间计算

第二百条 民法所称的期间按照公历年、月、日、小时计算。

第二百零一条 按照年、月、日计算期间的，开始的当日不计入，自下一日开始计算。

按照小时计算期间的，自法律规定或者当事人约定的时间开始计算。

第二百零二条 按照年、月计算期间的，到期月的对应日为期间的最后一日；没有对应日的，月末日为期间的最后一日。

第二百零三条 期间的最后一日是法定休假日的，以法定休假日结束的次日为期间的最后一日。

期间的最后一日的截止时间为二十四时；有业务时间的，停止业务活动的时间为截止时间。

第二百零四条 期间的计算方法依照本法的规定，但是法律另有规定或者当事人另有约定的除外。

第十一章 附　则

第二百零五条 民法所称的"以上""以下""以内""届满"，包括本数；所称的"不满""超过""以外"，不包括本数。

第二百零六条 本法自2017年10月1日起施行。